Vine Deloria jr.
Gott ist

Indianer-Titel bei Lamuv

Vine Deloria jr.

Gott ist rot

Aus dem Amerikanischen
von
Anneliese Rudwaleit

Lamuv Taschenbuch 201

Originaltitel:
God ist Red

Bitte fordern Sie unser kostenloses Gesamtverzeichnis an:
Lamuv Verlag, Postfach 26 05, D-37016 Göttingen

Das Papier des Buchblocks besteht zu 100 Prozent aus Altpapier

1. Auflage 1996

Umschlaggestaltung: Gerhard Steidl
unter Verwendung eines Fotos von Edward S. Curtis
Gesamtherstellung: Steidl, Göttingen
Printed in Germany
ISBN 3-88977-459-8

Inhalt

Einleitung

Geschichte und Natur

Irgendwann in der Zukunft, wenn es noch eine Zukunft für die Menschheit gibt, werden die Historiker vielleicht einmal sagen, daß der Zweite Weltkrieg der Wendepunkt in der Geschichte war. Obgleich auch andere Kriege Weltkriege genannt wurden, vor allem weil die Gegner sich als Mittelpunkt des Weltgeschehens sahen, war der Zweite Weltkrieg doch der einzige Konflikt, von dem jede große Nation der Erde betroffen wurde. Als globaler Konflikt trug er viel dazu bei, den Dünkel und die Anmaßung, mit denen sich der europäische Imperialismus vier Jahrhunderte lang ummäntelt hatte, bloßzustellen und zu beseitigen. War nicht behauptet worden, daß europäische Kultur und Religion ein Geschenk dieses Teils des Globus' an die weniger glücklichen Mitglieder der Weltfamilie seien? Als Gegenleistung wollten die Europäer angeblich nur Handelsbeziehungen und Absatzmärkte für ihre Erzeugnisse.

Von den nichtweißen Völkern wurde dieser Mythos vom weißen Mann zum Teil anerkannt, weil dessen Technik derjenigen der Bewohner anderer Kontinente so offensichtlich überlegen war. Die farbigen Völker maßen dem weißen Mann besondere Weisheit und Genialität bei, weil er Geheimnisse des Universums kannte, die ihnen selbst verborgen geblieben waren. Nirgends aber waren der kulturelle Schock und die falsche Einschätzung der Fähigkeiten des andern tragischer als bei den Ureinwohnern der westlichen Hemisphäre. Manche Indianer glaubten, einem unbekannten Tier oder sogar Göttern gegenüberzustehen, als ihnen Weiße auf Pferden begegneten. Als sie allerdings später merkten, daß es nur Menschen waren und sogar sehr grausame, machten sie sich einen Spaß daraus, sie in Stücke zu hauen. Die Azteken sahen in Cortez natürlich den wiedergekehrten Quetzalcoatl, mußten aber mit Entsetzen feststellen, daß er nicht die Erfüllung ihres Glaubens brachte, sondern eine fremde Religion, die den Körper zu vernichten trachtete, wenn dadurch die Seele gerettet wurde.

Wie bedeutsam der Zweite Weltkrieg war, zeigt die rasche Folge von Niederlagen der Amerikaner, Briten, Holländer und Franzosen in Südostasien und im Südpazifik. Vorher immer für unbesiegbar gehalten, waren jetzt die Weißen nur Menschen wie andere auch und durch die eigene Technik in den Händen anderer genauso ein Opfer, wie es die farbigen Völker in den Jahrhunderten der Kolonisation gewesen waren. Und diese Erfahrung trug ihre Früchte. Wer über die entsprechenden technischen Einrichtungen verfügte, machte sich politisch und wirtschaftlich unabhängig. Der europäische Mythos hat sich nie mehr erholt, und es gab seitdem viele Kriege und Befreiungskämpfe. Sie begannen in Südwestasien und Indien und setzten sich in Afrika und im Nahen Osten fort, Ende der sechziger und in den siebziger Jahren auch in der westlichen Hemisphäre. Die Entstehung der sogenannten Dritten Welt ist eine direkte Folge der Tatsache, daß die Bedeutung der westlichen Zivilisation in der Technik liegt und nicht in Kultur und Religion. Nach dem Zweiten Weltkrieg begann eine Ära der gegenseitigen technischen Abhängigkeit und der kulturellen und politischen Unabhängigkeit.

Von westeuropäischer Kultur und Religion sich zu lösen ist für die meisten nichteuropäischen Völker sehr schwer, denn die Technik, die sie ja übernehmen wollen, ist mit dieser Weltanschauung untrennbar verbunden. Die westliche Technik verlangt einen ganz neuen Sinn für Zeit, sie entheiligt die Natur und setzt an die Stelle von Großfamilie und Sippe die isolierte Kleinfamilie. Diese grundlegende Umwandlung der Gesellschaftsstruktur hat rückwirkend wieder ein wachsendes Interesse ausgelöst an den kulturellen Werten, religiösen Vorstellungen und historischen Überlieferungen der Völker, die dabei sind, die westliche Technologie zu übernehmen. Das Interesse bleibt allerdings meist auf die Freizeit beschränkt, denn man hat es fertiggebracht, die Zeit – je nach Gebrauch – säuberlich in zwei Hälften zu teilen: Arbeitszeit und Freizeit, und beide haben ihre eigene, gesonderte Gefühlswelt.

Die Indianer waren nicht immun gegen die Vorteile der Technik. In den Jahrzehnten nach dem Krieg begannen sie auf den Reservaten mit umfangreichen Entwicklungsprojekten, an die sie vorher nie gedacht hätten. In vielen Fällen degenerierte Stammesland zum bloßen Grundstück, das des Geldes wegen ausgebeutet wurde. Damit hörte es auf, traditionsgemäß die Heimat einer bestimmten Menschengruppe zu sein. Ein stets gegenwärtiges Problem derjenigen Indianer, die ihr Leben nach amerikanischem Standard zu modernisieren versuchen, ist inwieweit sie ihre älteren kulturellen und gesellschaftlichen Formen angesichts der Forderungen der Technik bewahren können.

Der hierin erfolgreichste Stamm sind die Lummi im Nordwesten des Staates Washington. Von alters her Fischer, sind sie jetzt zu Experten der Aquakultur geworden. Durch Anwendung wissenschaftlich verbesserter Fischzuchtmethoden gelang es ihnen, ihre auf Fischfang begründete Kultur zu erhalten. Andere Stämme hatten nicht solchen Erfolg, und ein großer Teil fiel einfach der Technik zum Opfer.

Während die Indianer im Rahmen dieses Anpassungsprozesses die Hand nach der Regierung und privaten Organisationen ausstreckten, die ihnen bei der Umstellung helfen sollten, entstand unter den Amerikanern eine seltsame Gegenbewegung von Leuten, die sich immer mehr von der Technik und den sozialen Einrichtungen, die sie selbst geschaffen haben, abwenden. In der amerikanischen Gesellschaft ist eine fieberhafte Suche nach spirituellen Werten aufgekommen, die sich auf verschiedene Weise zeigt. Fundamentalistische christliche Sekten machen im Fernsehen durch attraktive Vertreterinnen auf sich aufmerksam, die mehr wie Gäste einer Talkshow und nicht wie religiöse Führungspersönlichkeiten aussehen. Solche Sekten sind für viele derjenigen Amerikaner zu einem wichtigen politischen und sozialen Faktor geworden, die die moralische Autorität einer Religion wollen, der sie die Entscheidungen überlassen können. Andere Amerikaner haben sich östlichen Religionen und religiösen Praktiken zugewandt, die von Reverend Moon bis Yoga, von Reinkarnation bis Astrologie reichen.

Das Interesse an exotischen Religionen ließ auch indianische Stammesreligionen sehr populär werden. Viele Amerikaner sehen in ihnen Beispiele uralter Weisheit mit menschlichen und ökologischen Einsichten, die westlichen religiösen Vorstellungen überlegen sind. Die Ausstattung der Stammesreligionen mit solch einem neuen Glanz war für die meisten Indianer eine Überraschung. Nachdem sie über dreihundert Jahre lang verhöhnt und ausgelacht wurden, weil sie hartnäckig an ihren Riten und Zeremonien festhielten, sind sie über die neue Popularität völlig verblüfft. Manche haben die Situation ausgenutzt und sich Vorteile bei naiven jungen Weißen verschafft, die in den Reservaten nach Gurus suchen, aber im allgemeinen haben die Indianer sich in dieser Lage verantwortungsbewußt verhalten.

Andererseits aber sind die Erwartungen der Amerikaner auch kaum zu erfüllen. Viele Weiße messen den Stammesreligionen Kräfte und Einsichten bei, die diese oft gar nicht hatten. Gereiftere Weiße suchen Erkenntnisse, die ihnen bei sozialen und politischen Fragen helfen könnten. Auch diese Erwartungen beruhen zumeist auf dem typisch amerikanischen Glauben, daß alle anderen Kulturen, Religionen und Überlieferungen nur Varianten der Art und Weise sind, in der die Weißen die Welt sehen: Erkenntnisse, die sie vielleicht übersehen oder beiseite geschoben haben, ganz gewiß aber Geheimnisse und Vorstellungen, die leicht erlangt und konsumiert werden können. Es wird auch vieles in die indianischen Glaubensvorstellungen und Rituale projiziert, was in Wirklichkeit anderen Überlieferungen zugehört, immer in der falschen Überzeugung, daß die Einsichten aus Stammesreligionen sich Stück für Stück aneignen und im nichtindianischen Kontext nutzbar machen lassen.

Es gibt eine Menge Literatur, die sich mit indianischen Religionen befaßt, vor allem von Nichtindianern geschrieben, darunter ein paar wirklich gute Bücher, wenn sie auch aus indianischer Sicht wunderlich erscheinen. Die anscheinend unaufhörliche Bücherflut über den Yaqui-Zauberer Don Juan, die mit den »Lehren des Don Juan« begann und mehrere Fortsetzungen über das Grundthema des mystischen Weges hatte, ist ein gutes Beispiel dafür, wie allgemeine Vorstellungen und Begriffe auf Stammesüberlieferungen übertragen werden. Kein ernstzunehmender Wissenschaftler oder Yaqui kann auch nur eine Spur von Ähnlichkeit zwischen den Überlieferungen der Yaqui und dem Inhalt dieser Bücher finden. Trotzdem haben die Amerikaner es massenhaft gekauft, und einige Wissenschaftler haben es sogar zitiert, um ihre Interpretation der indianischen Religion daraus abzuleiten.

Die Bücher über *Rolling Thunder* und *Medicine Woman* sind eine andere Art von Literatur. Die sie geschrieben haben, behaupten, Anhänger oder Schüler von Menschen zu sein, die angeblich durch indianische Religionen besondere Heilkräfte erlangt haben, aber die

Bücher sagen erheblich mehr über die seelischen Probleme ihrer Verfasser aus als über indianische Religion. Solche Bücher setzen grundsätzlich voraus, daß die Medizinmänner und -frauen nichts Besseres zu tun haben, als ihre jahrtausendealten Stammesgeheimnisse in ein paar leichtverständlichen Lektionen an lernbegierige Weiße loszuwerden, und daß Stammesreligionen eine Art spiritueller Nahrung sind, die man nur noch runterzuschlucken braucht. Der Echtheitsanspruch dieser Bücher beruht darauf, daß die Autoren glauben, aufgrund irgendwelcher Verdienste vom Medizinmann oder der Medizinfrau auserwählt zu sein, mit einem religiösen Missionsauftrag des spirituellen Lehrers an seine Schüler in den normalen Alltag zurückzukehren.

In scharfem Gegensatz zu diesen absurden Projektionen weißer Psyche vor indianischem Hintergrund stehen einige Bücher, die wirklich authentisch sind und als absolut maßgebend angesehen werden können. Die bekanntesten und am weitesten verbreiteten sind *Black Elk Speaks* (Schwarzer Hirsch: »Ich rufe mein Volk«) und *When The Tree Flowered*, in denen John Neihardt, der preisgekrönte Dichter aus Nebraska, seine Gespräche mit Black Elk, dem heiligen Mann der Oglala-Sioux, niedergeschrieben hat. Diese Bücher fanden bei den Indianern sehr großen Anklang, und »Ich rufe mein Volk« wird bei ihnen mit der gleichen Ehrfurcht betrachtet wie bei vielen christlichen Fundamentalisten die Bibel. Die Bücher von Black Elk sind von so großem Gewicht, daß sie bei allen Neuerscheinungen als verläßlicher Maßstab dienen können.

Eine andere gute Darstellung der Stammesreligion findet sich in den Büchern von Pater Peter Powell. In den beiden zweibändigen Werken *Sweet Medicine* und *People of the Sacred Mountain* berichtet Powell über den Sonnentanz, die Zeremonien und die Geschichte der Cheyenne mit besonderer Betonung der sozialen und politischen Funktion der Religion. Beide Bücher sind hervorragend geschrieben, auf der Grundlage einer langjährigen Teilnahme am täglichen Leben und den Zeremonien der Cheyenne, von deren Priestern Powell sogar manchmal eingeladen wurde, an den speziellen Fastenzeremonien teilzunehmen. *People of the Sacred Mountain* hat viel Zustimmung gefunden; es erhielt eine Reihe von Auszeichnungen und könnte eines Tages aufgrund seiner korrekten Schilderung der Bräuche und Rituale den Büchern von Black Elk als ebenbürtig an die Seite gestellt werden.

Weitere erwähnenswerte Bücher sind die von Frank Waters über religiöse Überlieferungen der Stämme im Südwesten Amerikas, besonders der Pueblo, Hopi und Navajo. *Masked Gods*, Water's erster großer Versuch einer philosophischen Umschreibung der Religion der Navajo und Pueblo, ist jetzt einige Jahrzehnte alt und bleibt immer noch der beste Versuch, die Religionen dieser Stämme Nichtindianern verständlich zu machen. Das *Book of the Hopi* (»Das Buch der Hopi«), das jetzt zwanzig Jahre alt ist, beschreibt die »heilige« Geschichte der Hopi und berichtet von einigen ihrer neuesten und bittersten Erfahrungen mit der modernen Welt.

Eine Betrachtung der bekanntesten guten und schlechten Bücher ist wichtig, denn sie zeigt, daß es einerseits gute Literatur gibt, andererseits aber auch, daß die Amerikaner Büchern den Vorzug geben, die aus indianischen Überlieferungen Sensationen schlagen. Man fragt sich, warum die Weißen hartnäckig dabeibleiben, solche Bücher zu lesen, die indianische Überlieferungen verdrehen und verfälschen, wenn sie gute und zuverlässige Literatur haben können. In dieser Frage steckt ein grundsätzliches theologisch-soziologisch-kulturelles Problem, das in den kommenden fünfzig Jahren alle bisherigen Auseinandersetzungen zwischen Indianern und Weißen in den Schatten stellen könnte.

Da es den Indianern unmöglich ist, den weißen Amerikanern die Herrschaft über ihr Land wieder zu entreißen, haben sie sich in ihre spirituellen Überlieferungen zurückgezogen, aber selbst dabei wurden sie nicht in Ruhe gelassen von einem spirituell ausgehungerten Amerika, das jetzt, nachdem es sich schon das Land angeeignet hatte, auch noch ihre religiösen Überlieferungen zu rauben drohte. Die Gründe für diesen spirituellen Hunger liegen tief in der Psyche der weißen Amerikaner verborgen. Es ist ein Drang, den schon mancher Kommentator in diesem Jahrhundert festgestellt hat, aber niemand ahnte dessen Intensität oder sah voraus, daß er dann einsetzen würde, wenn die Indianer selbst anfingen, sich von den eigenen Traditionen zu lösen, um die Werte und Einrichtungen der nichtindianischen Gesellschaft anzunehmen. Die weiße Gegenbewegung erweckte bei vielen Indianern das Interesse an den eigenen Stammesreligionen von neuem, und bekehrte Indianer wandten sich vom Christentum wieder ab, dem sie vorübergehend angehangen hatten.

Obleich wir die Gegenüberstellung von Indianern und Nichtindianern auf diesem Gebiet auch als wirtschaftliches und politisches Problem sehen können und oft die besessene Suche nach religiöser Gewißheit in andere Begriffe des praktischen Lebens übersetzen müssen, ist der eigentliche Hintergrund, vor dem sich dieser Konflikt abspielt, die theologisch-philosophische Arena, wo die Einstellung zur Welt davon bestimmt wird, wie man sie grundsätzlich sieht. Die unterschiedlichen Einstellungen und Verhaltensweisen rühren nämlich von grundverschiedenen Wahrnehmungen der Wirklichkeit her, zu deren Beschreibung eine Reihe von Begriffspaaren vorgeschlagen wurde. Manche Indianer sehen den Grund für diese philosophische Divergenz darin, daß die einen glauben, die Welt sei belebt, während die anderen sie für tot halten, woraus man eine spirituelle und eine materielle Weltanschauung ableiten kann. Andere Indianer ziehen zum Vergleich den Unterschied zwischen Kunst und Wissenschaft heran, wobei die Wissenschaft für alles einen äußeren Bezugsrahmen sucht, während die Kunst einer intuitiv erfaßten Substanz von ihrer inneren Wahrheit her Ausdruck verleiht. Schließlich traf vor vielen Jahren ein Häuptling der Crow-Indianer noch eine andere Unterscheidung. Er sagte, die Weißen hätten Vorstellungen und die Indianer Visionen, und wies damit auf die Ganzheitlichkeit der indianischen Erfahrung hin im Gegensatz zur Einstellung der Nichtindianer, die nur das für ihre Situation Begreifliche und strukturell Nützliche erkennen.

Aber gleichgültig, wie wir die unterschiedliche Auffassung von Indianern und Nichtindianern sehen, jedenfalls trennt sie ein theologisch-philosophischer Abgrund. Die Trennung ist so grundsätzlich, daß es sehr schwer ist, Nichtindianern den Unterschied klarzumachen, weswegen diese unbekümmert der Meinung sind, ihre Art, die Welt zu sehen, sei die einzig wahre. Wenn wir jedoch beide Einstellungen auf philosophische Begriffspaare reduzieren, erkennen wir, wie groß und bedeutsam der Unterschied in Wahrheit ist. Es ist der zwischen einem Volk, das in der Natur lebt, und einem anderen, das in der Geschichte lebt. Indianer sind natürliche Umweltschützer, aber nicht etwa deshalb, weil sie eine besondere Erleuchtung über den Umgang mit der Welt von den spirituellen Mächten des Universums erhielten. Sie haben sich vielmehr von der Natur leiten lassen, indem sie die Verhaltensweisen der anderen Lebewesen nachahmten und sich ihrer natürlichen Umwelt anpaßten. Die Nichtindianer hingegen entdeckten, daß die

Struktur der Welt sich verändern läßt, und richteten ihr Verhalten nach dem zeitlichen Ablauf von Ereignissen und nicht nach dem Ort, an dem diese stattfinden.

Der gegenwärtige theologisch-philosophische Streit in Nordamerika um die Seele des Kontinents wird zwischen Natur und Geschichte geführt, zwischen den Befürwortern eines Lebens in der natürlichen Welt und den Fortschrittsgläubigen, die alles, was sie an Schwierigkeiten und Hindernissen in der Umwelt sehen, durch noch mehr Fortschritt überwinden wollen. Wounded Knee, Alcatraz, Fort Lawton und die Konfrontation in den Black Hills in Süd-Dakota: alle kreisen um die indianischen Landansprüche, die viel mehr als nur ein Eigentumsanspruch sind. Es geht dabei um die holistische indianische Vorstellung, daß die Beziehung des Menschen zum Land wichtiger ist als alles andere. Aber als die Indianer regierungseigene Grundstücke besetzten, sah die Mehrheit der weißen Gesellschaft darin nur das Begleichen der alten Rechnung und den Wunsch, auch ein Stück vom Kuchen der amerikanischen Wirtschaft abzubekommen.

Immer wieder haben Stämme sich um Landrückgabe bemüht, weil Land für sie ein Heiligtum ist, das während der jetzigen Verwaltung geschändet wurde. Die Taos-Pueblo-Indianer in Neu-Mexiko erhielten den Blue Lake im Jahre 1970 zurück, kurz danach wurde den Yakima ein Landstück mit dem Mount Adams zurückgegeben, das einmal Zentrum ihrer Religionsausübung war. Fast alle Stämme, die die Rückgabe des Landes ihrer Vorfahren wollen, weisen mit Nachdruck auf das grundsätzliche Bedürfnis ihres Volkes hin, auf einem bestimmten Stück Land zu leben. Traditionalisten kannten auf solchem Land jeden Platz, auf dem sich einmal etwas ereignete, das für das Entstehen oder die Erhaltung des Volkes wichtig war. Man beginnt endlich einzusehen, daß Geschichte für die Indianer die vertrauten Erinnerungen bedeutet, die sie mit ihrem Land verbinden.

Das Schwergewicht der Indianerprobleme liegt also auf dem Land, auf dessen Rückgabe und Nutzung. Die Amerikaner drängen die Indianer ständig, das Land in der gleichen Weise und für die gleichen Zwecke zu nutzen wie sie auch. Aber gleichzeitig behaupten sie, die indianische Religion enthielte den Keim der Spiritualität, die sie suchen. Daß die Amerikaner absolut nicht verstehen können, daß Land für die Indianer in einem ganz fundamentalen Sinne Grundlage und

Schauplatz aller religiösen Erfahrung ist, zeigt sich in dem krampfhaften Bemühen, von den Medizinmännern der verschiedenen Stämme Wörter, Redewendungen und gedankliche Konzepte zu erfahren, die die Indianer angeblich der Welt vorenthalten haben und die jeder Weiße, der auf das Kennenlernen der Stammesreligionen versessen ist, für etwas hält, das die Welt unbedingt haben muß.

Wenn wir diese inneramerikanische Erkenntnis auf die große Arena der Weltgeschichte übertragen, wird uns bald klar, daß in dem gegenwärtigen indianischen Kampf der fundamentale Zwiespalt enthalten ist, der dem Christentum so lange schon zu schaffen macht. Albert Camus legt überzeugend das heutige Problem der Menschheit dar, wenn er schreibt:

> Der große Konflikt dieses Jahrhunderts ist weniger der zwischen deutschen Ideologien, Geschichte und christlichen politischen Vorstellungen, die sich in gewisser Weise gleichen, als der zwischen deutschen Träumen und der mediterranen Überlieferung, das heißt, zwischen Geschichte und Natur.
>
> Das Christentum konnte zweifellos seine Allgemeingültigkeit nur deshalb erlangen, weil es soviel wie möglich vom griechischen Gedankengut aufnahm. Aber seit die Kirche ihr mediterranes Erbe wieder aufgab, betonte sie auch die Geschichte zum Nachteil der Natur und ließ das Gotische über das Romanische triumphieren. Indem sie sich über ihre eigenen inneren Grenzen hinwegsetzte, stellte sie immer größere Ansprüche an weltliche Macht und historische Dynamik. Wenn die Natur nicht mehr Gegenstand der inneren Einkehr und der Verehrung ist, kann sie nichts mehr sein als Rohstoff für eine Handlung, die darauf abzielt, sie zu verändern. Diese Tendenzen – und nicht das Mittleramt, das die wahre Stärke des Christentums gewesen wäre – beherrschen heute das Christentum zu seinem eigenen Schaden und in einer gerechten Umkehr der Dinge.

Das Interesse ehemaliger Anhänger des Christentums an Stammesreligionen kommt demnach zumindest zum Teil aus der Einsicht, daß die Beziehung zu Natur, Land, Ort und Raum in der heutigen Auffassung des Christentums gestört ist.

Weil den Amerikanern die innere Sicherheit, die nur eine enge Bindung an die Natur vermitteln kann, fehlt, versuchen sie, gegen das Gefühl der Entfremdung mit exotischen Religionen und Drogen anzugehen oder auf andere Weise die innere Leere auszufüllen.

Rucksackwandern und Jogging sind sehr beliebt geworden, und die Nostalgiewelle, die das Land während der Zweihundertjahrfeier erfaßte, rollt in der amerikanischen Psyche ungebrochen weiter. Aber die tief im Inneren sitzende Entfremdung kann dadurch nicht überwunden werden. Häuptling Luther Standing Bear vom Stamm der Sioux erklärt diese seltsame Unfähigkeit des weißen Mannes, mit der Wirklichkeit Amerikas fertig zu werden:

> Der weiße Mann versteht Amerika nicht. Er war zu weit weg, als es entstand. Die Wurzeln seines Lebensbaumes haben in Fels und Boden noch keinen Halt gefunden. Den weißen Mann quälen noch immer primitive Ängste, in seinem Bewußtsein leben noch immer die Gefahren dieses Grenzlandes, in dem es heute noch Plätze gibt, die sich seinem tastenden Fuß und seinem suchenden Auge nicht erschlossen haben. Schaudernd denkt er jetzt noch an den Tod seiner Vorfahren auf sengenden Wüsten und abweisenden Berggipfeln. Der Mann aus Europa ist noch heute ein Fremder und Außenseiter. Und immer noch haßt er den Menschen, der ihn hindern wollte, den Kontinent zu durchqueren.
>
> Im Indianer aber lebt noch heute der Geist dieses Landes, und das wird so lange so sein, bis andere dessen Pulsschlag fühlen und teilen. Die Menschen müssen in diesem Land geboren und wiedergeboren werden, um zu ihm zu gehören. Ihr Leib muß aus dem Staub der Knochen ihrer Vorfahren geformt sein.

Das Gefühl der Entfremdung ist tief und kann nicht einfach durch ein hier und da aufflackerndes Interesse an Stammesreligionen verdrängt werden oder durch die Behauptung, von einem Medizinmann zum spirituellen Erben bestimmt oder Nachkomme einer Indianerprinzessin oder eines Häuptlings zu sein.

Das mediterrane Erbe des Christentums und das amerikanische Erbe der Indianer lassen sich nicht versöhnen durch eine einfache Uminterpretation von Räumen, Plätzen und der Natur in zeitlichen Begriffen. Was hier verlangt wird, ist vielmehr eine Abkehr davon, alles in einen zeitlichen Rahmen pressen zu wollen. Der Konflikt, von dem Camus spricht, ist nicht zu übersehen, und er wird durch die verursacht, die sich dem Geschichtsdenken verschrieben und es für absolut erklärt haben und die die Gegenwart und Wirksamkeit der Natur mißachten. In der modernen Physik hat man den Raum von der Zeit abhängig gemacht, aber während unsere Möglichkeit, durch die Technik Entfernungen zu überbrücken und zu verkürzen, sich verbessern oder verschlechtern kann, bleibt der Raum grundsätzlich unverändert, und die Zeit ist nur eine Art, den Raum zu messen.

Wenn wir der Natur wieder den gleichen Rang wie der Geschichte einräumen, lassen sich ein paar unserer Probleme lösen, wenn wir aber die Natur an die erste Stelle setzen und die Geschichte als sekundär betrachten lernen, hilft uns das wesentlich weiter. Hier geht es nicht um die Natur im allgemeinen, sondern um ein ganz bestimmtes Land, und die Erkenntnis der Einmaligkeit von Land wirft ein helles Licht auf die seelischen Probleme, die die Wurzel der Entfremdung in Amerika und wahrscheinlich auch anderswo in der heutigen Welt sind. C. G. Jung, der große Psychoanalytiker, sah tief im Unterbewußtsein der weißen Amerikaner den Indianer als einen Helden versteckt, und nachdenklich meinte er:

> Die jungfräuliche Erde hat es überall an sich, daß wenigstens das Unbewußte des Eroberers zur Stufe des autochthonen Bewohners hinuntersinkt. So besteht im Amerikaner eine Distanz zwischen bewußt und unbewußt, wie sie im Europäer nicht anzutreffen ist, eine Spannung zwischen bewußter Höchstkultur und einer unvermittelten unbewußten Primitivität. Diese Spannung ist aber ein psychisches Potential, welches dem Amerikaner eine durch nichts beeinträchtigte Unternehmungslust und einen schlechthin beneidenswerten Enthusiasmus verleiht, den wir in Europa nicht kennen. Gerade durch die Tatsache, daß wir noch im Besitze unserer Ahnengeister sind, das heißt, daß für uns alles historisch vermittelt ist, stehen wir zwar in Kontakt mit unserem Unbewußten, sind aber eben durch diesen Kontakt auch gefangen und in historischer Bedingtheit dermaßen *be*fangen, daß es schon größter Katastrophen bedarf, bis wir uns aufraffen, uns zum Beispiel politisch nicht mehr so zu benehmen wie vor fünfhundert Jahren.

Wenn Jung recht hat, und es gibt viele empirische Zeichen dafür, daß er hier eine große Wahrheit entdeckte, dann kennzeichnet den Amerikaner eine ganz besondere Schizophrenie, die immer wieder zum Ausbruch kommt, wenn er mit einer Heftigkeit auf politische Ereignisse reagiert, die nur durch tief verborgene Impulse ausgelöst sein kann. Da dieser Trieb zum Zuschlagen sich mit dem bewußten tiefen Glauben verbindet, daß die Geschichte auf der Seite Amerikas ist, entsteht daraus eine globale Gefahr. Dieser völlig unbewußte starke Drang, sofort und keinen Widerspruch duldend zu reagieren, ist eine Bedrohung für die ganze Welt, denn er ist mit der Überzeugung verbunden, daß die Amerikaner in jeder Situation die Sieger sein müssen.

Das Interesse der Weißen an Stammesreligionen führte nicht zu einem koordinierten Bemühen von seiten der Indianer, dem weißen Mann etwas von der Tiefe des Gefühls für die Natur bewußt zu machen. Da Indianer grundsätzlich auf das spirituelle Wesen der Natur ausgerichtet sind, dachten sie, daß die Weißen alles akzeptieren, was ihnen gesagt wurde, und, was noch wichtiger ist, daß sie alles so verstanden, *wie es die Indianer verstehen*. Aber es hat nie eine echte Verständigung gegeben. Kurzlebige umwelt- und naturschützerische Bewegungen der Weißen sind kein ausreichender Beweis dafür, daß sie die Bedeutung der Natur verstanden haben. Für eine echte Verständigung muß die Begegnung auf einer Ebene stattfinden, auf der der weiße Mann sich wohl fühlt, und das ist die philosophische. Wenn wir also die Begriffe Raum und Zeit im philosophischen Sinne erklären und die echten Unterscheidungen aufzeigen, die sie in der Wahrnehmung unserer physischen und psychischen Umwelt zulassen, können wir daran denken, den Grundstein für sinnvolle Verständigung und kulturellen Austausch zu legen. Wir müssen lernen, unser Verhalten und die Werte, nach denen wir unbewußt leben, im Begriffsrahmen von Raum und Zeit zu sehen.

Das bedeutet, uns zunächst einmal unsere eigene Denkweise und ihre Folgen bewußt zu machen und dann zu verstehen, welche Konsequenzen es hat, wenn wir uns die andere Art, die Dinge zu betrachten, aneignen. Es wird dadurch auch unvermeidbar die Frage nach der Herkunft aufgeworfen, denn die Reduktion von Zeit und Geschichte auf den Raum und die Plätze, an denen sich etwas abspielte, verweist uns auf die Erinnerung an den Ort unseres Ursprungs. Wir müssen daher viel mehr Achtung vor den Erkenntnissen anderer Generationen haben, deren Leben nicht so vollständig von Zeit als beherrschendem Begriff abhing. Die von ihnen erlangten Einsichten sind für uns ein Leitstern und wirken sich grundlegend auf unser Verhalten aus. Sie bringen uns der Beseitigung der quälenden Entfremdung, die wir mit unserer jetzigen Einstellung und Verhaltensweise offensichtlich nicht bekämpfen können, bedeutend näher.

Vine Deloria
1983

1. Kapitel

Die Indianerbewegung

»Wir befinden uns mit den Vereinigten Staaten im Kriegszustand!« schrie Vernon Bellecourt. »Bezieht eure Posten!« Als im Jahre 1972 eine indianische Protestgruppe in das Gebäude des Amtes für indianische Angelegenheiten (BIA) in der Hauptstadt des Landes eindrang, bereitete die Washingtoner Polizei sich vor, das Gebäude zu belagern, und die erste dramatische Konfrontation zwischen Indianern und Regierung nach fast hundert Jahren begann.

Im Herbst 1972 hatte es laufend Beschwerden wegen zahlreicher Schießereien im Indianerland gegeben, in denen grundlos Indianer ermordet wurden. Die örtlichen Behörden taten alles, um die Vorfälle zu vertuschen, und als die Indianer sich an die Regierung wandten, fanden sie nur taube Ohren. Darum wurde Anfang Oktober ein Protestzug organisiert, der »Zug der gebrochenen Verträge« *(Trail of Broken Treaties).* Die Autokarawanen mit den demonstrierenden Indianern starteten an der Westküste in Seattle und Los Angeles. Auf dem Weg nach Osten in die Hauptstadt hielten sie auf verschiedenen Reservaten an und nahmen jedesmal weitere Teilnehmer mit. Auf den größeren Reservaten wurden Versammlungen abgehalten, und die Bewohner berichteten von Leid und Unrecht eines ganzen Jahrhunderts. Die regierungshörigen Stammesräte, die um ihren bevorzugten Status als Marionetten des Innenministeriums fürchteten, versuchten, die Bedeutung des Protestzuges herunterzuspielen, indem sie behaupteten, es handle sich in erster Linie um eine Bewegung der Stadtindianer, die gar nicht zur Stammesgemeinde gehörten. Es schloß sich jedoch eine beträchtliche Anzahl von Reservatsbewohnern dem Protestzug an, und als dieser Washington erreichte, machten sie bereits über achtzig Prozent der Teilnehmer aus.

Der Konflikt begann, als die Demonstranten feststellten, daß in Washington keine Vorsorge für Unterkunft und Verpflegung getroffen worden war. Die Quartiermacher, die das hatten tun sollen, verbrachten die ganze Zeit mit Ankündigungen und Gesprächen, aber sie dachten nicht an die lästige Beschaffung von Unterkünften in Kirchen, Hotels und Schlafsälen. Verblüfft hörten die Ankommenden, es seien keine Unterbringungsmöglichkeiten vorhanden.

Während einer Konferenz im Amt für indianische Angelegenheiten boten sich die Regierungsbeamten an, Unterkünfte ausfindig zu machen. In Wirklichkeit wollten sie vor allem erreichen, daß die Indianer erst einmal die unmittelbare Umgebung des Amtes verließen. Die Demonstranten versammelten sich aber statt dessen im Vortragssaal des Gebäudes, um Endgültiges über ihre Übernachtung zu erfahren. Als ein paar Wachbeamte des Hauses anfingen, gegen junge Indianer handgreiflich zu werden, verbreitete sich Angst vor Gewalttätigkeiten. Die Demonstranten weigerten sich zu gehen, weil sie dachten, die draußen wartende Polizei würde sie sofort verhaften oder noch Schlimmeres mit ihnen tun. Als sie hörten, daß die Polizei mit ein paar Indianern an einer Tür aneinandergeraten war, machte die Spannung sich Luft. Die Indianer riegelten das Gebäude ab und besetzten alle Türen und Fenster, durch die die Polizei hätte eindringen können.

Es war Freitagabend, der 3. November 1972, das Wochenende vor den Präsidentschaftswahlen. In derselben Nacht wurde das ganze Gebäude von den Teilnehmern des Zuges der gebrochenen Verträge besetzt. Fast sofort nahm die Regierung Verhandlungen auf, die über das Wochenende dauerten. Die Führer der Indianer versprachen, das Gebäude zu räumen, aber die fortwährende Gewaltandrohung durch die das Gebäude umzingelnde Polizei versetzte die Besatzer in einen Zustand panischer Angst. Das Haus erlitt jedesmal beträchtlichen Schaden, wenn man sich gegen das Eindringen der Polizei verteidigungsbereit machte. Tische und Aktenschränke wurden wahllos an den Außentüren und Fenstern zur Verteidigung des Gebäudes aufgetürmt.

Am Wochenende wollten ein paar Indianer auf den Friedhof von Arlington gehen, um eine religiöse Feier für gefallene indianische Soldaten abzuhalten, besonders für Ira Hayes, den Helden von Iwo Jima (Zweiter Weltkrieg), und Sergeant Ernest Price, einen Winnebago und Helden aus dem Koreakrieg, der in Arlington begraben wurde, weil die lieben Mitmenschen in Iowa seine Bestattung auf dem »weißen« Friedhof von Sioux City nicht gewünscht hatten. Aber die US-Armee hatte eine Verfügung erlassen, wonach die Demonstranten den Nationalfriedhof nicht betreten durften, weil sie angeblich eine politische Partisanengruppe waren. Die Zugteilnehmer gingen sofort vor Gericht, um eine Aufhebung der Verfügung zu erlangen. Am Montag entschied das Gericht zugunsten der Indianer, aber die Spannung zwischen ihnen und der Regierung hatte sich inzwischen so verschärft, daß nur noch wenige von ihnen Interesse an dem Gang zum Friedhof hatten. Die meisten blieben in dem Gebäude, um die alten Leute und Kinder zu schützen.

Am 9. November, fast eine Woche nach der BIA-Besetzung, verließ der Zug der gebrochenen Verträge Washington. In der Zwischenzeit hatten die Demonstranten zahlreiche Akten sozusagen als »Geiseln« an sich genommen, um sich einen friedlichen Abzug zu sichern. Die Polizei hielt sich von der bei anderen Gelegenheiten praktizierten Brutalität zurück, um nicht das Vernichten von Regierungsakten als Vergeltungsmaßnahme zu provozieren. Die Demonstranten zogen wieder auf die Reservate und ließen im ganzen Land Bestürzung zurück. Nach Berichten der *Washington Post* betrug der Schaden am Gebäude 2,3 Millionen Dollar. Die Zeitung behauptete, daß der Schaden nur noch vom Erdbeben in San Francisco im Jahre 1906 und vom Brand in Washington während des Krieges mit den Engländern im Jahre 1812 übertroffen wurde. In der Geschichte der Zerstörung von staatlichem Eigentum sollte der Zug der gebrochenen Verträge angeblich einen bemerkenswerten dritten Platz einnehmen. Eine spätere Beweisaufnahme vor dem Unterausschuß für Indianerangelegenheiten setzte den tatsächlichen Schaden auf wenig mehr als ein paar tausend Dollar fest, und auch dieser Betrag wurde immer kleiner, je mehr Fakten über das geringe Ausmaß der tatsächlichen Zerstörung am Gebäude bekannt wurden.

Zunächst einmal aber waren selbst die mit den Zugteilnehmern solidarischen Indianer über die angeblich angerichtete Verwüstung bestürzt. Hatte das Amt für indianische Angelegenheiten nicht auch unschätzbare indianische Kunstgegenstände beherbergt, darunter Gemälde von Indianern mit besonders imposantem Äußeren? Die Demonstranten hatten sicher anderes zu tun gehabt, als auf die Erhaltung von indianischen Kunstschätzen zu achten. Ihre Angst vor der Polizei war so groß, daß sie einfach alles nahmen, was sie greifen konnten, um Barrikaden zu bauen, von Acee Blue Eagles unersetzlichen Bildern bis zu den Pissoirs aus der Herrentoilette.

Die regierungstreuen Stammesvertreter wurden nach Washington geholt, wo sie im Verein mit Robert Robertson, dem Leiter des National Council of Indian Opportunity, ihrem Protest Ausdruck gaben und die strafrechtliche Verfolgung der Führer des Protestzuges forderten. Weil aber die Stammesvertreter kaum mehr als Marionetten in Robertsons Hand waren, machte das im Indianerland keinen besonders großen Eindruck und konnte die offensichtliche Wut und Empörung der Indianer kaum mildern. Das Bild vom ruhigen Indianer mit der phlegmatischen Haltung lag in Scherben; vorbei war es mit der Vorstellung von den Indianern als den stillen friedlichen Wesen, die ihr Elend mit sich selber ausmachten. Sie waren jetzt eine Protestgruppe unter anderen geworden.

Die Besetzung des Amtes für indianische Angelegenheiten durch den Zug der gebrochenen Verträge war nur der vorläufige Höhepunkt einer Bewegung, die bisher in den Zeitungen des Landes ein kümmerliches Dasein auf den letzten Seiten geführt hatte. Seit fast zehn Jahren waren Wut und das Gefühl der Ohnmacht bei den Indianern ständig gewachsen, aber in den gelegentlichen Berichten darüber sah die Öffentlichkeit nur eine angenehme Abwechslung von den Berichten über soziale Unruhen und Proteste bei den Schwarzen und Chicanos. Was der Indianer von gebrochenen Versprechen und dem Verlust heiligen Landes zu sagen hatte, erreichte das Ohr der Öffentlichkeit nie eindringlich genug, um aus den Sympathien, die dort eventuell für die Indianer vorhanden waren, Kapital schlagen zu können.

Jahrelang hatte man sich die indianischen Klagen über gebrochene Verträge und den Raub heiliger Berge ruhig angehört. Wen betraf das schon! Kaum jemand wußte damit etwas anzufangen. Was konnte man denn jetzt noch gegen gebrochene Verträge tun? Die meisten Amerikaner waren der Meinung, daß die Probleme der betreffenden Stämme der Geschichte angehörten und keine Probleme der Gegenwart seien.

Während der sechziger Jahre versuchten die Indianer, dem übrigen Amerika die Bedeutung von Land und Stammesreligion klarzumachen. Aber in einem Staat, in dem nur wenige an der Überlegenheit angelsächsischer und christlicher Werte zweifeln, schien die indianische Betonung von Land und Stammesreligion eine anachronistische Reminiszenz an die amerikanische Grenzerzeit zu sein. Viele klatschten den indianischen Traditionalisten Beifall, aber es war zweifelhaft, wie viele sie auch verstanden. Selbst der bisher größte Erfolg dieses Jahrhunderts, die Rückgabe des heiligen Landes am Blue Lake an die Taos-Pueblo-Indianer in Neu-Mexiko, war in den Augen der großen Masse ohne Bedeutung. In der Kontroverse um den Blue Lake hätte man den ganzen Unterschied zwischen Indianer und Nichtindianer sehen können – wenn man daran Interesse gehabt hätte.

Auf einer ausgedehnten Reise in Sachen Naturschutz im Jahre 1906 entschied Theodor Roosevelt, daß das Waldland im Norden Neu-Mexikos zum Nationalforst erklärt werden sollte. So wurde durch Verfügung der Regierung der »Carson National Forest« geschaffen, und als die Landvermesser die Grenzen festgelegt hatten, lag auch der Blue Lake, das religiöse Zentrum der Pueblo, mittendrin. Sofort stellten die Pueblo bei der Regierung einen Antrag auf Rückgabe und erklärten, dies sei ihr größtes religiöses Heiligtum und wenn sie ihre Religion nicht mehr an dieser heiligen Stätte ausüben könnten, würden sie sterben. Im Jahre 1912 unterstützte das Innenministerium den Antrag und befürwortete die Rückgabe des Sees.

Das Landwirtschaftsministerium aber dachte anders. Es hielt den Wald für das persönliche Eigentum des Ministers und lehnte die Rückgabe ab. Der wertvolle Holzbestand an den Steilufern des Blue Lake war für die untergeordneten Behörden des Ministeriums der Grund, das Land nicht zurückzugeben. Sie sahen ihre Aufgabe darin, es so lange vor der übrigen Bevölkerung abzusperren, bis die Holzhandelsgesellschaften den Wald abgeholzt hatten. Auf diese Weise sicherten sie sich für die Zeit der Holzeinschlagsgenehmigungen eine große Hausmacht, die ihnen den Fortbestand als Regierungsbehörde gewährleistete.

Der Kampf dauerte 64 Jahre, ohne daß das Landwirtschaftsministerium auch nur um Haaresbreite nachgab. Nach dem Zweiten Weltkrieg sah es so aus, als hätte das Ministerium gewonnen. Clinton P. Anderson, konservativer Demokrat aus Neu-Mexiko, wurde zunächst Landwirtschaftsminister in der Zeit von 1945 bis 1948, dann Senator von Neu-Mexiko. In den dreißiger Jahren war er als junger Mann und

Freund Lyndon B. Johnsons nach Washington gekommen, nach Kriegsende erhielt er eine prominente Stellung im Interior Committee und damit wesentlichen Einfluß auf den Kongreß. Da die Gesetzesvorlage zur Rückgabe des Blue Lake das Interior Committee passieren mußte, wurde der Kampf als beendet angesehen.

Im Jahre 1965 befaßte sich die Indian Claims Commission mit den Klagen der Taos-Indianer gegen die Vereinigten Staaten. Ihre Beauftragten stellten fest, daß die Regierung sich das Gebiet widerrechtlich angeeignet hatte, und boten eine beträchtliche Summe Geld als Entschädigung an. Sie waren verblüfft, als die Indianer das Geld nicht haben wollten, sondern den Blue Lake. Wenn die Kommission ihn nicht zurückgeben könnte, dann sollte wenigstens niemand sagen dürfen, die Indianer hätten ihr Heiligtum verkauft.

Für Amerika war es sehr ungewöhnlich, daß jemand auch nur einen Dollar zurückwies. Und wenn es noch dazu ein Häuflein Indianer war, das am Hungertuch nagte, dann war das eine profundere und moralisch schwierigere Frage, als sie für gewöhnlich in Regierungskreisen auftaucht. Die Indian Claims Commission zog sich aus dem Rechtsstreit zurück, und die Pueblo wandten sich an den Kongreß.

Geführt von Paul Bernal, einem Sprecher der Taos, entstand im Jahre 1965 die Bewegung zur Rückgabe des Blue Lake. Paul reiste landauf, landab, sprach vor den verschiedenen Gruppen und forderte sie auf, sich mit ihren Senatoren und Kongreßabgeordneten in Verbindung zu setzen und sie zu bitten, die Gesetzesvorlage zur Rückgabe des Sees zu unterstützen. Als die Sprecher der Taos sich weigerten, einer Anzahl von Kompromissen zuzustimmen, die Senator Anderson ihnen anbot, begannen auch andere Abgeordnete, sich für die Rückgabe des Sees zu interessieren.

Im November 1970 nahm Präsident Nixon die Sache in die Hand, und das Weiße Haus übte Druck auf die Freunde im Kongreß aus. Die landesweite Unterstützung, die Bernal erhielt, ist durch den Eintritt Nixons in die Kontroverse zu erklären, denn wenn die Bewegung politisch so stark war, daß sogar der Präsident Partei nahm, dann mußte sie ja gewinnen.

Im Interior Committee saßen aber noch andere indianerfeindliche Vertreter, und Anderson formulierte sein Kompromißgesetz so, daß es grundsätzlich nur eine Genehmigung zur ständigen Benutzung des Sees durch die Pueblo-Indianer darstellte, die damit vom guten Willen der Forstverwaltung abhingen. Als das Kompromißgesetz vor den Senat kam, schlugen die Senatoren Fred Harris und Robert Griffin eine Ergänzung vor, die beiden Weltanschauungen gerecht wurde. Das überraschende Resultat der Abstimmung unterstrich den Erfolg der indianischen Lobby. Es zeigte sich auch, daß die Einstellung mancher Senatoren sich nicht mit ihrer politischen Haltung deckte. Indianerfeinde stimmten plötzlich für die Indianer, und mancher, der als liberal galt, zeigte sich jetzt als ihr erbitterter Gegner und zog die indianische Religion ins Lächerliche, um die Verabschiedung des Gesetzes zu verhindern. Selbst der allgemein wegen seines verbissenen Konservativismus heftig angegriffene Barry Goldwater unterstützte die Taos.

Im Dezember 1970 unterzeichnete Präsident Nixon das Gesetz, das 70000 Morgen Land um den heiligen Blue Lake den Taos-Pueblo zurückgab. Es war das erste deutliche und bedeutsame Zeichen, daß man die Ausübung indianischer Religionen gleichrangig neben christliche Zeremonien stellte.

Viele kleine und sporadische Ereignisse drängten sich in diesem Jahrzehnt der Indianerbewegung zusammen, aber das Jahr 1969 ist wahrscheinlich der Markstein der massiven und anhaltenden Angriffe der Indianer auf die amerikanische Öffentlichkeit, mit denen sie sich schließlich Gehör verschafften. Auftakt dafür war die berühmte Konfrontation zwischen den kanadischen Mohawk und den Zollbeamten an der Cornwall Bridge in Ontario, die Kanada mit den Vereinigten Staaten verbindet.

Im Jahre 1968 verlangten die kanadischen Behörden von Mohawk eine Gebühr für das Passieren der Brücke und Zoll für die Güter, die sie aus den Vereinigten Staaten mitbrachten. Dadurch wurde eine Reihe von Verträgen verletzt, die Großbritannien mit den Indianern Nordamerikas abgeschlossen hatte. Der älteste Vertrag, auf den sich die Indianer berufen konnten, war der »Jay's Treaty« aus dem Jahre 1794 zwischen den Vereinigten Staaten und Großbritannien. Am 18. Dezember 1968 blockierten die Mohawk unter Führung von Schauspielerin und Fotomodell Kahn-Tineta Horn die Cornwall Bridge, um die Bereinigung der Angelegenheit zu erzwingen.

Die kanadische Polizei stürzte auf die Brücke und verhaftete die Indianer. Als Ende März die Sache vor Gericht kam, machte die kanadische Justiz sich eindeutig lächerlich. Kahn-Tineta Horn wurde beschuldigt, zehn Polizisten gewaltsam an der Ausübung ihrer Pflicht gehindert zu haben. Es war klar, daß ein einziges kleines Indianermädchen so vielen großen Polizisten keinen Widerstand leisten konnte, und die Zuhörer im Gerichtssaal fingen zu lachen an. Als das Gelächter auf dem Höhepunkt war, gab der Ankläger zu, die Anklagepunkte vorher nicht gelesen zu haben. Er bat um eine Pause. Als er wiederkam, verkündete er prompt, Miß Horn hätte eine gefährliche Waffe gehabt, mit der sie die Polizisten bedrohte. Es stellte sich heraus, daß die angeblich so gefährliche Waffe der Miß Horn ein Messerchen von der Größe einer Nagelfeile war und kein Türkensäbel. Die Anklage wurde fallengelassen.

Mit dem eigentlichen Problem wurde man nicht so leicht fertig, denn die Beweisführung zeigte, daß nicht nur der Vertrag von 1794 noch gültig war, sondern auch, daß die Cornwall-Northern New York Bridge Company im Jahre 1933 den Mohawk 798 Dollar für den Bauplatz der Brücke gezahlt hatte. Das Abkommen enthielt das Recht des ungehinderten Passierens der Brücke mit den im wesentlichen gleichen Formulierungen, wie sie schon im »Jay's Treaty« standen. Die Klage wegen illegaler Demonstration wurde vom Gericht umgehend fallengelassen aus Angst vor der Aufdeckung weiterer Rechtsverletzungen durch die kanadische Regierung. Zum Beispiel wußten die Indianer und sicher auch die kanadische Regierung, daß die Irokesen einen gültigen Rechtsanspruch auf 85 Prozent der Provinz Ontario hatten.

Durch diesen Teilerfolg war Kanada gezwungen, zumindest einen Teil der Bestimmungen des Vertrages von 1794 und des Abkommens von 1933 einzuhalten, und das gab der modernen Indianerbewegung neuen Mut. Die Mohawk argumentieren heute wie damals, daß die im »Jay's Treaty« festgelegte internationale Grenze nicht für ihre Siedlung gilt, die sich zum Teil auf kanadischem und zum Teil auf dem Gebiet der Vereinigten Staaten befindet. Die Mohawk wären damit gleichzeitig Bürger Kanadas und der Vereinigten Staaten. Wenn diese Grenze aber nicht international anerkannt ist, sind sie eine Nation mit internationalem Status.

Nach dem Vorfall an der Cornwall Bridge wurde überall im Indianerland wachsende Unruhe spürbar. Ein schwerer Zusammenstoß ereignete sich im folgenden Sommer beim »Gallup-Ceremonial« in Neu-Mexiko. Junge Navajo verteilten ein Flugblatt, das das Fest als eine von den Weißen der Handelskammer inszenierte Angelegenheit entlarvte und sich über das »Interesse« an den Indianern lustig machte.

Gallup rühmt sich, die indianische Hauptstadt der Welt zu sein. Aber nirgends werden die Indianer so systematisch brutalisiert wie in Gallup. Man schätzt, daß die Weißen ihre Geschäfte zu 50 bis 70 Prozent mit den Indianern machen, und als Handelszentrum ist der Ort weitgehend von ihnen abhängig. Die Stadtverwaltung tut aber für die Indianer nichts, außer daß sie ihnen das Geld abnimmt. Was die Stadt bis heute vollbracht hat, ist der fast völlige Ruin des »Indian Center« durch die Entlassung von Herb Blatchford, dem Navajo, der es mit viel Fleiß und Mühe wieder aufbaute, nachdem die weiße Verwaltung es zu Anfang der sechziger Jahre bis zum Bankrott heruntergewirtschaftet hatte.

Am 16. August 1969, dem Höhepunkt des jährlichen Handelskammerfestes mit dem schönen Namen »Gallup-Ceremonial«, verteilten die Jugendlichen am Eingang zum Festplatz ihre Flugblätter, in denen ausführlich geschildert wurde, wie man die Indianer in Gallup behandelt. Sie widerlegten damit die Veröffentlichungen der weißen Geschäftsleute, die die Indianer so darstellten, wie die Touristen sie während des Ceremonial sahen – als »glückliche Menschen«. Die Stadtväter erbleichten, den jungen Leuten wurde das Verteilen der Flugblätter verboten, und sie selbst unter Anwendung von Gewalt vom Festplatz entfernt.

Die Reaktion der Geschäftsleute von Gallup bestätigte die Behauptungen der jungen Navajo besser als alles andere. Sie wurden nicht nur systematisch von den Bewohnern der Stadt schikaniert, sondern der Vorfall wurde auch Anlaß zu einer Reihe von wirtschaftlichen und politischen Repressalien, die sich gegen das Indian Center richteten. Über den Hauptpunkt des Flugblattes, daß nämlich bei den Navajo und Zuni durch ständige Schikanen und Diskriminierung von seiten der weißen Geschäftsleute in Gallup Alkoholismus zum Dauerzustand geworden war, gab es keine Diskussion.

Schwere Mißhelligkeiten gab es auch an der Nordwestküste des Pazifik. Die Quinault aus dem westlichen Teil des Staates Washington hatten die Nichtindianer, die ihren Strand benutzten, wiederholt gebeten, ihn nicht durch Abfälle zu beschmutzen. Der Stamm besitzt 29 Meilen Strand, und fast während des ganzen Jahrhunderts war er relativ ursprünglich geblieben. Es ist vielleicht das letzte größere Stück sauberen Strandes an der ganzen Westküste.

Die Weißen hörten aber nicht auf, den Strand zu verunreinigen. Sie stahlen oder zerrissen auch die Netze der indianischen Fischer, holten das Treibholz aus dem Wasser, das in vielen Fällen die Küste vor Erosion geschützt hatte, und verschandelten einige der Naturdenkmäler und Wahrzeichen der Küste mit kindischen Schmierereien.

In der Hoffnung, wenigstens das Schlimmste wieder zu beheben, wandte sich der Stamm an die maßgebenden Stellen, wies auf seine Landrechte hin und schloß den Strand für alle mit Ausnahme der Stammesmitglieder. Der Aufschrei der Weißen von Washington war unbeschreiblich. Sie sahen weder Verschmutzung noch Vernichtung fremden Eigentums oder Verschandelung der Landschaft, sie sahen nur, daß der Stamm aus egoistischen Motiven den Strand abriegelte. Der war zwar dessen Eigentum, aber die Weißen glaubten fest an ihr Recht, ihn für ihre Zwecke benutzen zu können. Man schrieb an den Gouverneur und verlangte gerichtliche Schritte gegen den Stamm. Er sollte die Indianer zwingen, den Strand wieder zu öffnen, oder ihnen mit Hilfe der Regierung das Recht entziehen, den Zugang zum eigenen Strand zu überwachen.

Die Quinault wunderten sich, daß Menschen, die so laut von Natur- und Umweltschutz redeten, auf die mutwillige Zerstörung des letzten Stücks heilen Strands hinarbeiteten. Generalstaatsanwalt Slade Gordon erklärte unter Mißachtung des einschlägigen Bundesgesetzes, wonach Stammesangelegenheiten nicht unter die Gesetze der Einzelstaaten fallen, er sei nicht der Meinung, daß der Stamm das »unwidersprochene Recht der ausschließlichen Überwachung des Strandes« hätte. Die Beamten sahen darüber hinweg, daß es sich hier um eine Umweltschutzmaßnahme handelte; für sie wollten die Quinault nur Unruhe stiften.

Schließlich gab der Staat Washington die Sache auf. Es wäre auch lächerlich gewesen, den Stamm gerichtlich zu zwingen, den Weißen die Verschmutzung des Strandes zu erlauben. Der Strand blieb geschlossen.

Der Fall wies einige Ähnlichkeit mit der rot-weißen Kontroverse um den Blue Lake auf. Für die Quinault war der Strand ein Teil ihres kommunalen Lebens. Sie waren daher entschlossen, seine Zerstörung nicht hinzunehmen. Wenn er auch kein religiöses Heiligtum wie der Blue Lake war, so hatte er trotzdem für die Quinault große religiöse Bedeutung. Beim Kampf um den Blue Lake sahen sich die Pueblo-Indianer oft mit dem heftigen Widerstand der Naturschützer konfrontiert, die den Indianern vorwarfen, sie würden das Land doch nur verschmutzen, wenn sie es zurückerhielten. Aber dieselben Naturschützer waren seltsam still, als es um den Strand der Quinault ging.

Das größte Ereignis des Jahres 1969 war die Besetzung der Insel Alcatraz an der kalifornischen Westküste. Kurz nachdem dort im Jahre 1964 das Gefängnis aufgegeben worden war, landete eine Gruppe Sioux, die an der Bucht von San Francisco lebte, und beanspruchte die Insel auf Grund des mit dem Stamm abgeschlossenen Fort-Laramie-Vertrages von 1868. Aber im Jahre 1964 gab es nur wenige Indianer, die mit einer solchen Demonstration ihrer Rechte eine Gefängnisstrafe riskiert hätten, und so verlief die Invasion im Sande.

Die Jahre vergingen, und die Indianer behielten ein wachsames Auge auf die Insel, bis sie glaubten, mit genügend Leuten und guter Presse eine erfolgreichere Invasion durchführen zu können. Im Winter 1969 hatten die an der Bucht lebenden Indianer Pläne geschmiedet, wie man landen und auf das alte Recht der Indianer pochen konnte.

Ende Oktober trafen sich verschiedene Gruppen in San Francisco. In der Nacht darauf brannte das Indian Center vollständig nieder. Für die Indianer von San Francisco war das ein schwerer Schlag, denn man hatte es mühselig in zwei Jahrzehnten aufgebaut. Plötzlich hatten sie keinen Ort mehr, wo sie sich treffen konnten, es gab keine finanzielle Hilfe und auch praktisch keine Möglichkeit, wieder von vorn anzufangen.

Etwa eine Woche nach dem Brand des Indian Center landete ein kleines Häuflein Indianer auf der Insel und verbrachte einige aufregende Stunden, weil Wachtmänner hinter ihnen her waren, die das Betreten der Insel verhindern sollten, und sie ließen sich auch nicht entmutigen, als sie am anderen Morgen wieder zur Küste zurückgebracht wurden. Zehn Tage später landeten ein paar Hundert von ihnen, vorwiegend Studenten aus Berkeley und San Francisco, und besetzten die Insel für achtzehn Monate.

Die Geschichte von Alcatraz wäre ein Buch für sich. Aber die erzählenswerten Details über das Leben auf der Felseninsel und die Leute, die an der Besetzung beteiligt waren, sind nicht so wichtig wie die ursprünglichen Absichten der Indianer, die in einer während der Invasion veröffentlichten Erklärung enthalten sind. Demnach hatten sie die Absicht, in Alcatraz ein spirituelles Zentrum einzurichten, wo Mitglieder der verschiedenen Stämme von den dort wohnenden spirituellen Führern in ihren Überlieferungen und Religionen unterrichtet werden sollten.

Die Indianer von Alcatraz wollten auf der Gefängnisinsel eine Mustergemeinde aufbauen. Sie wollten die trostlosen schmutzigen Gebäude abreißen, ein ökologisches Zentrum an ihre Stelle setzen und die heiligen Pflanzen aller Stämme für Heilzwecke dort anbauen. Auch eine indianische Universität wurde ins Auge gefaßt. Dort sollte die Geschichte nicht wie auf weißen Universitäten als Rechtfertigung für die Ausrottung der Ureinwohner des Landes interpretiert werden, sondern man wollte das wahre Geschichtsbild und die innere Verbindung der verschiedenen Kulturen erforschen. Darüber hinaus war eine Ausbildungsstätte für Künstler und Handwerker geplant, mit der man die Unkosten für die übrigen Unternehmen decken wollte. Das alles schwebte den Studenten vor, die auf Alcatraz landeten.

Die Invasion war also mehr als nur ein Kampf um alte Landrechte oder ein Trick, um die Aufmerksamkeit der Öffentlichkeit zu erregen. Natürlich wurde sie schnell zum Streitgegenstand zwischen verschiedenen Regierungsbehörden – alle dachten an entsprechende Folgen, falls die Regierung den Indianern die Insel geben sollte. Die Regierung zeigte aber kein Verständnis für die hochgesteckten Ziele der Indianer. Schließlich gaben diese, während immer mehr abwanderten und wieder neue ankamen, ihre ursprünglichen Pläne auf, und die schöne Vision schwand dahin.

Natürlich war die Invasion von Alcatraz für die Medien ein gefundenes Fressen. Viele Filmstars kamen zu den Felsen, um sich mit den indianischen Studenten zu zeigen. Produzenten bastelten an der Idee eines zeitgenössischen Indianerfilms mit den Felsen von Alcatraz als Schauplatz. Fast jedem Indianer, der mit den Felsen nur in Berührung kam, bot man an, ein Buch über die Einnahme von Amerikas berüchtigstem Gefängnis zu schreiben. Aber die Medien stellten immer nur die physische Leistung der Besatzer heraus und interessierten sich nicht im geringsten für die beabsichtigte Einrichtung eines spirituellen Zentrums.

Nachdem auf Alcatraz erst einmal Ruhe eingekehrt war, besetzte die Bewegung weitere ungenutzte Grundstücke der Regierung in der Hoffnung, die gleiche Beachtung in den Medien zu finden. Aber die beschäftigten sich inzwischen mit der Frauenbewegung, und um die Indianer von Alcatraz kümmerte sich niemand mehr, als sie nicht mehr im Scheinwerferlicht standen. So konnte die Regierung sie schließlich ohne Zwischenfälle hinauswerfen.

Alcatraz war ein Symbol für die Suche der Indianer nach einer bleibenden Heimat und Freiheit. Nicht ohne Ironie wurde auf die Parallelen zwischen der Insel und den Reservaten hingewiesen: kein Wasser, keine Arbeit, keine Häuser, keine Bildungsmöglichkeiten. Für viele Indianer wurde die Insel das Sinnbild ihrer Sehnsucht, den Kontinent zurückzugewinnen, wenn nicht in der Realität, so doch im Geist. Die Besetzung bleibt ein einmaliges und schönes Erlebnis für alle, die dort waren.

Alcatraz war das Vorbild vieler folgender Ereignisse in der Indianerbewegung. In den Monaten nach der Invasion versuchten die Pitt-River-Indianer im Norden Kaliforniens, das Land ihrer Vorfahren zurückzugewinnen. Aufgrund ziemlich undurchsichtiger Machenschaften war ihr Land in den Besitz einiger großer Konzerne gelangt. Die Pitt-River-Indianer wollten sich aber nicht an den allgemeinen Landrückgabeprozessen beteiligen, sondern in eigener Sache Klage erheben gegen die Konzerne und Regierungsbehörden, die ihnen das Land ohne gesetzliche Handhabe genommen hatten.

Die Indianer in der Gegend von Seattle versuchten, die beabsichtigte Schließung eines Teiles von Fort Lawton, eines Militärpostens im Nordwesten der Stadt, für sich zu nutzen. Nach einer alten Bestimmung sollten verlassene Militärposten in Bildungsstätten für Indianer umgewandelt werden, und die in der Stadt wohnenden Indianer baten daher um das ungenutzte Grundstück. Prompt beantragte die Stadtverwaltung, einen öffentlichen Park daraus zu machen. Seattle hat bereits so viele Parks, daß es deswegen jedes Jahr in die roten Zahlen kommt. Damit fing der Kampf an.

Jane Fonda, die nach Seattle gekommen war, um gegen den Krieg in

Vietnam zu protestieren, nahm sofort an der Invasion von Fort Lawton teil und wurde deswegen heftig angegriffen. Es gelang ihr aber, die Aufmerksamkeit der Presse auf die Sache zu lenken, und die Fernsehanstalten kamen vollzählig angerückt. Militär und Polizei wagten jetzt nicht mehr, gegen die Indianer mit Gewalt vorzugehen.

Eine weitere Invasion war die von Stanley Island, einem Teil des St.-Regis-Reservats der Mohawk. Die Insel liegt im St.-Lorenz-Strom und wurde im Jahre 1900 von der Regierung an einen amerikanischen Staatsbürger für die stattliche Summe von sechs Dollar im Jahr verpachtet. Die Parzellen der Insel waren als Bauplätze für Sommerhäuser mehr als 20000 Dollar wert, und das jährliche Pachtgeld von sechs Dollar war für den Yankee-Makler eine einträgliche Investition.

Hierbei wurde auch der Streit über den Status der Irokesen in ihrem Verhältnis zu den Vereinigten Staaten, Großbritannien und Kanada wieder aufgenommen. Die Irokesen hatten vor dem britischen Angriff auf Französisch-Kanada mit Großbritannien einen Vertrag abgeschlossen. Im Jahre 1763 endete dieser Krieg mit dem Rückzug der französischen Streitkräfte vom nordamerikanischen Kontinent, und die Irokesen sind daher berechtigt, sich als Verbündete der Eroberer Kanadas und damit auch als Miteigentümer des Landes zu betrachten. Die Abtrennung Kanadas von Großbritannien hat allerdings die Rechtslage so verworren gemacht, daß die Vereinigten Staaten und Kanada ohne Einspruch einer ausländischen Macht den Irokesen ihren internationalen Status und damit jedes Miteigentümerrecht aberkennen konnten.

Fast unentwirrbar verstrickt in diese Rechtslage ist die im Jahre 1909 vorgenommene Beschlagnahme der irokesischen Wampumgürtel bei den Onondaga für die Sammlungen des Museums von Albany. Auf den Wampums war die religiöse und politische Geschichte des Irokesenbundes dargestellt, und sie gaben damit stummes Zeugnis ab für den Status, den die Irokesen ursprünglich in ihrem Verhältnis zu Großbritannien hatten.

Die Wampums wurden in Albany in einem Tresor aufbewahrt, aber die Anthropologen im staatlichen Museum malten in allen Farben aus, wie Schulkinder an den Schaukästen täglich zu Millionen vorbeizogen, um etwas über die Geschichte des Staates New York zu lernen. Die Gürtel fehlten den Irokesen schmerzlich, als sie mit kanadischen

Behörden verhandelten und ihren Kampf mit den Franzosen und Engländern vor Jahrhunderten darstellen wollten. Die Irokesen kämpften aber nicht nur wegen ihrer Land- und Vertragsrechte um Rückgabe der Wampums, sondern auch, weil diese eine religiöse Bedeutung hatten bei dem Versuch, ihren Bund auf traditioneller Basis wiederzuerrichten. Es war unmöglich, die verschiedenen Streitpunkte voneinander zu trennen, um eine Lösung herbeizuführen. Nach einem zwei Jahre währenden Kampf erließ der Staat New York ein Gesetz, wonach den Irokesen fünf der kleineren Gürtel zurückerstattet wurden, nicht aber die, die sowohl von den Irokesen als auch von den Wissenschaftlern für wichtig gehalten wurden.

Es gab eine Reihe weiterer Vorfälle im Jahre 1970, bei denen die Indianerbewegung öffentlich hervortrat. Die große Explosion im Juni des Jahres war ein Versuch der Pitt-River-Indianer, zum wiederholten Mal ihr Land von der Pacific Gas and Electric Company zurückzufordern. Angeführt von Mickey Gemmill und Richard Oakes, die in den ersten kritischen Monaten auch die Invasion von Alcatraz geleitet hatten, besetzte ein indianisches Sonderkommando das Land bei Big Bend, Kalifornien.

Wieder gab es hier ein doppeltes Problem. Ohne ein verfassungsrechtliches Verfahren war das Land den Indianern genommen worden, aber von dem allgemeinen Prozeß, der um die Rückgabe von Land geführt wurde, waren diese Indianer ausgenommen, weil sie separate und ganz bestimmte Ansprüche auf bestimmtes Land hatten. Dazu kam die stets präsente religiöse Frage: Die Pitt-River-Indianer beanspruchten das Land, um das Stammesleben einschließlich der Ausübung der Stammesreligion wiederherzustellen, was von dem betreffenden Gebiet am Mount Shasta abhing. Die Landbesetzer wurden verhaftet und wegen Landfriedensbruchs angeklagt, dann aber wie die Mohawk bei dem Vorfall auf der Cornwall-Brücke in Ontario freigesprochen.

Im Sommer 1970 hatte die Indianerbewegung in jedem Staat, in dem eine nennenswerte Anzahl von Indianern lebte, Fuß gefaßt. Bei fast allen weiteren Vorfällen ging es um unmittelbare und einwandfrei festgestellte Ungerechtigkeiten bei der Beschlagnahme von Land. Die Indianer in Chicago errichteten aus Protest gegen die Diskriminierung bei der Wohnraumbeschaffung ein Dorf und wiesen darauf hin, daß die

Regierung sie ja erst durch Landraub gezwungen hatte, in die Städte zu gehen.

Aus Protest gegen die Lethargie der Kirchen besetzten Mitglieder des American Indian Movement die Schlafsäle des Augustana College in Sioux Falls, Süd-Dakota, nachdem sie an einer Versammlung des Nationalen Kirchenrats teilgenommen hatten, die für sie erfolglos verlief. In Sault Sainte Marie, Michigan, besetzte man ein Kino. In Milwaukee wurde ein staatliches Grundstück zwecks Einrichtung einer Schule besetzt. In Minneapolis beschlagnahmte das Movement ein USAF-Gebäude.

Während die letzten Anhörungen zur Verabschiedung des Gesetzes über die Rückgabe des Blue Lake in der Landeshauptstadt stattfanden, begann in Wisconsin die DRUMS-Organisation mit einer Reihe von Demonstrationen, um ihr Land zu retten. Es waren Menomini-Indianer, kompromißlose Gegner der Termination des Indianerstatus', und sie forderten die Aufhebung ihres Terminationsgesetzes, das vor fast einem Jahrzehnt in Kraft getreten war. Die Tuscarora, die westlichen Mitglieder des Irokesenbundes, vertrieben Weiße mitsamt deren Wohnwagenpark aus ihrem Reservat. Der Sommer fand einen spektakulären Abschluß mit der Demonstration am Sheep Mountain in den Badlands von Süd-Dakota und der Einnahme des Mount Rushmore in den Black Hills. Mit dieser Protestaktion verlangten die Oglala-Sioux Land zurück, das im Zweiten Weltkrieg als militärisches Übungsgelände benutzt und bis heute nicht zurückgegeben wurde.

Die erste Phase der Bewegung, in der man vor allem Ansprüche auf staatlichen Grundbesitz erhoben hatte, ging damit zu Ende. Es war klar geworden, daß die Öffentlichkeit eine allgemeine Politik der Rückgabe von Stammesland nicht unterstützen würde. Im Jahre 1972 erreichten die Indianer auf den Parteikonventen der beiden großen Parteien zwar, daß ein Passus über die Rückgabe ungenutzter Grundstücke in die Parteiprogramme aufgenommen wurde, verstanden aber gar nicht, was damit eigentlich gemeint war. Die Delegierten stimmten auch nur zu, weil Amerika »die Indianer liebt«, wie einer der Sprecher bemerkte.

2. *Kapitel*

Amerika liebt die Indianer – aber wie

Es läßt sich nur schwer beschreiben, wie es dazu kam, daß Amerika in den letzten Jahren die Indianer so sehr ans Herz drückte. Die erste Reaktion der Weißen, als sie erfuhren, daß es in ein paar entlegenen Canyons im Westen noch Indianer gab, war eher eine Art Schock. Demnach hatten diese also fast ein Jahrhundert lang Vertragsrechte genossen, die ihnen mehr Freiheiten gaben, als man selber hatte. Forst- und Steuerbehörden und die örtliche Polizei taten zu Beginn der sechziger Jahre alles, um den Indianern diese Rechte wieder zu nehmen und sie in den »Mainstream« der weißen Gesellschaft zu zwingen.

Die Existenz der kalifornischen Indianer zum Beispiel war schon im vorigen Jahrhundert von den Staats- und Bundesbürokraten geflissentlich übersehen worden. In den fünfziger Jahren des 19. Jahrhunderts hatte die Regierung in Washington zwar eine Reihe von Verträgen mit den Stämmen dieses Landes ausgehandelt, die ihnen Reservate in bestimmten Gebieten garantierten. Es war vorwiegend Land, das die Weißen nicht wollten oder das für sie nur schwer zugänglich war. Aber als das Goldfieber immer schlimmer wütete und der Siedlerstrom sich in alle Richtungen ergoß, wurden die Proteste gegen die staatliche Zusicherung von Stammesland immer lauter und heftiger. Die Goldsucher begingen systematisch Völkermord an den Indianern, und ganze Stämme wurden abgeschlachtet, die das Land vor den von Goldgier zum Wahnsinn Getriebenen schützen wollten. Der politische Druck auf Washington war sehr stark, und die Verträge mit den Indianern Kaliforniens wurden daher vom Senat nie ratifiziert. Sie verschwanden als Geheimsache in den Archiven, wo sie ein halbes Jahrhundert unter anderen Akten verstaubten. Die Weißen in Kalifornien wollten noch nicht einmal wissen, wo die Reservate lagen.

Während der Großen Depression bekam das Amt für indianische Angelegenheiten Anweisung, den vielen heimatlos gewordenen kalifornischen Indianern Land zu beschaffen. Die Überlebenden der Massaker des vergangenen Jahrhunderts saßen als Elendshäuflein in schlimmster Armut in den Bergen des Südens und Nordens und in den Wüstenregionen. Aber da in den dreißiger Jahren auch die Landwirtschaft Kaliforniens in Bedrängnis geraten war, benutzte man diese Anweisung, um den wohlhabenden weißen Viehzüchtern und Farmern zu helfen. Land, das vom Ministerium als »unrentabel« eingestuft wurde, weil es für den Unterhalt einer Familie keine ausreichenden Erträge lieferte, wurde den Weißen abgekauft, um sie vor dem Bankrott zu retten, und den Indianern gegeben. Auf diesem Land, das die Weißen nicht ernähren konnte, sollten sie sich als »staatlich anerkannte Stämme« einrichten. Danach wurden sie von der Regierung in Washington erneut vergessen, und man erinnerte sich ihrer erst in den sechziger Jahren wieder, als ihr Wüstenland für die Weißen wertvoll wurde und Kalifornien neue Steuerquellen brauchte.

Die Zwangsumsiedlung von Reservatsindianern in die Städte an der Westküste hatte eine große Zahl kalifornischer Indianer heimatlos gemacht. Als letzte geheuert, als erste gefeuert, wurden sie von Stadt zu Stadt getrieben. Mit Ausnahme von San Francisco und Los Angeles hatten nur wenige Städte »Indian Centers«.

Fast überall wurden die Indianer mit Abscheu und Verachtung von den Weißen behandelt. In Süd-Dakota gab es Schilder mit der Aufschrift »Für Hunde und Indianer verboten«. In Oklahoma wurden die Indianer unvorstellbar unterdrückt, aber sie waren so eingeschüchtert, daß sie ihr Schicksal über sich ergehen ließen. Sie glaubten einfach, es müßte so sein, daß sie ein schlimmeres Schicksal als die Weißen hätten, weil sie ja nur dumme Indianer wären. Der Staat Washington hatte hintereinander sechs Verträge über Fischereirechte gebrochen, und die Vereine der Sportfischer, deren Mitglieder vorwiegend weiße Rassisten waren, verlangten weitere Einschränkungen dieser Rechte, was unter Verletzung der Bundesgesetze auch erreicht wurde.

In Washington, dem Staat, in dem die Indianer wahrscheinlich am schlimmsten diskriminiert werden, gab es die erste öffentliche Gegenreaktion von Weißen. Eine Gruppe weißer Jugendlicher begann sich für den Kampf um die Fischereirechte zu interessieren, als sie von den

Indianern hörte, was sich auf den Flüssen zutrug. So kam es, daß ein paar langhaarige junge Weiße zu Frank's Landing und anderen indianischen Fischgewässern an der Nordwestküste kamen und einige Wochen bei den Nisqually und Puyallup verbrachten.

Im September 1970 schlug man bei Tacoma ein Zeltlager auf, die Indianer gingen fischen und wollten dann mit dem Fang nach Hause fahren. Außer ein paar jungen Weißen waren nur Indianer im Lager. Fast dreihundert Stadtpolizisten aus Tacoma, staatliche Wildhüter und Staatspolizei umzingelten das Lager und richteten Gewehre mit Zielfernrohren auf die männlichen Erwachsenen, die aus dem Versteck hinter dem Buschwerk gut beobachtet werden konnten.

Dann wurde das Lager überfallen. Man warf Tränengas, und einige der indianischen Fischer und Fischerinnen wurden brutal niedergeschlagen. Sechs stämmige Polizisten packten die kleine Allison Bridges, ein mageres Ding von etwa einhundert Pfund und kaum größer als anderthalb Meter. Indianische Jungendliche mit traditioneller langer Haartracht wurden mit Knüppeln und Stablampen verdroschen und dann wegen Erregung öffentlichen Ärgernisses verhaftet. Das Lager wurde dem Erdboden gleichgemacht und die Wagen der Indianer beschlagnahmt und nach Tacoma gebracht, wo sie von der Polizei verschrottet wurden.

Nach den Verhaftungen stellte sich heraus, daß das Lager außerhalb des Zuständigkeitsbereiches der Polizei lag und daß die Polizeiaktion völlig ungesetzlich war. Das Fernsehen hatte inzwischen Bilder von den Brutalitäten der Polizei gezeigt, und die Fernsehzuschauer erfuhren dadurch, daß es immer noch Indianer im Lande gab, die fischen gingen. Obgleich die Polizei wußte, daß der Überfall völlig ungesetzlich war, ließ sie kurz darauf den Rest des Zeltlagers und die Netze, die den Überfall überstanden hatten, mit Bulldozern vernichten.

Daß die Öffentlichkeit aufmerksam geworden war, bereitete der Regierung in Washington keine geringen Kopfschmerzen. Schließlich hatte sie Hand in Hand mit der Jagd- und Fischereibehörde des Staates die Indianer an der Ausübung des Fischfangs gehindert. Das war gegen die Verträge, und die Öffentlichkeit verlangte den Schutz der indianischen Fischer durch die Regierung. Um die Kontroverse zu beenden, erhob US-Anwalt Stan Piktin gegen den Staat Washington Klage.

Es dauerte über zwei Jahre, bis das Gericht überhaupt herausfand, wer hier wen verklagen durfte. Wie die US-Regierung die Sache hinstellte, war es kaum ein Eintreten für die Indianer. Ein paar indianische Einzelpersonen beantragten daher vor Gericht, die Vereinigten Staaten zusammen mit dem Staat Washington unter Anklage zu stellen. Das Gericht wies den Antrag zurück und sprach ihnen das Recht ab, sich an dem Fall zu beteiligen. Dann konnte in Ruhe weiterverhandelt werden.

Durch die Aktivitäten der Indianerbewegung wurden die Reservate geradezu überschwemmt von Weißen, die den Indianern helfen wollten. Sie waren bitter enttäuscht, als ihnen gesagt wurde, man brauche sie nicht. Die Hopi waren bei den Nichtindianern schon immer sehr beliebt wegen des Regentanzes mit lebenden Reptilien, und jetzt wurden sie von jungen Weißen überrannt, die im Reservat bleiben und das Leben der Hopi kennenlernen wollten.

Unterdessen versuchten die Regierungen der Bundesstaaten systematisch, sich die Zuständigkeit über die Reservate zu verschaffen. In der Vergangenheit hatten sie die Indianer nicht zur Kenntnis genommen – sie wußten nur, daß für Indianer die Regierung in Washington zuständig war–, und so ließ man die Stämme in Ruhe. Jetzt, wo das Interesse am Indianer erwacht war, versuchten die einzelstaatlichen Behörden, allerlei Ansprüche gegen die Stammesregierungen geltend zu machen. Einige Staaten behaupteten, das Recht zu haben, von den Reservaten Steuern zu erheben, obgleich die seit langem bestehende Entscheidung des Obersten Gerichtshofes jede Besteuerung von Reservaten verbot.

Die Weißen in Washington, Arizona, Neu-Mexiko und Minnesota hatten sich immer gegen jede Hilfeleistung für Indianer gewehrt, weil sie meinten, daß die Stämme von der Bundesregierung Geld und Sozialhilfe erhielten und Indianer, die keine Steuern zahlten, sie nichts angingen. Jetzt, wo man sich plötzlich für die Indianer interessierte, wollte man von ihnen Steuern kassieren, weigerte sich aber gleichzeitig, ihnen aus denselben Steuereinnahmen Hilfeleistungen zu gewähren. Dabei hatte sich in keinem Fall von Besteuerung oder versuchter Besteuerung der Einzelstaat von der Regierung in Washington die Zuständigkeit für die Indianer übertragen lassen. Die verschiedenen Steuer- und Jagdbehörden ließen nur die Polizei, die Jagdaufseher oder die Steuerbeamten auf die Indianer los.

Der Staat Washington führte die Liste der Staaten an, in denen die Indianer verfolgt wurden. Mehr als einhundert Verhaftungen wegen angeblich unerlaubten Fischens führten in keinem Fall zur Verurteilung. Verurteilungen in erster Instanz wurden im allgemeinen in der Berufung wieder aufgehoben. Von Gouverneur Dan Evans und seiner Verwaltung wurde die so offensichtliche Diskriminierung heftig abgestritten. Aber die Mehrzahl der Verhaftungen wegen unerlaubten Fischens verwandelte sich auf geheimnisvolle Weise in Anklagen wegen anderer angeblicher Vergehen, zum Beispiel Widerstand gegen die Staatsgewalt, Erregung öffentlichen Ärgernisses usw., vorgeschobene Gründe, um die Indianer vom Fischen abzuhalten.

Die Fischer wurden täglich von Hubschraubern der Armee aus beobachtet, die von Fort Lewis kamen. Das Fort liegt Frank's Landing, dem Zentrum des indianischen Fischereikampfes, gegenüber. Nichtindianer, die den Fischern beistehen wollten, wurden als »Aufrührer« unter Aufsicht gestellt. Dick Gregory, ein farbiger Humorist, der nach Washington gekommen war, um den Kampf um die Fischereirechte publik zu machen, wurde von Agenten der Armee scharf verhört. In den politischen Wahnvorstellungen des Staates und des Militärs war der Fischfang durch Indianer fast so etwas wie eine kommunistische Machtübernahme im Nordwesten. Dabei handelte es sich bei dieser Auseinandersetzung um weniger als hundert Indianer von drei kleinen Stämmen, die insgesamt noch keine 1200 Köpfe zählten.

Neben diesen absichtlichen Schikanen drangsalierte man die Indianer aber auch ohne böse Absicht dadurch, daß man ihnen ein falsch verstandenes Interesse entgegenbrachte. Leider waren die einzigen Indianer, an die man dabei dachte, die von Dee Brown und den Historikern.

Weiße, die vorher nie ein Interesse gezeigt hatten, entdeckten plötzlich ihre Anteilnahme am Indianer, aber die Anteilnahme ging manchmal seltsame Wege. Im Juni 1971 wurde auf der Cemetery Road bei Lowville, New York, ein Skelett ausgegraben, und die Lewis County Historical Society schleppte es als prähistorischen Fund ab. Sakokwenonk, ein Häuptling der Mohawk, erbat die Rückgabe. »Die Männer der Wissenschaft mißachten oft die Ruhe der Toten«, schrieb er an Arthur Einhorn, den Kurator der Lewis County Historical Society, »und anstatt die Ruhestörung wiedergutzumachen, machen sie sie noch schlimmer, indem sie die Gebeine nach Hause und an den Arbeitsplatz nehmen oder auf andere Weise entehren.«

Einhorn ist einer der wenigen intelligenten Anthropologen, die sich mit Indianern befassen, und er machte seinen Einfluß geltend, um die Rückgabe des Skeletts zu erreichen. Die Mohawk nahmen es auf ihr Reservat und bestatteten es mit den entsprechenden Zeremonien. Aber dieser Vorfall schien die Weißen auf eine Idee gebracht zu haben: Sie fingen an, indianische Friedhöfe auszugraben.

Im Juni 1971 gingen 45 Studenten aus Minneapolis nach Welch, Minnesota, um unter der Schirmherrschaft des »Twin City Institute for Talented Youth« ein sechs Wochen dauerndes Ausgrabungsprojekt in Angriff zu nehmen. Die Begründung für diese studentische »Feldstudie« war ziemlich verblüffend. Offensichtlich in bester Absicht glaubten sie, der indianischen Kultur höchste Achtung zu zollen, wenn sie die Reste eines Indianerdorfes ausgruben.

Die Indianer in Minnesota waren darüber empört. Sie waren wie die Mohawk der Meinung, daß man Tote ruhen lassen soll. Angeführt von Clyde Bellecourt, erschien eines Abends das American Indian Movement am Schauplatz des Geschehens. Den Studenten wurden die Spaten weggenommen, die Löcher wieder aufgefüllt, die Aufzeichnungen verbrannt, und dann bot man eine Entschädigung für persönliche Verluste an. Das Weitergraben wurde jedoch untersagt. Die Indianer teilten den Studenten und Zeitungsreportern mit, daß ihre Vorfahren die Toten nicht bestattet hätten, um sie von einer anderen Kultur wieder ausgraben und zur Schau stellen zu lassen.

Die Leiter der Ausgrabung konnten diesen Standpunkt offensichtlich nicht verstehen. Les Peterson, ein Mitglied der Minnesota Historical Society, sagte: »Fünf Wochen Arbeit – alles umsonst«, und das zeigte, daß ihm die moralische Seite, nämlich das Stören der Ruhe von Toten, in keiner Weise aufgegangen war. Eine Studentin sagte, sie hätte jetzt die Achtung vor den Indianern verloren; eine andere erklärte unter Tränen, wie sorgfältig sie mit allem umgegangen wären, was sie gefunden hatten. »Wir wollten ihre Kultur doch bewahren, nicht zerstören«, hieß es.

Keiner dieser Weißen konnte begreifen, daß man lebenden Indianern nicht half, wenn man Reste eines Dorfes ausgrub, die aus dem sechzehnten Jahrhundert stammten. Daniel Dalton, der stellvertretende

Leiter des AIM-Aktionsprogramms, sagte, im umgekehrten Falle – wenn die Indianer ein Dorf der Weißen ausgegraben hätten – wäre die Hölle losgewesen. Die Weißen hätten aber ganz allgemein die Einstellung, sie seien die echten geistigen Erben der Indianer, und sie betrachteten lebende Indianer als Ausländer, die kein Recht hätten, sich über die Weißen zu beschweren.

Der Vorfall wirbelte in Minnesota viel Staub auf. Es bildeten sich Parteien, die die Spalten der Zeitungen mit Kommentaren pro und kontra füllten. Nur wenige Nichtindianer verstanden die Einwände gegen das Stören der Ruhe von Toten. Die Tatsache, daß der Staat Minnesota zur selben Zeit mit allen Mitteln versuchte, den Indianern zusätzliche Steuern aufzuhalsen und sie damit noch tiefer ins Elend zu stoßen, wirft ein deutliches Licht auf die eingefleischte Überzeugung der Weißen von Minnesota, daß der einzige echte Indianer der tote Indianer sei.

Minnesota war aber ein Musterbeispiel von Sanftmut, verglichen mit dem Nachbarstaat Iowa. Im Juni 1971 begann das Verkehrsministerium mit einem neuen Straßenbauprojekt, etwa zweieinhalb Meilen von Glenwood entfernt. Die Arbeit ging zügig voran, bis eines Tages ein Bagger einen nicht verzeichneten Friedhof freilegte. Er war alt, und die Skelette lagen nur etwa sechs Zoll tief unter der Erde. Ein Weißer namens Ernest Barker, der im nahen Pacific Junction wohnte, schätzte den Friedhof auf mindestens hundert Jahre. Er glaubte sich zu erinnern, daß seine Großmutter und drei ihrer Kinder im Jahre 1867 dort begraben worden waren.

Dann wurden Grabsteinstücke und siebenundzwanzig Skelette gefunden. Bei einem lagen mehrere hundert Glasperlen, einige Fingerringe aus Messing und metallene Ohrringe. Da das alles bei den anderen Skeletten fehlte, nahm man an, daß es sich hier um die sterblichen Überreste eines Indianermädchens handelte. Die Reste der sechsundzwanzig Weißen wurden ehrfürchtig auf den Friedhof in Glenwood gebracht und dort wieder bestattet. Für das Indianermädchen hatte man aber nach dem Beschluß der Behörden eine andere Verwendung.

Der staatliche Archäologe Marshall McKusick bat, ihm die Gebeine zu schicken, da er nach einem Gesetz des Staates Iowa für Gegenstände von historischer Bedeutung zuständig sei. Als eine Indianerin namens Running Moccasins erfuhr, daß man die Gebeine nach Iowa City gebracht hatte, um sie im Museum auszustellen, verlangte sie deren Freigabe und ein ordentliches Begräbnis.

Running Moccasins rief mehrmals im Büro von McKusick an, aber er ließ sich nicht sprechen. Er sagte: »Die Frau soll nicht glauben, daß sie von mir die Knochen kriegt, soviel Theater sie auch deswegen macht.« Sie rief dann Robert Ray an, den Gouverneur von Iowa, aber der hatte für sie keine Zeit und ließ sie von seinen Beamten abwimmeln.

McKusick verharrte auf seinem Standpunkt und sagte: »Ich kann Privatpersonen keine Skelette aushändigen. Es würde sich zwar schön anhören, wenn ich sagen könnte, ich gebe sie den Indianern zurück, damit sie das Mädchen wieder begraben, aber ich habe dem Gesetz von Iowa zu folgen.« Und er fügte hinzu, er brauche zumindest eine richterliche Verfügung, um die Gebeine dem Stamm geben zu können, zu dem das Mädchen gehörte. Offensichtlich war er nicht in der Lage, die Stämme der Weißen ausfindig zu machen, denen die sechsundzwanzig Skelette gehörten, und da sie nach dem Gesetz von Iowa ohne »historische Bedeutung« waren, gestattete er deren Wiederbeerdigung und nahm nur die Knochen des Indianermädchens für das Museum.

Nun waren die Indianer im ganzen Lande entschlossen, weitere Grabschändungen zu verhindern. Ebenso fest waren aber die Weißen entschlossen, auf ihre Weise die Kultur der Indianer zu bewahren, und wenn sie dafür jeden Indianerknochen hätten aus der Erde kratzen müssen. Bei Pedrickton, New York, setzte dann die Abnaki Archaeological Society die Wühlerei in einem alten Dorf der Abnaki fort und entdeckte in knapp einem Jahr neun Skelette. Der *Philadelphia Inquerer* veröffentlichte im September 1971 einen Artikel, in dem es hieß, die Ausgrabungen würden nicht nur Bestattungsriten zeigen, sondern einen Querschnitt durch den ganzen indianischen Alltag liefern.

In Pennsylvanien wurde das Plündern von Indianergräbern etwas ganz Alltägliches. Die Archäologen des William-Penn-Memorial-Museums in Harrisburg gruben drei Dörfer der Susquehannock aus und entdeckten dabei vier Gräber mit zwei Kleinkindern und zwei Erwachsenen. Der *Paxton Herald* schrieb: »Dieses Projekt war nicht nur ein großer Erfolg für die Wissenschaft. Viel wichtiger noch war das menschliche Interesse, das dadurch erweckt wurde. Wir erlebten ein Höchstmaß an Begeisterung, und viele Einwohner arbeiteten freiwillig mit. Leider wird die Arbeit der Forscher oft mißverstanden und deren Anwesenheit von den Einheimischen mißbilligt.«

So machte Pennsylvanien, das einmal von den Quäkern auf dem Fundament der Redlichkeit und des Anstands den Indianern gegenüber begründet wurde, aus Grabschändung eine sommerliche Freizeitbeschäftigung.

In Illinois wollte das Field-Museum für Naturgeschichte bei der Entdeckung indianischer Skelette nicht zurückstehen. Studenten gruben dort mit Billigung des Museums unter einer Motorradbahn im Wald die Gebeine von neun Indianern aus. Das Museum berichtete der Öffentlichkeit vor Begeisterung glühend, daß es sich um Miami-Indianer des ausgehenden siebzehnten Jahrhunderts handele. Und weil die Miami in Indiana lebten, bevor sie nach Oklahoma vertrieben wurden, plante das Museum, die Gebeine der Universität von Indiana zur Ausstellung zu schicken.

Da erschien eine Gruppe von Indianern aus Chicago in diesem Museum, um bei Dr. Donald Collier, dem Museumskurator, vorstellig zu werden. Collier war einer derjenigen, die den Wissenschaftlern in Albany geholfen hatten, die Rückgabe der Wampumgürtel an die Irokesen zu verhindern. Matthew War Bonnet, der Führer der indianischen Delegation, verlangte die Herausgabe der Gebeine, um sie in Wisconsin auf einem Friedhof der Winnebago mit den üblichen Zeremonien zu bestatten. Die Indianer von Chicago waren als besonders tatkräftig bekannt, und um einen größeren Zwischenfall zu verhüten, stimmte das Museum der Rückgabe zwecks Wiederbestattung zu.

Die Indianer brachten die Skelette nach Wisconsin Dells und hielten eine Bestattungszeremonie ab. Sie fertigten Hartholzsärge an, und das Museum bezahlte das Zeremonienfeuer, den Medizinmann und die bei solchem Anlaß üblichen Geschenke. Dazu wurde die zweideutige Bemerkung gemacht, man solle das aber nicht etwa als einen »Anflug von Pietät« sehen, so daß dieses Entgegenkommen mehr wie Bestechung aussah.

Das letzte Ereignis dieses grabschänderischen Sommers war der Einbruch in den hundertjährigen Friedhof der Nez Percé bei Clarkston, Washington. Die Diebe trieben Stöcke in den Boden, um die

Lager der Särge festzustellen; sie suchten nach Schmuck und stahlen die Schädel der Indianer. Viele davon wurden erst von den Skeletten abgetrennt und dann auf den kalifornischen Schwarzmärkten verkauft. Jeder kostete etwa zwanzig Dollar.

Ein weißer Zahnarzt zahlte eine horrende Summe für den Schädel von Chief Joseph, dem geliebten Häuptling der Nez Percé, dessen verzweifelter Fluchtversuch in die Freiheit ein wichtiges Kapitel in Dee Browns »Begrabt mein Herz an der Biegung des Flusses« ist. So ruhte also Chief Josephs Schädel im Wohnzimmer des Zahnarztes, wurde als Aschenbecher benutzt, und in der abendlichen Fernsehsendung diskutierten Dick Cavett und John Neihardt, warum die modernen Indianer das zwanzigste Jahrhundert nicht überleben würden und nur noch Karikaturen ihrer Vorfahren seien.

Eine brutale Untat anderer Art geschah 1972, als in Gordon, Nebraska, fünf Weiße Raymond Yellow Thunder, einen einundfünfzig Jahre alten Sioux aus dem Pine-Ridge-Reservat, zusammenschlugen. Sie zogen ihm die Hosen aus und stießen ihn in einen Saal, wo ein Tanzvergnügen von Weißen stattfand, die im Zweiten Weltkrieg und in Korea angeblich für die Menschenwürde gekämpft hatten. Er starb an seinen schweren Verletzungen.

Auf den Appell des American Indian Movement strömten über zweitausend Indianer nach Gordon und verlangten Gerechtigkeit. Aber die Sache wurde vertuscht, Yellow Thunders Leiche in aller Heimlichkeit begraben, und nicht einmal die Angehörigen durften die Leiche noch einmal sehen. In Nebraska gibt es eine Kommission, die bei gegebenem Anlaß als Verbindung zwischen Indianern und Weißen fungiert, aber mit diesem Vorfall in Gordon wollte sie nichts zu tun haben. Die bei den Morden während der Bürgerrechtsbewegung eingeschalteten Bundesbehörden erklärten sich für nicht zuständig, obgleich laut Bundesgesetz das Justizministerium zum Schutz der Indiander verpflichtet ist.

Nach vielem Hin und Her wurden die Weißen, die die Untat begangen hatten, angeklagt und in Alliance vor Gericht gestellt. Diese Stadt ist fast ebenso notorisch indianerfeindlich wie Gordon, und die Weißen erhielten nur geringe Strafen für das, was das schlimmste Kapitalverbrechen gewesen wäre, hätten Indianer es an einem Weißen begangen.

In Arizona und Kalifornien wurden unter verdächtigen Umständen ebenfalls Indianer getötet und die Morde sofort vertuscht. Aus den Erklärungen der Behörden war zu entnehmen, daß es ihrer Ansicht nach kein schweres Verbrechen war, einen Indianer zu töten. Die alte Grenzermentalität mit ihrer ganzen Rachsucht war im Westen wiedergekehrt. Trotz der Proteste und Demonstrationen zahlreicher indianischer Gruppen weigerten sich die Regierungen dieser Staaten, in den Mordfällen zu ermitteln.

Im Indianerland herrschte Empörung, aber man wollte keine Panik und bat das Justizministerium um Unterstützung, doch auch von dort wurde den Familien der ermordeten Indianer jede Hilfe verweigert. Ein seltsames Verhalten für eine Regierung, die von sich behauptet, Recht und Gesetz zu vertreten. Damals entstanden die Pläne für einen Marsch nach Washington, um ein Bundesgesetz zu fordern, wonach der Mord an einem Indianer ein Kapitalverbrechen ist. Russell Means, einer der tatkräftigsten AIM-Aktivisten, forderte, die Indianer zur »bedrohten Rasse« zu erklären, wenn schon sonst nichts für sie getan würde.

Dann wurde in einem entlegenen kalifornischen Ort Richard Oakes, der Führer der Alcatraz-Bewegung, von einem Wachmann des CVJM erschossen. Dieser Mann namens Michael Morgan behauptete, Oakes sei hinter einer Baumgruppe aufgetaucht und hätte sich ihm in drohender Haltung genähert. Er hätte also in Notwehr auf ihn schießen müssen. Aber Oakes hatte keine Waffe bei sich oder in Reichweite, als der Wachmann schoß. Nach Aussagen der Indianer war Oakes in das Lager gekommen, um sich wegen eines indianischen Jungen zu erkundigen, der mit Morgan Streit hatte. Der Wachmann wurde wegen »nichtvorsätzlichen Totschlags« angeklagt und gegen eine Kaution von fünftausend Dollar freigelassen. Fünf Tage nach Richard Oakes Tod, am 25. September 1972, schlossen sich die Indianer zum »Zug der gebrochenen Verträge« zusammen.

Die Präsidentschaftswahl stand vor der Tür, und die Indianer wollten ihre Situation den politischen Führern vortragen. Vor allem wollte man beiden Präsidentschaftskandidaten ein Zwanzig-Punkte-Programm vorlegen, von dem man sich etwas versprach. Aber man konnte sich auf keine Zielrichtung einigen und dachte nur noch an Wiedergutmachung der einzelnen Vorfälle. Statt der friedlichen Protestaktion kam es dann in Washington zur bereits beschriebenen Besetzung des

BIA, zu Tumult und Verwüstung, und die anfänglich wohlwollenden Pressestimmen schlugen um – vergessen war Richard Oakes, vergessen waren die Grabschändungen.

Das Tragische an der Indianerbewegung ist, daß sie nie die Weltanschauung der Weißen beeinflussen konnte. Indianer sind und bleiben exotische fremde Wesen. Die gefühlsbetonte Qualität indianischen Lebens ist den Weißen unverständlich, sie geht sie nichts an. Für das weiße Amerika sind die Indianer eine Volksgruppe unter anderen, und die Phase der ethnischen Begegnung war sehr schnell vorbei.

Es wurde still um das American Indian Movement. Gebrochene Verträge, zerbrochene Pissoirs waren die Marksteine seines bisherigen Weges gewesen. Erst auf den Prärien um Wounded Knee flossen die Ströme im Indianerland wieder zusammen, und alle Stimmen erhoben sich zu einem Protest, der ein einziger Verzweiflungsschrei war.

3. Kapitel

Die Indianer in der Literatur Amerikas

Als durch Antikriegsproteste und das wachsende Interesse der Medien an anderen rassischen Minderheiten als den Schwarzen die Bürgerrechtsbewegung in den Hintergrund trat, wollte man auch mehr über die Indianer wissen. Die Invasion von Alcatraz und die landesweite Aktivität der Indianerbewegung steigerten dieses Interesse noch. Um der wachsenden Nachfrage nach Büchern über Indianer und von Indianern gerecht zu werden, suchten ein paar Verleger eifrig nach Manuskripten von indianischen und nichtindianischen Autoren.

Bis dahin hatte die Indianerliteratur das Leben der Indianer nur sehr stereotyp behandelt und dadurch eine vernünftige Betrachtung der aktuellen Situation eher behindert als gefördert. Literatur über Indianer ist von allen vergleichbaren Themen amerikanischer Fachliteratur völlig verschieden und sagt dem Leser viel mehr über Amerika als über die Indianer von gestern und heute. Die Indianerbewegung glaubte und glaubt immer noch, hier eine verborgene Quelle weißer Sympathien zu finden, aber das ist ein großer Irrtum.

Mit Ausnahme von *House Made of Dawn* (»Haus der Dämmerung«) des Pulitzer-Preisträgers N. Scott Momaday und Borlands *When the Legends Die* und *Stay Away, Joe* gibt es nur wenige gute Romane über das moderne Indianerleben. *Little Big Man* (»Little Big Man – Der letzte Held«), Thomas Bergers unwahrscheinlich erfolgreicher Roman aus dem alten Westen, zeigt Leben und Kultur der Indianer verfälscht, und der dort geschilderte Zeitabschnitt sagt kaum etwas über das Leben der heutigen Indianer aus. Die meisten Bücher, die das Leben der Indianer im vorigen Jahrhundert schildern, verfallen in den Stil des »Geh-in-Frieden-mein-Sohn«, und der eigentliche Held der Handlung ist meist der weiße Fallensteller, Revolverheld oder Missionar, dem die Indianerprinzessin über den Weg läuft.

Während andere Literatur dem Leser mit Erfolg hilft, sich in fremde Verhältnisse und Kulturen hineinzudenken, haben Indianerromane fast nie eine solche Wirkung. Ihre Beliebtheit beruht im Gegenteil meist auf der wirklichkeitsfremden Haltung, die sie beim Leser voraussetzen. Darum war es auch weder der Indianerbewegung noch der Indianerliteratur möglich, echte Sympathie zu erwecken. Es gab und gibt kein Gefühl im Unterbewußtsein für den Indianer als einen Menschen wie jeden anderen auch, an das man appellieren könnte. Seine Leiden sind historisch unvermeidbar und ethnisch bedingt – nur das hat Amerika aus seiner Indianerliteratur gelernt.

Daß man die indianische Existenz immer nur als ethnologischen Sammelbegriff sieht, wird durch viele Bücher über die einzelnen Stämme unterstützt. Seit Generationen ist es üblich, daß alle historische Indianerliteratur nur Stammesgeschichten von der vorkolumbianischen Zeit über das erste Zusammentreffen mit dem weißen Mann bis zum Jahre 1890 erzählt. Dann verschwindet der Stamm unter dem sanften Schleier der Geschichte, und der berühmte Kriegshäuptling reitet vor der untergehenden Sonne den Canyon hinunter. Der einzelne Indianer personifiziert nur die Geschicke seines Stammes. Ein mythischer Hiawatha, ein trauriger Chief Joseph, ein grollender Sitting Bull, ein finsterer Geronimo, sie alle zeigen nicht den lebenden Menschen, sondern personifizieren das historische Schicksal einer Nation, die von der unvermeidbaren Geschichte zermalmt wurde.

Einige der frühesten indianischen Protestaktionen wandten sich gegen dieses Bild des Indianers. Ernstzunehmende, aber unwissende Weiße fragten uns noch vor zehn Jahren, ob wir in Zelten lebten, das Reservat verlassen dürften und ähnliches. Für eine beträchtliche Anzahl von Amerikanern beschießen die Indianer noch immer in ihrer Freizeit die Union Pacific. Das Ergebnis der Proteste war, daß ein paar Verfasser von Indianerbüchern noch ein Schlußkapitel anfügten, in dem die heutige Situation flüchtig skizziert wird.

Noch bis 1964 dachten viele Verleger, Indianer könnten entweder keine Bücher schreiben oder ihre Bücher seien »zurechtgebogen zugunsten der Indianer«. Immer wenn von bücherschreibenden Indianern die Rede war, sagte auch der wohlmeinendste Nichtindianer, daß doch schon so viele Indianer Bücher geschrieben hätten, und man es damit genug sein lassen sollte. Die von Indianern geschriebenen Bücher haben ihre Bedeutung als niedergeschriebene Gefühle einer untergegangenen Rasse, aber nicht als Darstellung der modernen sozialen und rechtlichen Probleme, die einen Teil der Bevölkerung Amerikas arm und ärmer als arm gemacht haben.

Selbst heute noch glaubt man, die alten Indianerbücher genügten, um die amerikanische Öffentlichkeit über indianisches Leben zu informieren und zu zeigen, wie man die Indianer am besten unterstützen kann. Ein Historiker schrieb, es gäbe schon genug Bücher über Indianer, und solche mit Berichten über Gewalttaten und Verbrechen der Jetztzeit sollten nicht erscheinen, weil sie nur Haß zwischen Indianern und Weißen säten. Er empfahl *Sun Chief* (Autobiographie eines Hopi aus dem Jahre 1942), *The Son of Old Man Hat* (Autobiographie eines Navajo aus dem Jahre 1938) und die Autobiographie von *Black Hawk* (aus dem Jahre 1833). Können diese Bücher den Leser über den Kampf der Navajo und Hopi gegen die Peabody Coal Company an der Black Mesa informieren?

Den Indianern macht dieser fundamentale Mangel an Information über sie und ihre drängenden Probleme große Sorge, den Nichtindianern ist er noch nicht einmal am Rande ins Bewußtsein gedrungen. Als der »National Indian Youth Council« entstand, versuchten junge Indianer, sympathisierenden Weißen ihre Situation zu erklären. Diese erwiderten aber nur allzuoft, sie seien sehr interessiert und hätten erst vor kurzem *Ishi in Two Worlds* gelesen, die Geschichte des letzten Mitglieds eines kalifornischen Stammes, das Anfang dieses Jahrhunderts seine letzten Tage in einem kalifornischen Museum als Maskottchen verbrachte.

Das wachsende Bewußtsein der jüngeren Indianer, daß hier etwas total im argen lag, drückt Stan Steiner in dem 1968 erschienen Buch *The New Indians** aus. Steiner beschäftigt sich hier mit der Entwicklung im Indianerland seit dem Zweiten Weltkrieg. Er weist darauf hin, daß die Riesensummen, die die Regierung für indianische Bildungsprogramme

* Deutsch: »Der Untergang des weißen Mannes«, 2. Aufl. 1981, Dianus-Trikont, München

ausgegeben hatte, tatsächlich einen Erfolg hatten. Aber anstatt sich wie friedliche Staatsbürger aufzuführen, waren die jüngeren Indianer zu politischen Theoretikern, Aktivisten und Verfechtern einer kulturellen Wiedergeburt geworden. Steiner warnte vor bevorstehenden Unruhen; es würde zu Protesten gegen die Politik Washingtons kommen, die die Besonderheiten der indianischen Gesellschaft und das in der indianischen Gemeinde tief eingewurzelte Gefühl des Verratenseins während des ganzen zwanzigsten Jahrhunderts ignorierte.

Leider wurden Leser, Kritiker und alle, die sich mit den Problemen der modernen Indianer beschäftigten, von zwei anderen im Jahre 1968 erschienenen Büchern mehr angezogen. Alvin Josephy veröffentlichte sein berühmtes Buch *The Indian Heritage of America* und Peter Farb das Buch mit dem Titel *Man's Rise to Civilization as Shown by the Indians of North America*. Beide Bücher wurden Bestseller und kamen in die amerikanischen Buchklubs. Josephy widmet in dem 365 Seiten umfassenden Buch ganze zwanzig Seiten der Zeit von 1890 bis 1968 und nennt nicht einen einzigen modernen Indianerführer. Der »National Indian Youth Council« wird nur einmal flüchtig erwähnt.

Farb liefert eine glänzende Analyse prähistorischer Indianerkulturen mit Einzelheiten, von denen man vorher noch nie etwas erfahren hatte. Er erwähnt aber nicht den »Indian Reorganization Act« von 1934, die Grundlage des Überlebens der Indianer nach dem Krieg, und nicht die »Indian Claims Commission« von 1946, die den Landraub durch Wiederaufnahme der Landrückgabeprozesse wiedergutzumachen versuchte. Er gibt freimütig zu, daß er diese Dinge lieber anderen überläßt. In seinem Buch treten die Indianer nicht mehr in den modernen Industriestaat ein, denn er hört kurz nach dem Dawes Act von 1887 auf.

An den drei zuletzt genannten Büchern wird exemplarisch deutlich, wie die schizophrene Haltung dem Indianer gegenüber schließlich zu einer Art Bewußtseinsspaltung führte, durch die man zwei Arten von Indianern unterschied: einerseits die »modernen Indianer« und andererseits die »Indianer der Amerikaner«, jene gespenstischen Gestalten, die Amerika liebt und an denen es mit Klauen und Zähnen festhält.

In den folgenden vier Jahren sah es aus, als würde jedes Buch über den heutigen Indianer von einem Buch über den »echten« Indianer von vorgestern begraben. Die überwältigende Mehrheit der Leserschaft kaufte *Bury My Heart at Wounded Knee* (»Begrabt mein Herz an der Biegung des Flusses«) und *The Memoirs of Chief Red Fox*, um nicht die Anklagen hören zu müssen, die moderne Indianer in *The Tortured Americans* und *Custer Died for Your Sins* erhoben. Allein das Buch über Red Fox wurde weit mehr verkauft als die beiden modernen Bücher zusammen. Nach jeder Besetzung eines staatlichen Grundstücks durch die Indianer schnellte der Umsatz von Browns Schilderung der Kriege der sechziger Jahre des vorigen Jahrhunderts erneut in die Höhe. Während der indianische Leser sich für *The New Indians* und *The Tortured Americans* oder für *The Unjust Society* von dem kanadischen Indianer Harold Cardinal begeisterte, suchten die Nichtindianer nach weiteren Büchern über die Indianer des vorigen Jahrhunderts.

Das löste die Herausgabe einer Reihe von Büchern aus, die kaum mehr waren als Flickwerk: die Anthologien *Touch the Earth* (»Wie der Hauch eines Büffels im Winter«) von T. C. McLuhan und *I have Spoken* von Virginia Armstrong enthielten Auszüge aus den Reden berühmter Häuptlinge und ein paar kurze Zitate lebender Indianer, die dem Buch einen modernen Anstrich geben sollten. T. C. McLuhan fügte auch ein paar sentimentale sepiabraune Fotos mit alten Häuptlingen hinzu, die am Rand des Canyons entlangreiten, um das Buch noch ein bißchen rührseliger zu machen. Die Öffentlichkeit schloß T. C. ins Herz, und der »Büffelhauch« kam in die Buchklubs.

Zu den sentimentalen Anthologien kamen andere eilig veröffentlichte und zuversichtlich den Kritikern vorgestellte Bücher, die kaum mehr waren als zu Büchern aufgearbeitete Berichte der Regierungsbehörden. Allein im Herbst 1972 erschienen nicht weniger als 75 Bücher über Indianer. Die meisten schafften es nur mit Ach und Krach, gedruckt zu werden, erhielten ein paar Rezensionen und verschwanden wieder. Das anfängliche Interesse am Indianer war schnell vorbei. Dann kam der »Zug der gebrochenen Verträge« in die Hauptstadt und die Konfrontation mit den Machthabern. Regierung, Stammesräte und ein großer Teil der amerikanischen Öffentlichkeit schauten ratlos zu, wie die Demonstranten ihr Werk der Zerstörung im Gebäude des Amtes für indianische Angelegenheiten verrichteten, 66000 Dollar Reisekosten von der Regierung kassierten und sich dann davonmachten, um weitere im Land verstreute Dienststellen dieser Behörde zu terrorisieren. Plötzlich waren die Indianer ein Teil dieses zwanzigsten Jahrhunderts. Die Reaktion der weißen Gesellschaft auf die Aktivitäten der Indianerbewegung während der vorhergegangenen zehn Jahre hatte gezeigt, daß die Amerikaner sich hartnäckig weigerten, ihre überkommene Vorstellung vom Indianer aufzugeben. Das – mehr als alles andere – verhinderte die Lösung indianischer Probleme.

Man muß sich nur einmal vorstellen, wie es ausgesehen hätte, wenn die Schwarzen in den fünfziger und sechziger Jahren bei ihrem Kampf um die Bürgerrechte auf die gleiche Haltung gestoßen wären: Bei einer Pressekonferenz fragt man Martin Luther King nach den Zeiten auf den Baumwollplantagen, während er versucht, über den Busboykott zu sprechen. Nach Beendigung der Konferenz sind die Reporter überzeugt, daß King ein Querulant ist, denn auf den Plantagen ist alles in bester Ordnung und bleibt es auch, solange die Schwarzen fleißig weiter Spirituals singen.

Es erscheinen zwei Bücher, von denen das eine die glorreichen Zeiten der Sklaverei schildert, während das andere die kulturellen Leistungen der Stämme Schwarzafrikas im 14. Jahrhundert beschreibt. Sie werden schlagartig zu Bestsellern, und die Amerikaner machen sich Sorgen über den Einfluß der Mohammedaner auf die primitiven Stämme im Innern des afrikanischen Kontinents. In einem verzweifelten Versuch, das Problem der Bürgerrechte publik zu machen, schreibt Martin Luther King das Buch *Stride Toward Freedom* (»Freiheit. Aufbruch der Neger Nordamerikas«). Abgesehen von den wenigen, die begriffen haben, daß es im Süden nicht gut aussieht, wird das Buch ignoriert. Anderen schwarzen Autoren, wie James Baldwin und LeRoi Jones, geht es nicht besser.

Trotzdem wächst die Bürgerrechtsbewegung weiter, und Fernsehen und Rundfunk berichten nun von der Armut der Schwarzen, aber das Ergebnis ist: Die Schwarzen sollen für sich bleiben, bis sie sich das Recht verdient haben, am Leben der weißen Gesellschaft teilzunehmen. Ein *Negro Travel Book*, das die großen Völkerwanderungen im Afrika des 14. Jahrhunderts beschreibt, wird ein Bestseller.

Die Unruhe unter den Schwarzen wird immer größer, man plant einen Marsch auf Washington, und unten im tiefen Süden werden ein paar Bürgerrechtler ermordet, weil sie versucht haben, Schwarze in die Wählerlisten aufzunehmen. An der literarischen Front sieht es jedoch anders aus. In einer Woche werden 20000 Exemplare von *Bury my Heart at Jamestown* verkauft. Wer das Buch gelesen hat, schwört, nie wieder Sklaven zu kaufen oder zu verkaufen. Die Sklaven sind die Lieblinge der Nation, und Martin Luther King wird vorgeworfen, er »spreche nicht für alle Neger«.

Während der Marsch auf Washington beginnt, findet des Fernsehen einen neuen Helden. Field Hand Boggs, ein Schwarzer, der behauptet, 101 Jahre alt zu sein, wird fast gleichzeitig von der *New York Times* und der Dick-Cavett-Show entdeckt. Er hat 13000 Wörter aus »Onkel Toms Hütte« abgeschrieben und weist sie als sein sorgfältig über ein Jahrhundert geführtes Tagebuch vor. Field Hand Boggs wird Volksheld Nummer eins von Amerika und erzählt den vor Ehrfurcht erstarrten Fernsehzuschauern, daß er Abraham Lincoln und General Grant an dem Tag, als er seine Freiheit erhielt, auf dem Rasen vor dem Weißen Haus sitzen sah. Der Marsch aber findet ohne Zuschauer statt.

Der Büchermarkt läßt sich noch etwas Neues einfallen. Alte Regierungsberichte, durch Urkunden und Tafeln vervollständigt, werden neu auf den Markt gebracht. In ihren attraktiven Schutzumschlägen sehen sie aus wie die neuesten Kriegsberichte aus Atlanta. Anthologien mit Spirituals werden sehr populär, besonders die mit verblichenen Fotos von Sklaven auf den Baumwollfeldern. Die Einführungen zu diesen Anthologien machen uns in ernstem Ton darauf aufmerksam, welch einen großen Beitrag zu unserer heutigen Kultur die Sklaven geleistet haben. »Mehr denn je braucht die Welt die sanften Klänge von ›Sweet Chariot‹, um uns zu sagen, daß alles doch gut ist«, heißt es in einem der Klappentexte.

Schließlich der Aufruhr in Watts. Als dieser Teil von Los Angeles in Flammen steht, gelobt man Besserung. Regierungssprecher fordern strenge Bestrafung der Rädelsführer, während sie ihnen gleichzeitig Hundertdollarscheine in die Hände drücken und sie bitten, nach Virginia und South Carolina zurückzukehren und nicht mehr zu sündigen. Eine Kommission aus Vertretern der verschiedensten Behörden wird gebildet, die die Haltung der Regierung gegenüber der Bürgerrechtsbewegung untersuchen und innerhalb von sechs Wochen einen Bericht erstellen soll...

Was auf die Situation der Schwarzen bezogen lächerlich wirkt, ist genau das, was mit den Indianern passierte, ohne daß jemand auch nur eine Miene verzog. Wäre denn auf dem Höhepunkt des Kampfes um die Bürgerrechte ein vernünftiger Mensch auf die Idee gekommen, einen 101 Jahre alten Mann mit zweifelhaften und dürftigen Behauptungen als den wahren Vertreter der schwarzen Bevölkerung anzusehen? Kein intelligenter Kritiker hätte sich so an der Nase herumführen lassen. Aber im Falle der Indianer passierte es nicht nur genauso, sondern es entsprach offenbar einer tiefen Sehnsucht großer Teile der Bevölkerung. Über einen langen Zeitraum haben sich die weißen Amerikaner nicht mit dem Indianer befaßt, wie er ist, sondern wie er ihrer Vorstellung entspricht.

Während von Dee Browns Buch »Begrabt mein Herz an der Biegung des Flusses« wöchentlich 20000 Exemplare verkauft wurden, hausten dreihundert staatliche Wildhüter und die Polizei von Tacoma wie die Vandalen im indianischen Fischerlager bei Frank's Landing und bedrohten das Leben von Frauen und Kindern. Es heißt, daß Geschichte geschrieben und gelesen wird, um aus den Fehlern zu lernen, aber in bezug auf die Indianer stimmt das sicher nicht, wenn es überhaupt stimmt.

Als Raymond Yellow Thunder zu Tode geprügelt wurde, bestellten die Amerikaner eifrig bei ihren Buchklubs »Wie der Hauch eines Büffels«, um ihre Sympathie für die Indianer zu beweisen, und als die Leichenfledderer in Chief Josephs Grab einbrachen, las man seine berühmte Kapitulationsrede in mindestens einem Dutzend Anthologien und beseufzte den heutigen Mangel an solcher Redekunst.

Der vielleicht einzige Durchbruch wirklicher Indianerliteratur gelang den Büchern über indianische Religionen. Sie konnten den ganzen kommerziellen Rummel der lächerlichen Indianermode auf dem Buchmarkt als glaubhafte Werke überleben. Hierher gehören vor allem die im Eingangskapitel erwähnten Bücher von Peter Powell (*Sweet Medicine* und *People of the Sacred Mountain*) sowie die Wiedergabe von Gesprächen mit Schwarzer Hirsch, dem heiligen Mann der Sioux, die mehrere Winter vor seinem Tode zu Beginn der fünfziger Jahre aufgezeichnet wurden (deutsch: »Ich rufe mein Volk« und »Die heilige Pfeife«).

Fast alle diese Bücher vermeiden die herkömmliche, bei exotischen ethnologischen Themen übliche Methode von Darstellung, Analyse und Erläuterung. Sie geben nicht das Zerrbild des Indianers wieder, und so manche politische indianische Organisation trat an die Lösung der Probleme auf der Grundlage von »Ich rufe mein Volk« heran. Andere Züge indianischen Lebens könnten für nichtindianische Vorstellungen vielleicht zurechtgebogen werden, aber mit der Religion läßt sich das nicht machen, ohne ihre Echtheit zu zerstören. Die Weltanschauung der Stammesreligionen ist so geschlossen, daß es ein leichtes ist, die großen Themen ohne Inanspruchnahme fremder Werturteile zu behandeln, wie sie in die Erzählungen und Anthologien hineingebracht werden.

Ebenfalls ein wichtiges Buch über indianische Religion ist *Lame Deer, Seeker of Visions* (»Tahca Ushte – Medizinmann der Sioux«) von John Fire Lame Deer und Richard Erdoes, die Autobiographie eines anderen heiligen Mannes der Sioux. Das Buch schildert umfassend die Atmosphäre in einem Reservat und erzählt die Lebensgeschichte von John Fire, der von seinem Volk Lame Deer genannt wird. Leser, die an die gottesfürchtige Strenge protestantischer Traktate gewöhnt sind, erschrecken über die Art, mit der er an Tabus wie Tod, Sex und Religion herangeht, doch das Buch strahlt eine seltene Weisheit aus.

Noch umstrittener ist *Seven Arrows* (»Sieben Pfeile«) von Hyemeyohsts Storm, aber es ist der einmalige Versuch, ein modernes religiöses Bekenntnis abzulegen durch Rückbesinnung auf die traditionelle Überlieferung, Mythologie und Symbolwelt der Cheyenne. Wer einen Bericht über Cheyenne-Riten und -Zeremonien in der Art von *Sweet Medicine* erwartet, ist von der Offenheit Storms wie vor den Kopf geschlagen, ebenso von seiner entschlossenen Abkehr von der hierbei üblichen Form. Wenige haben ihn verstanden – oder ihm vergeben.

Indianerromane wie die »Sieben Pfeile« sind ein mutiger Versuch, Geist und Schicksal der alten Zeiten zum Leben zu erwecken, aber mit Fabeln allein kann man das nicht, denn jene Zeiten sind so weit vom Heute entfernt, daß man sie in Büchern nicht mehr schildern kann. Andererseits können auch wissenschaftlich orientierte Bücher, wie die von Josephy und Farb, die das Leben der Indianer einheitlich und unterschiedslos behandeln, uns keine verläßliche Auskunft geben über die Realität indianischer Existenz, wie sie früher war oder heute ist.

Die Anthologien schließlich wuchern wie Unkraut in einem verwahrlosten Garten und sind im wesentlichen alle gleich. Kaum eine enthält nicht Red Jackets Antwort an die Missionare, Chief Josephs Rede und Häuptling Seattles Erklärung, als er den Vertrag unterschrieb, mit dem er sein Heimatland verlor. Wollte man die Anthologien ernst nehmen, müßte man die Indianer von damals als eine Schar von Poeten sehen, die zufällig dabei waren, als die Armee mit irgendwelchen nebulösen Gruppen aus dem hintersten Busch kämpfte. Sie repräsentieren eine Saubermann-Version von Siegern und Verlierern bei der Eroberung des Westens jenseits des Ohio. Nur wenige Leser sehen den blutenden, erschöpften Chief Joseph, wie er in der letzten Stunde der Freiheit versucht, sein Volk zu retten. Statt dessen sehen sie einen würdevollen Häuptling mit ordentlich gefalteter Decke über dem Arm das erhabene Finale einer Abschiedssinfonie für die alte Wildnis dirigieren.

Diese völlige Sterilität macht es unmöglich, in den Anthologien auch nur eine Spur von Sinn zu sehen. Seit einem Jahrhundert müssen die einzelnen Stämme den Nichtindianern immer wieder sagen, daß sie verschieden sind und eine verschiedene Geschichte, verschiedene Sprachen, Kulturen und Religionen haben. Es gibt keinen Einheitsindianer. Jede Besonderheit, jeder Unterschied kann gar nicht genug herausgestellt werden, damit man die Einmaligkeit eines jeden Stammes begreift.

Bei den Anthologien ist das Gegenteil der Fall, denn die hier gesammelten Reden sind von größter Gleichförmigkeit. Die Reden der Seneca aus den neunziger Jahren des 18. Jahrhunderts haben den gleichen Tenor wie die der Nez Percé und Yakima ein Jahrhundert später. Man könnte meinen, es gäbe bei den Indianern nur eine einzige Einstellung zum Stamm, zum Land, zu den Vögeln und Tieren und zum Einbruch der Weißen in ihr Leben. Wer nicht genau im Bilde ist, kann nicht herausfinden, welcher Häuptling was gesagt hat. Aber eine solche allgemeine Gleichheit existiert nur in Anthologien in der Art von »Wie der Hauch eines Büffels im Winter«.

Denn die einzige gemeinsame Erfahrung der Stämme war die Invasion ihrer Heimat durch den Mann aus Europa. In diesem einen wichtigen Punkt ist die Gleichheit der Reden kein Zufall. Fast jede Rede wurde dann gehalten, wenn der Stamm gezwungen war, die Antwort auf die unmittelbare Bedrohung seiner Existenz durch einen beharrlichen Gegner zu geben. Da alle Stämme die gleiche Einstellung zur US-Regierung, zu den Missionaren und ganz allgemein zur weißen Gesellschaft haben, fiel auch die Antwort im Grunde immer gleich oder ähnlich aus. Daher kann man in diesem speziellen Punkt von einem »Indianertum« sprechen, das allen Stämmen gemeinsam ist: in der Antwort an die weiße Gesellschaft.

Wenn die Weißen also eine offensichtliche Gleichheit in den Reden finden, müssen sie den Eindruck bekommen, daß sie es mit einer einheitlichen Rasse und Gesellschaft zu tun haben. Viele Weiße erkennen darüber hinaus in den historischen Indianerreden den Ausdruck einer Lebensqualität, die sie in der weißen Gesellschaft nicht finden, und darum kehren sie immer wieder zu diesen Indianern von vorgestern zurück, anstatt die Verbindung zum modernen Indianer zu suchen.

Merkwürdig genug sehen auch viele der heutigen Indianer den heldenhaften Kriegshäuptling der Vergangenheit als Vorbild. Ihre religiösen Lehrer richten sich nach den Werten der alten Zeit, und die Sitten und Überlieferungen des vergangenen Jahrhunderts werden für den modernen Indianer immer wichtiger. Von der Indianerbewegung gedruckte Poster stellen die alten Kriegshäuptlinge dar, Spruchbänder und Aufkleber verkünden den Ruhm von einst, sprechen von Widerstand gegen Landraub und der Zuversicht, daß die indianische Sache siegt. Indianer wie Nichtindianer mußten staunend erfahren, daß die jungen Leute, die das Amt für indianische Angelegenheiten besetzten, heilige Männer bei sich hatten, mit denen sie einige Male religiöse Zeremonien abhielten.

Es scheint keinen Weg zu geben, die Nichtindianer dahin zu bringen, Indianer als moderne Menschen zu akzeptieren. Sie können oder wollen nicht auf deren Probleme eingehen und bleiben lieber im vergangenen Jahrhundert bei alten Häuptlingen wie Red Fox und damit bei einer Vergangenheit, die mythologisch, erregend und tröstlich ist.

4. Kapitel

Die religiöse Frage

Die Ziele der Bürgerrechtsbewegung hatten für die Indianer eigentlich immer nur eine sekundäre Bedeutung. Die nordamerikanischen Indianer litten vielmehr unter einer Diskrimminierung, die sie als einzelne Stämme betraf. Es waren die gebrochenen Verträge zwischen der Regierung und den Stämmen, die für die indianischen Gemeinden die größte unmittelbare Härte darstellten. Konnten denn Indianer in der Bürgerrechtsbewegung gegen Diskriminierung bei der Arbeitssuche kämpfen und gleichzeitig eine im Bundesgesetz verankerte Bevorzugung bei der Beschäftigung im Rahmen von Arbeitsprogrammen auf Stammesbasis genießen? Nur wenige Indianer standen hinter der Bürgerrechtsbewegung, denn sie fürchteten, mit den Schwarzen und anderen Minderheiten in den gleichen Topf geworfen zu werden.

Die schwarzen Anführer innerhalb der christlichen Kirchen wie Martin Luther King, Ralph Abernathy und Andrew Young lieferten der Bewegung Waffen in Form von christlichen Glaubenssätzen. Die Grundlage ihrer Strategie waren die christlichen Lehren. Kings berühmter Brief aus dem Gefängnis in Birmingham war nicht an politische Führer, sondern an die Kirchenführer im Süden gerichtet, die aus der Religion ein bequemes rückgratloses Herunterplappern von Glaubensbekenntnissen machten.

Die Bürgerrechtsbewegung erwies sich als eine historisch längst überfällige Gelegenheit, das ganze christliche Ethos auf die Probe zu stellen, zumindest was die amerikanische Innenpolitik betraf. In einem weiteren historischen und geographischen Rahmen waren es zuletzt die Nürnberger Prozesse gewesen, in denen das Christentum sich auf der Höhe seiner Macht gezeigt hatte. Die siegreichen Alliierten gaben sich damals als Sprecher für die ganze Menschheit aus und verurteilten die

Naziführer nicht als Verlierer des Krieges, sondern als Menschen, die gegen die Grundsätze der Zivilisation und der Religion verstoßen hatten. Indem sie sich zum Richter aufwarfen, mußten die westlichen Nationen sich allerdings sowohl von ihren russischen Verbündeten distanzieren als auch vor der ganzen Menschheit und der Geschichte eine Haltung einnehmen, die sie von jeder Sünde rein und damit zum Richten berufen erscheinen ließ.

Nach den Prozessen von Nürnberg war es mehr oder weniger klar, daß die westlichen Alliierten jetzt auch für die moralischen und intellektuellen Schwächen der eigenen Gesellschaft einzustehen hatten. Konnte man Naziführer verurteilen, wenn man die Kriegsgefangenen im Land besser behandelte als die schwarzen Bürger, die diese gefangengenommen hatten? Die Bürgerrechtsbewegung war nach diesen Prozessen unvermeidlich. Sie entstand während der Amtszeit des menschenfreundlichen Eisenhower, der den rechtschaffenen Bürger, den christlichen amerikanischen Gentleman verkörperte, von dem nur Gutes kommt, weil er fest und treu zum amerikanischen Credo steht.

Diesen Widerspruch spürten viele Indianer, als sie Fühlung mit der Bürgerrechtsbewegung aufnahmen. Bei dem Versuch, die indianischen Ziele von denen der schwarzen Bevölkerung abzugrenzen, und hierin durchaus von ihren weißen Verbündeten verstanden, begannen viele Indianer, ihre traditionelle Kultur wiederzuentdecken. Sie spürten ihren eigenen religiösen Erfahrungen nach und bemerkten dabei die Kluft zwischen der technischen Überlegenheit des weißen Mannes und seiner moralischen Verdorbenheit und trügerischen christlichen Fassade. Während der Ära Eisenhower kamen die religiösen Zeremonien nach jahrzehntelanger Unterdrückung wieder zum Vorschein.

Martin Luther King hingegen hielt am wahren christlichen Ethos fest und verurteilte aufgrund dessen auch den Krieg in Vietnam. Obgleich den christlichen Idealen treu, erkannte King mit einer seltenen Einsicht, daß Rassismus und Unterdrückung, die sich überall ausbreiteten, direkt aus der christlichen Geschichtsvorstellung abzuleiten waren. Die Amerikaner gingen nach Südostasien, weil sie sich für die Wächter der Geschichte hielten und glaubten, gegen alle Versuche kämpfen zu müssen, die das durch militärische und wirtschaftliche Macht geschaffene Gleichgewicht störten. King sah, daß es keine Lösung inneramerikanischer Probleme ohne die Lösung internationaler Probleme gab.

Die Idee einer geeinten und homogenen Nation schwand dahin, als die Schwarzen das Recht auf kulturelle Eigenständigkeit forderten und andere Gruppen folgten, als hätten sie nur auf ein Zeichen gewartet. Die Vision einer umfassenden Brüderlichkeit aller Menschen war verschwunden. Statt dessen gab es größere und kleinere ethnische Gruppen, die das Recht auf nationale Eigenständigkeit forderten und von der »Schmelztiegelgesellschaft«, in der angeblich alle gleich sein sollten, nicht mehr wissen wollten.

Schließlich traten auch noch die Ökologen auf den Plan mit so erschreckenden Prognosen, daß selbst dem größten Optimisten das Blut in den Adern gefror. Sie erklärten, daß bei Fortsetzung der Umweltzerstörung in diesem Tempo die Menschheit nur noch eine Generation zu leben hätte, bevor sie endgültig ausgerottet sei. Wie war es dazu gekommen? Einige Ökologen sagten, daß die alte christliche Vorstellung von der Natur mit daran schuld sei: die Unfähigkeit, die Schöpfung als lebendes Ökosystem zu sehen, und die Vorstellung von der Natur als etwas Verderbtem und als Objekt der Ausbeutung. Aber diejenigen, die die Ansicht der Ökologen teilten, wurden sogleich beschuldigt, Verrat an der Bürgerrechtsbewegung zu begehen. »Ein Ablenkungsmanöver!« schrien die Bürgerrechtler empört. »Ein Mittel, den Druck von den korrupten Regierungsstellen zu nehmen, die uns unsere Rechte verweigern!«

In den sechziger Jahren dieses Jahrhunderts wurden offensichtlich die Logik der westlichen Kultur und die christliche Idee, die dieser Kultur einmal zugrunde lag, von den Ereignissen überrannt. Die Brüderlichkeit aller Menschen mag ein edles Ziel gewesen sein, aber kann man es in einer Gesellschaft verwirklichen, die nicht homogen ist? Es war offensichtlich, daß die Bürgerrechtsbewegung ihr Ziel nicht erreichen konnte, weil die Menschen zu schwach waren und die Ziele letztlich nur Bilder einer Idealwelt darstellten, die mit der Wirklichkeit nichts zu tun hatte.

Die Bürgerrechtsbewegung, die Demonstrationen gegen den Krieg in Vietnam, die Zuflucht zu Drogen, die Rückkehr zu Mutter Erde, alles kann als verzweifelte Anstrengung von Menschen gesehen werden, die den Boden unter den Füßen verloren haben und die nach einer neuen Definition der Realität suchen. Dadurch wurden die Indianer populär, und das wachsende Interesse an ihnen schien darauf hinzuweisen, daß Amerika mehr suchte als nur eine exotische Minderheit, mit der man spielen konnte. Der stoische und heroische Rote, der vor der Ankunft des weißen Mannes immer zurechtgekommen war in einem fast idyllischen Dasein, schien den Schlüssel zum Überleben zu haben.

Wenn Amerika sich damit zum Narren machte, machten die Indianer sich gleich doppelt zum Narren. Jede ihrer Versammlungen, jede feierliche Zusammenkunft hatte ihren indianischen Redner, der verkündete, daß der Tag des Indianers jetzt gekommen sei. Plakate zeigten indianische Schauspieler, die tränenüberströmt im Kanu durch umweltverschmutzte Gewässer paddelten. Die Indianer gingen begeistert in die Falle. Die Reden wurden immer blumiger, Optimismus breitete sich aus, und es war, als hätte man dem Indianer endlich einmal erlaubt, den Mund aufzumachen.

Ganz plötzlich boten sich den Indianern Kontakte mit der Welt außerhalb ihres eigentlichen Lebensbereiches. Mit Bestürzung sahen die offiziellen Stammesräte, daß die großen christlichen Kirchen darauf bestanden, Demonstrationen der Indianer zu finanzieren. Sehr oft waren die Demonstranten aber nichts anderes als Marionetten, die für liberale Dollars tanzten. Vielen war es wichtiger, für die Schlagzeilen der Abendpresse auf einen Berg zu steigen, als etwas gegen die Beschlagnahme von Land durch die Terminationsgesetze zu unternehmen. Das Colville-Reservat zum Beispiel wurde beinahe aufgelöst, weil es an Menschen fehlte, die dagegen Widerstand leisteten, während tausend Meilen weiter südlich Hunderte von jungen Indianern auf Alcatraz herumliefen und nichts Rechtes mit sich anfangen konnten.

Die Machthungrigen unter den Stammesvertretern schlossen aufgrund der neuen Selbstbestimmungspolitik lukrative Abkommen mit der Regierung, aber mit der Annahme dieser Gelder gaben sie für immer das Recht auf, die Maßnahmen des Amtes für indianische Angelegenheiten zu kritisieren. Jedes neue Projekt und jede neue Idee, die bei indianischen Konferenzen vorgeschlagen wurden, resultierten in der Schaffung einer neuen landesweiten Organisation. Die Interessenkonflikte wurden dabei immer größer, und der politische Streit um die Beherrschung großer Organisationen mit großem Budget führte manchmal bis an den Rand der Gewalttätigkeit. Was die Amerikaner nicht sehen wollten und die Indianer leider nicht sehen konnten, war, daß beide den Indianer von gestern im Auge hatten.

Amerika versuchte auf verschiedenste, wenn auch manchmal sonderbare Weise, den »echten« Indianer zu finden. Viele Jahre zuvor schon hatte William Carlos Williams geschrieben: »Das Land! Fühlt ihr es nicht? Erweckt es in euch nicht den Wunsch, hinauszugehen und tote Indianer sanft aus den Gräbern zu heben, um bei ihnen etwas von der Echtheit zu stehlen, die selbst noch ihren Leichen anhaften muß?«

Leider taten viele Amerikaner genau das. Innerlich leergebrannt, suchten sie den »echten« Indianer auf indianischen Friedhöfen unter den Skeletten. Daß Christen oder auch Pseudochristen einen solchen Frevel begehen konnten, ist vielleicht ein Zeichen für das Ausmaß der Verzweiflung. Und wenn die, die das taten, keine Christen waren, warum protestierten dann nicht die wahren Christen? Besonders bei den geschilderten Vorfällen in Iowa waren diese Christen auffallend still. D.H. Lawrence sagte einmal, der Indianer würde zwar das Land nie mehr politisch beherrschen, aber für immer auf ihm umgehen. Vielleicht ist das Herrschaft über ein Land in höchster Bedeutung.

In der Indianerbewegung zeigte sich schon zu Anfang ein starkes Interesse an den Stammesreligionen. Bei den Zeremonien dabeizusein war fast ebenso selbstverständlich wie die Teilnahme an Protesten. Die jungen Leute des American Indian Movement waren darin so fanatisch, daß ältere Indianer hier eine indianische Abart der »Jesus Freaks« sahen. Aber nur wenigen Indianern war bewußt, wie sehr sich die Welt seit den Tagen von Chief Joseph geändert hatte. Man konnte keine Wagenzüge mehr überfallen, aber die Taktiken und Emotionen entsprangen genau dieser Geisteshaltung. Während der Besetzung des Amtes für indianische Angelegenheiten war manch einer bereit zu sterben, aber nicht, auch nur um Haaresbreite nachzugeben. Es war, als sei der Geistertanz von Wounded Knee mit seiner ganzen Tragik wiedergekehrt.

Der indianische Glaube an die religiöse Bedeutung von Land wurde nicht nur von den Weißen abgelehnt. Auch die Indianer selbst nahmen ihn teilweise nicht mehr ernst. Die verzweifelten Aktionen, mit der die Bewegung Land zurückforderte, führte eher zu politischen Zusammenstößen als zur Demonstration einer religiösen Überzeugung, wie sie von den älteren Indianern vertreten wurde. Aber auch diese unternahmen mit wenigen Ausnahmen nichts, den Amerikanern den Zusammenhang von Leben, Religion und Land begreiflich zu machen.

Der weiße Amerikaner ist das Ergebnis eines lange vorausgesagten Prozesses. Nietzsche und Kierkegaard sahen vor einem Jahrhundert den Zusammenbruch der Anschauungen und Werte des westlichen Menschen voraus. Für Kierkegaard war die Lösung des Problems, mit ungeheurer Willenskraft zu den Grundwerten des Lebens zurückzukehren. Reinheit des Herzens ist der Wille zum Guten, sagte Kierkegaard, und wenn man das Gute will, verwirklicht es sich, aber wahrscheinlich hätten nur wenige Menschen eine Vorstellung von der dafür notwendigen spirituellen und psychologischen Kraft.

Nietzsche verkündete den Tod Gottes und die Geburt des Übermenschen, aber er verherrlichte zugleich den Willen zur Macht so sehr, daß er den moralischen Schaden von Willensaufwand ohne ein positives Ziel nicht sah. Im Aufstieg und Niedergang des Nationalsozialismus ging Nietzsches Lehre vom Übermenschen eine unselige Verbindung ein mit einer unausgegorenen, verzerrten Rassen- und Geschichtstheorie. Kierkegaard und Nietzsche hatten versucht, das Problem des Verfalls der westlichen Weltanschauung durch einen Appell an die Willenskraft zu lösen. Aber dieser Appell war so abstrakt, daß er sich im praktischen Leben als verhängnisvoll erwies.

Eine konkretere Lösung für die moralischen und intellektuellen Unzulänglichkeiten des Westens wurde zu Anfang dieses Jahrhunderts ins Auge gefaßt, als Walter Rauschenbusch (1861–1918) und andere ihre Lehre vom sozialen Heil verkündeten. Sie sahen die Erfüllung des Reiches Gottes auf Erden in politischen und sozialen Reformbewegungen. Durch gewerkschaftliche Organisation der Arbeiterschaft, Gesetze zur Einschränkung von Kinderarbeit und unverfälschte Nahrung wollten sie für die Verwirklichung einer himmlischen Gesellschaft auf Erden sorgen, ohne göttliche Intervention.

Als in der Bürgerrechtsbewegung die Lehre vom sozialen Heil mit dem politischen System konfrontiert wurde, erwies sie sich als so kurzlebig wie jede andere Doktrin. Während in der Gesetzgebung Fortschritte gemacht wurden, verhärtete sich die moralische Haltung in anderen Punkten, die politisch nicht geändert werden konnten. Dann wurde die soziale Heilslehre schließlich durch die Richard-Nixon/Spiro-Agnew/Billy-Graham-Theologie von der bedingungslosen Unterwerfung unter politische Entscheidungen gänzlich aus dem Felde geschlagen, und die Bemühungen um eine »persönliche Beziehung« zu Gott traten in den Vordergrund. Eine beträchtliche Anzahl von Amerikanern braucht keine Antworten mehr, weil es für sie keine Fragen mehr gibt. Aber da das Drama weiterhin in religiöser Terminologie gespielt wird, kommt man zu dem Schluß, daß die unbeantwortete Grundfrage die des religiösen Zusammenbruchs ist.

Möglicherweise wird uns jetzt klar, warum der westliche Mensch seinen Weg nicht finden kann, weder durch Entmythologisierung im Sinne Kierkegaards, Nietzsches und der sozialen Heilslehre noch durch Remythologisierung durch Billy Graham und die christlichen Fundamentalisten. Es kann sein, daß ein neues Gesellschafts- und Religionsverständnis gefunden werden muß. In der Literatur wagt man sich schon auf neue Wege vor, vielleicht sollten wir zum ersten Mal unsere geistigen Pioniere ernst nehmen.

Gary Wills zum Beispiel weist in den Büchern *Nixon Agonistes* und *Bare Ruined Choirs* glaubwürdig nach, daß im letzten Jahrzehnt ein politischer und religiöser Wendepunkt erreicht wurde. In *A Quality of Life* (»Das gute Leben«) läßt James Michener Sinn für die Suche nach einem neuen Verständnis unserer Stellung in der Gesellschaft erkennen und findet dabei eine neue religiöse Dimension. Während Charles Reich in *The Greening of America* (»Die Welt wird jung«) vor Optimismus überschäumt und wir uns außerstande sehen, ihm darin zu folgen, bietet sein Essay *The New Property* eine bedeutsame Kritik an Reichtum und Einkommen. Vielleicht noch wichtiger sind Alvin Tofflers *Future Shock* (»Der Zukunftsschock«) und Vance Packards *A Nation of Strangers*. Beide Bücher zeigen die Art des Wandels, in dem wir uns befinden. Können wir uns mit zunehmender Geschwindigkeit und ständigem Ortswechsel durchs Leben bewegen und dabei die gleichen religiösen Überzeugungen haben wie vor zwei Jahrhunderten? Oder vor einem Jahrhundert, einem Jahrzehnt?

Auf dem Gebiet der Ökologie ist das Dilemma der Kirchen noch größer. Weder linke noch rechte Christen erkennen den religiösen Aspekt der Umweltkatastrophe. Sie scheinen ihr Vertrauen eher in die wunderbaren Fähigkeiten der Wissenschaft zu setzen, das Problem der versiegenden Rohstoffquellen zu lösen.

Die heutige christliche Weltanschauung entstand in einem Zeitraum von zweihundert Jahren, in deren Verlauf die Ausbeutung von Menschen und Naturschätzen immer raffinierter wurde. Für die Verwirklichung des Reiches Gottes auf Erden hat das Christentum jede Rücksicht auf die Umwelt außer acht gelassen. Da das zwanzigste christliche Jahrhundert mit sozialem und politischem Chaos endet, können wir zu dem Schluß kommen, daß alle Bemühungen, die Nationen der westlichen Zivilisationen als Prototypen des Reiches Gottes aufzubauen, völlig gescheitert sind.

5. Kapitel

Zeitliches und räumliches Denken

Die Weltanschauung der Amerikaner unterscheidet sich weniger nach Abstammung oder Kultur als nach der politischen Einstellung. Die Begriffe »konservativ« und »liberal« galten ursprünglich nur für die Politik, später aber darüber hinaus auch für andere Bereiche. Im allgemeinen treten die Liberalen mehr für humanitäre Ziele ein, während die Konservativen Selbsthilfedoktrinen und Eigenverantwortlichkeit auf ihre Fahne geschrieben haben. Die Unterschiede zwischen beiden Anschauungen sind aber nicht sehr gravierend, denn beide sehen in der Geschichte das Prinzip, das ihre Denkweise bestätigt.

Wenn man jedoch die Unterscheidung nach Rot und Weiß vornimmt, das heißt nach Indianern und westeuropäischen Einwanderern, stößt man eher auf einen grundlegenden philosophischen Unterschied. Für die Indianer hat ihr Land – ihr Lebensraum – die denkbar höchste Bedeutung, und aus dieser Grundhaltung kommt alles, was sie denken und tun. Die Einwanderer hingegen sind es gewohnt, in geschichtlichen Abläufen zu denken. Sie sehen den Zug ihrer Vorfahren über den amerikanischen Kontinent als einen steten Fortgang von für sie günstigen Ereignissen und Erfahrungen und rücken damit die Geschichte – die Zeit – in den Mittelpunkt ihres Denkens. Wenn eine Menschengruppe mit dem Begriff Raum und die andere mit dem Begriff Zeit lebt, ergibt sich zunächst kein Sinn, wenn man die Erfahrungen der einen Gruppe in die Sprache der anderen übersetzt.

Die Völker Westeuropas haben nie den Raum zur Grundlage ihrer Weltanschauung gemacht. Ihre Weltsicht beruht auf der Annahme, daß die Zeit in gerader Folge fortschreitet und daß von einem bestimmten Zeitpunkt an die Westeuropäer die Wächter der Menschheit wurden. Diese Vorstellung, aus der heraus die Kreuzzüge, das Zeitalter der

Entdeckungen und des Imperialismus und die heutigen Kreuzzüge gegen den Kommunismus entstanden, enthält auch die Überzeugung, daß die Zeit eine besondere Rolle in der politischen Bestimmung Westeuropas – und später natürlich der Vereinigten Staaten – spielt.

Die Nachkriegsgeneration lehnte jede Änderung dieser Einstellung ab. Das zeigt sich in der Hauptdoktrin der antikommunistischen Außenpolitik, dem »Eindämmen« des Kommunismus. Man glaubt, dessen Ausdehnung auf bestimmte Länder beschränken zu können, von wo aus eine Weiterverbreitung nicht möglich ist. Die anachronistische Natur dieser Annahme ist offensichtlich: Die westliche Politik will nichträumliche Ideen räumlich beschränken. In Südostasien, Afrika und Indien haben die Kolonialmächte ihre Erfahrungen mit diesem Widerspruch gemacht.

Ohne weiter politisches Glatteis betreten zu wollen, möchte ich noch darauf hinweisen, daß die Entscheidung zweier amerikanischer Präsidenten, nicht die »ersten Verlierer eines Krieges zu sein«, selbst wenn der Sieg die totale Vernichtung eines Landes und seiner Bewohner bedeutete, zeigt, wie sehr die westlichen Völker – besonders die Amerikaner – die Zeit als absoluten Wert sehen. Der Rückzug aus Südostasien ist der Beweis, daß bei kriegerischen Auseinandersetzungen die Zeit manchmal von der Geographie negiert wird. Das hat man schon an zwei klassischen Beispielen gesehen, Napoleon und Hitler, die beide Rußland erobern wollten. Die räumliche Ausdehnung des Landes zwang die Armeen in die Knie, die den Gipfel historischen Wandels stürmen wollten.

Der Verzicht auf den Kolonialismus hat den westlichen Nationen in den letzten Jahren ein großes Dilemma beschert. Jetzt, wo sie langjähriger Quellen des Wohlstands in den unterentwickelten Ländern, den ehemaligen Kolonien, beraubt sind, gibt es kaum eine andere Wahl, als den gegenwärtigen Lebensstandard durch schon vorhandene Formen sozialer Organisation zu erhalten. Eine gewisse, vielleicht wenig willkommene Stagnation und damit ein Umschwung im politischen Denken wurde dadurch erreicht.

Wohlstand hängt heute mehr von neuen Technologien als von der Ausbeutung noch nicht erschlossener Rohstoffquellen ab. Das heißt aber nicht, daß der Raubbau an Mineralien und anderen Naturschätzen nicht fortgesetzt wird. In dem Maße, in dem die Entwicklungsländer ihr eigenes wirtschaftliches Wachstum verfolgen, müssen die westlichen Länder ihre Ausbeutungsmethoden drastisch ändern und zu raffinierteren Formen des Kolonialismus greifen, wenn sie keinen wirtschaftlichen Zusammenbruch erleiden wollen.

Es ist zweifelhaft, wie viele Amerikaner begreifen, welche grundsätzliche Bedeutung die Aufgabe der kolonialistischen Haltung für sie hat. Im besten Falle bedeutet das Ende des Kolonialismus eine Humanisierung der Völker, die jahrhundertelang nur Rohstofflieferanten und Konsumenten der Brocken waren, die man ihnen übrigließ. Im schlimmsten Falle bedeutet es den Beginn einer Bewegung, die die politischen Systeme auf der ganzen Welt in ein Lebenssystem einbindet, durch das die Wirtschaft der reichen Völker stabilisiert wird. Beides bedeutet, daß man sich um das Problem der Ökologie nicht die geringsten Gedanken macht, daß die Entmenschlichung durch die Technik weitergeht und die Entfremdung des einzelnen von sich selbst und der Gesellschaft weiter zunimmt.

Es besteht kein Zweifel, daß ein großer Teil der westlichen Welt jetzt vor der immer schwieriger werdenden Aufgabe steht, gewisse Einrichtungen wiederzubeleben, um den Zusammenbruch zu vermeiden. Dazu hat man in erster Linie versucht, alte Einrichtungen für neue Zwecke zu verwenden, für die sie nicht geschaffen wurden. Wenn wir Alvin Tofflers »Zukunftsschock« ernst nehmen oder Buckminster Fullers und Marshall McLuhans Theorien konsequent zu Ende denken, werden wir zwar unseren Planeten Erde nicht in ein Raumschiff oder ein Instantkommunikationssystem verwandeln können, aber die Zeit wird kein begrenzender Faktor unserer Erfahrung mehr sein. In einer Welt, in der blitzschnelle Telekommunikation und Simultanerlebnisse möglich sind, können wir uns grundsätzlich nur noch durch den Raum und nicht mehr durch die Zeit unterscheiden.

Die Welt ist kein »globales Dorf«, sondern besteht aus heterogenen Gruppen, die miteinander in Konflikt geraten müssen, weil ihre emotionalen Energiemuster verschieden sind. Wie diese Gruppen handeln, wie ihr Selbstverständnis aussieht und welche Bewegungen sie in ihrem Bereich auslösen, das sind offene Fragen unserer Zeit. Wenn wir davon ausgehen, daß Religion in den menschlichen Gesellschaften von fundamentaler Bedeutung ist, können wir nicht mehr in der herkömmlichen Weise von Universalreligionen sprechen. Wir müssen Religion und ihre Ausübung in einer neuen, nicht herkömmlichen Weise verstehen und uns auch bewußt werden, daß es einen homogenen Zeitbegriff und eine universale Geschichte nicht gibt.

Mit Sicherheit werden wir die Entstehung regional begrenzter religiöser Bewegungen erleben, die ganz unzeitgemäß erscheinen. Darunter werden solche sein, die durch lokale Einflüsse ausgelöst sind, und andere, die nach echter religiöser Erfahrung suchen, durch die die Geschlossenheit einer emotional gleichartigen Gruppe bestätigt wird. Im südlichen Kalifornien, einer langjährigen Hochburg der christlichen Fundamentalisten, findet man heute Satanskulte neben der entschiedenen Rückkehr zu den ebenso tröstlichen wie einfältigen religiösen Vorstellungen von vorgestern.

Der notwendige durchgreifende Wandel hängt von einer umwälzenden Neuorientierung der Begriffe ab, die dadurch zustande kommt, daß die Zeit sekundär und der Raum primär wird. Religion wurde oft als ein evolutionärer Prozeß gesehen, im Laufe dessen die Menschheit zum monotheistischen Begriff des Göttlichen gelangt, indem sie ein Pantheon allmählich auf einen einzigen Gott reduziert. Eine solche Religion kann zwar das Universum erklären, erfahren kann man es durch sie aber nicht. An die Stelle einer direkten Beziehung zu den höheren Mächten treten dann die verschiedensten Konfessionen und Glaubensrichtungen. Verliert aber der Zeitbegriff an Bedeutung, ist die ganze monotheistische These bedroht, denn unsere eigenen übernatürlichen Erfahrungen führen nicht unbedingt zu einem monotheistischen Schluß.

Das gleiche gilt für die monotheistische Vorstellung von der Offenbarung. Nach der herkömmlichen Theologie fand zu einer bestimmten geschichtlichen Zeit eine Offenbarung statt, und nachfolgende Generationen sind von ihr in einem lehrhaften Sinne abhängiger als von der eigenen unmittelbaren Erfahrung des Göttlichen. Das ist in fast allen Weltreligionen so, und darum wird religiöse Erfahrung meistens durch Glauben ersetzt.

Offenbarungen müssen sich in den kulturellen Anschauungen, Sprachen und Weltbildern ihrer Zeit ausdrücken. Wenn die Zeit sich ändert, die Kulturen sich verfeinern, die Wissenschaften einen tieferen Einblick in das Universum geben und die Sprachen Wörter und Begriffe aus anderen Kulturen mit aufnehmen, erscheint auch die Offenbarung in einem anderen Licht. Es wird jetzt deutlich, daß sie immer nur ein bestimmtes Bild der Wahrheit in Zusammenhang mit einer bestimmten Person und einer bestimmten Zeit wiedergibt. Solch ein »Schimmer der Ewigkeit« wurde nur allzuoft als universal gültig für alle Zeiten und Orte gehalten. Der universale Anspruch von Religionen müßte also einmal kritisch untersucht werden.

Wenn wir uns von zeitlichen zu räumlichen Begriffen hinwenden, sehen wir, daß es bei der Offenbarung weniger um die Zeit als um den Ort geht, an dem sie stattfindet. Eine Offenbarung bedeutet dann eine bestimmte Erfahrung an einem bestimmten Ort. Sie ist keine universale Wahrheit, sondern ein Bewußtwerden an Orten, die von einer größeren Heiligkeit sind als andere. Wenn wir das wissen, erkennen wir die Universalität der Wahrheit in der religiösen Erfahrung verschiedener menschlicher Gemeinden und nicht in der fortgesetzten Anpassung an sich ändernde wissenschaftliche und philosophische Weltbilder.

Alle sogenannten primitiven Religionen kennen heilige Stätten. Fast alle indianischen Stammesreligionen haben an einem bestimmten Ort ein religiöses Zentrum, sei es ein Fluß, ein Berg, Plateau, Tal oder eine andere Besonderheit in der Natur. Viele kleinere Religionen überall in der Welt sind von heiligen Stätten abhängig. Auch das ist ein Beweis für die Verwurzelung des Stammes mit seinem Land, die besonders dem westlichen Menschen fehlt. Daß auch die großen Weltreligionen für ihren Gottesdienst heilige Stätten haben, zeigt, daß die räumliche Dimension unerläßlich ist, wenn der Mensch religiöse Erfahrung sucht. Warum also darf im Christentum religiöse Wirklichkeit nur in Zeitbegriffen verstanden werden?

Ein wesentlicher Teil der westlichen Religionen ist das Lehren und Predigen. Das Christentum ganz besonders hat sich die Verkündigung der »Frohen Botschaft« durch Missionare und die Ermahnung der Gläubigen, sich an die Moralgebote ihrer Religion zu halten, zur vornehmsten Aufgabe gemacht. Dahinter steht die Überzeugung, daß jeder die Möglichkeit hat, durch Beitritt zum Christentum ein besserer Mensch zu werden. Leider ist nur allzu bekannt, wie wenig Erfolg das Christentum bis heute darin gehabt hat, bei seinen Anhängern ein Höchstmaß an sittlichem Verhalten zu bewirken.

Wenn man vom zeitlichen Begriff der Religion zum räumlichen übergeht, ergibt sich eine schwerwiegende Abwertung des Lehrens und

Predigens. Das sittliche Verhalten des einzelnen wird durch Teilnahme aller an den Zeremonien und ständige Erneuerung der gemeinsamen Beziehungen einer Gruppe zu den heiligen Stätten der Offenbarung bestimmt. Die Ethik entspringt aus dem Ablauf des Lebens in der Gemeinde oder im Stamm und ist von deren Sitten und Gebräuchen untrennbar. Dabei spielt der Fortschrittsglaube für den einzelnen oder die Gruppe kaum eine Rolle. Die Werturteile kommen aus der Gegenwart und hängen nicht von vergangenen oder kommenden goldenen Zeiten ab, auf die die Gruppe angeblich zugeht oder von denen sie einmal herkam.

Diese Haltung kennt keine scharfe Trennung der Religion von anderen Lebensbereichen. Eine Religion, die sich nach der Zeit richtet, muß ständig kämpfen, um ihre Herrschaft über den zeitlichen Ablauf der Ereignisse zu sichern. Wenn politische, wirtschaftliche und kulturelle Ereignisse wie bei den Hebräern religiös aufgefaßt werden, fallen religiöse und weltliche Zeit zusammen. Wenn es aber zu einer mehr oder weniger einschneidenden Trennung kommt, wie im christlichen und westlichen Geschichtsverständnis, wird Religion zum Werkzeug politischer Interpretation wie in bestimmten amerikanischen Geschichtstheorien, oder sie wird als ökonomischer Determinismus verweltlicht wie in der Geschichtslehre des Kommunismus. In beiden Fällen kann die Religion keine echte Lebenshilfe mehr sein und muß sich, was das praktische Leben betrifft, auf bestimmte Randgebiete beschränken.

Welche Funktion hat Religion in den verschiedenen Gesellschaften, wenn man den Begriff Zeit ausklammert? An diese Frage könnte man zum erstenmal von einem neuen Standpunkt aus herantreten, wenn man ihre Beziehung zum Land betrachtet. Der Regentanz der Indianer im Südwesten der Vereinigten Staaten hängt weitgehend vom Land ab, auf dem diese leben. Man kann sich kaum vorstellen, daß die Indianer an der Nordwestküste einen Regentanz brauchen oder veranstalten. Anstatt Religion als Endphase einer Entwicklung über einen Zeitraum hinweg zu erklären, sollten wir lieber die Natur des Landes untersuchen, auf dem ein Stamm, eine Gruppe oder eine Gemeinde lebt.

Eine Gefahr, die im räumlichen Begreifen einer Religion lauert, ist deren Verbreitung durch Missionare. Kann denn eine solche Religion ihr Ursprungsland verlassen und andere Länder oder die ganze Welt erobern, ohne ihre Substanz zugunsten rein politischer oder wirtschaftlicher Erwägungen zu verlieren? Sind die Riten denn nicht an bestimmte Plätze gebunden, und werden sie nicht in einem fremden Land sinnlos? Diese Fragen sind in der westlichen Theologie noch nie grundlegend erörtert worden, weil zeitliche Überlegungen dort vorrangig sind.

Auch die religiöse Bilderwelt kann durch zeitliche Begriffe nur unzulänglich erklärt werden. Wie es überhaupt zu solchen Bildern kommt, ist bei den Theologen immer noch ein heftig umstrittenes Thema. Die Frage ist so schwerwiegend, daß sie über das religiöse Denken hinaus auch zum Gegenstand psychoanalytischer Untersuchungen geworden ist. Wie kommen Menschen auf die Symbole, Lehren, Visionen und Legenden, in denen religiöses Denken sich äußert? Warum begreifen wir das Göttliche in dieser oder jener bestimmten Form und nicht in einer anderen?

Bei dieser Frage sind theologische Erklärungen, die von zeitlich verstandenen Weltbildern abhängen, ziemlich hilflos. Im besten Fall können Theologen, die in Zeitbegriffen denken, vielleicht die poetische Einbildungskraft als Quelle der religiösen Symbolwelt annehmen: Die besten und vollkommensten Vorstellungen einer Kultur oder Gesellschaft verdichten sich über einen längeren Zeitraum hinweg schließlich zu einer poetischen Mythologie.

Sieht man Religion hingegen in räumlicher Dimension, ist die Antwort klarer. Von der Gemeinde oder Gruppe wird etwas beobachtet oder erlebt, das so stark von der üblichen Erfahrung abweicht, daß es sich über einen langen Zeitraum hinweg in das kollektive Gedächtnis einprägt. Großen Veränderungen ist dieser Mythos nicht mehr unterworfen, denn er ist das geistige Eigentum der ganzen Gruppe und gehört nicht nur deren Poeten oder religiösen Führern.

Denkt man zum Beispiel an die vielen mythologischen Berichte von großen Überschwemmungen, die in den verschiedensten religiösen Überlieferungen auftauchen, kann man nicht ausschließen, daß es einmal eine weltweite Flutkatastrophe gegeben hat. Da die Flut an vielen Orten erlebt wurde, entstanden Legenden, die die Erinnerung an sie wachhielten. Zu diesem Schluß kommt man, wenn man Religion räumlich begreift. Aus der zeitlichen Perspektive gesehen, kann man nur feststellen, daß zu einem bestimmten Zeitpunkt die verschiedenen menschlichen Gesellschaften unabhängig voneinander einen Mythos von einer Flut entwickelten. Daraus kann man dann die Vermutung ableiten, daß ein universales Bedürfnis nach Taufe hinter der Erfindung dieser Legende steckt – aber nicht alle religiösen Überlieferungen, die einen Flutmythos besitzen, kennen die Taufe.

Zwischen dem Denken in zeitlichen und dem in räumlichen Begriffen besteht ein eigenartiger Zusammenhang. Ob es uns gefällt oder nicht, wir sind mit der Zeit unlöslich verbunden. Aber wenn wir uns ihr uneingeschränkt ausliefern, vernachlässigen wir die räumliche Dimension unserer Erfahrung. Nehmen wir einmal die Ethik als Beispiel. Ethische Systeme, Begriffe und Lehren können, wie man weiß, jeder Anschauung angepaßt werden, nur nicht dem praktischen Leben. Eine Ideologie ohne Bindung an die praktische Wirklichkeit erweist sich aber als dämonisch. Der Raum muß im Denken den Vorrang haben, denn die Zeit gibt uns nur Erfahrungshorizonte, nicht die Erfahrungen selbst.

Viele Amerikaner sind durch die modernen Medien rauh aus dem gewohnten Denken in zeitlichen Begriffen gerissen worden, das zuletzt zu einem Gefühl der Sinnlosigkeit und Fremdheit geführt hatte, weil wir der Zeit erlaubt hatten, den Raum zu fressen. Daß das Denken sich vom Zeitlichen wieder ins Räumliche verlagert, erkennt man an Tendenzen wie Umweltschutz, der »Neuen Linken« in der Politik, Dezentralisierung in der Verwaltung und verstärkter Mitbestimmung der Bürger im Staat. Das alles sind Zeichen, daß man wieder den Sinn für Raum gewinnt und gleichzeitig die Abhängigkeit vom Fortschrittsdenken aufgibt, wobei Fortschritt – ein Zeitbegriff – bisher ein Grundpfeiler amerikanischer Weltanschauung gewesen ist.

Das gegenwärtige theologische Vakuum versucht man mit exotischen, oft aus Asien importierten Religionen auszufüllen. Daß sich selbst solche Richtungen wie Dämonismus, Satanskult und christlicher Fundamentalismus verstärkt ausbreiten, zeigt, wie sehr ein neues religiöses Verständnis der Welt nötig ist. Dazu kann man aber nur auf neuen Wegen gelangen. Die christlichen Lehren versuchten immer, alle Lebensfragen zu beantworten. Sie konnten es nicht, und die heutige Situation wird vielleicht jede Antwort unmöglich machen, so daß wir statt dessen in Techniken wie Psychodrama oder ähnlichem einen seelischen Halt werden suchen müssen.

Viele Religionen anderer Völker wurden tief verachtet, weil sie nach westlich-christlicher Vorstellung theologisch minderwertig erscheinen. Sie galten nichts – nicht weil sie ihren Anhängern kein Verständnis des Universums, in dem sie lebten, vermitteln konnten, sondern weil sie nicht in den Rahmen christlicher Religion paßten, deren Weltanschauung in viel höherem Maße von der Technologie als von religiösen Ideen abhängt.

Anderen Religionen wurde fast immer deswegen die Gültigkeit abgesprochen, weil sie in erster Linie nach zeitlichen Vorstellungen einer idealisierten Welt beurteilt wurden. Würde man umgekehrt das Christentum nach nichtzeitlichen Begriffen beurteilen, was hätte es uns dann zu sagen? Auf die meisten aktuellen Fragen hat das Christentum entweder gar keine oder nur eine ungenügende Antwort. Während es von Zeit und Ewigkeit und vom Leben nach dem Tode als einer Realität spricht, kann es mit dem Leben hier und jetzt – dem Raum und dem Planeten Erde – oft nichts anfangen.

Unter den verachteten Religionen waren bisher auch die indianischen Stammesreligionen zu finden, aber heute wenden sich die Amerikaner auf der Suche nach dem Echten, das sie in der eigenen Tradition nicht finden, immer mehr dem Indianer zu. Immerhin suchen sie nicht nur den edlen roten Mann aus den Romanen oder die tragische Gestalt, die die Historiker sehen, sondern mehr und mehr auch dessen religiöse Einsichten. Endlich machen sie sich daran, auch das Land zu verstehen, das die einheimischen Stammeskulturen hervorgebracht hat. Selbst wenn sie dabei den indianischen Menschen völlig meiden, folgen sie auf der Suche nach einem erfüllten und sinnvollen Leben den Spuren, die die Indianerstämme vor Jahrhunderten gegangen sind.

Im amerikanischen Kongreß wurde vor kurzem über das Kompensationsprinzip im Strafrecht diskutiert. Die Tage des Racherechts sind vielleicht gezählt. Könnten nicht ebenso die Tage einer Religion, die Gott als strengen Richter der Menschheit sieht, gezählt sein?

Die folgenden Seiten sind ein Versuch, das Wesen indianischer Stammeskulturen in westlicher Terminologie darzustellen und entscheidende Unterschiede herauszustellen. Natürlich kann nicht jede Frage erschöpfend beantwortet werden, aber es genügt zunächst schon zu zeigen, welche Unterschiede und Alternativen vorhanden sind, wenn es zu einer Annäherung der Kulturen kommen soll. Um eine Lösung für die inneramerikanischen Probleme zu finden, muß es eine Versöhnung zwischen dem geistigen Eigentümer des Landes – dem Indianer – und dem politischen Besitzer – dem amerikanischen weißen Mann – geben. Schuld und Anklage können nicht unaufhörlich im leeren Raum umeinanderkreisen. In dieser Verworrenheit, in der einer den anderen bekämpft, ist schon der Gedanke an Versöhnung fruchtbar.

6. Kapitel

Die Schöpfung

Unter den großen weltanschaulichen Unterschieden zwischen indianischen Stammesreligionen und Christentum besteht der größte wohl in der Ansicht der Schöpfung. Für das Christentum ist die Schöpfung vor allem ein spezifisches Ereignis, während die indianischen Stammesreligionen sie als Zustand, als Ökosystem an einem bestimmten Ort sehen. Auch hier taucht wieder die Frage auf, ob wir räumlich oder zeitlich sehen, ob etwas *hier* oder *damals* geschah.

Beide Religionen sind sich über das Wirken eines Schöpfers einig, aber von diesem einen Punkt abgesehen gibt es wenig, was beide gemeinsam haben. Die Stammesreligionen sehen bei allen weiteren religiösen Betrachtungen in erster Linie die Verwandtschaft aller Dinge. Die Christen hingegen sehen die Schöpfung als den Anfang eines zeitlichen Ablaufs, durch den sich ein göttlicher Plan erfüllt, und das Ende ist ein Akt der Zerstörung, durch den die Welt untergeht. Der Anfang und das Ende der Zeit sind für die Stammesreligionen ohne Belang.

Für die Christen ist die Schöpfungsgeschichte von einmaliger Bedeutung: Sie zeigt, wie der Mensch erschaffen wurde und die Sünde in die Welt kam. Adam und Eva, die ersten Menschen, sind nach dem Bilde Gottes entstanden. Diese Vorstellung ist bei den Christen allgemeingültig und sehr wichtig für die theologischen Hauptlehren. Darum haben sich die Christen – nicht unbedingt auch ihre hebräischen Vorgänger und jüdischen Zeitgenossen – Gott immer mit einem menschenähnlichen Aussehen vorgestellt. Gemälde zeigen ihn gewöhnlich als alten Mann, was vielleicht von der hebräischen Vorstellung des »Gottvater« herrührt.

Unterschiedlich ist bei Stammesreligionen und Christentum auch die populäre Gottesvorstellung. Die ersteren lehnen in ihrer überwiegenden Mehrzahl ein anthropomorphes Gottesbild ab. Wohl gebrauchten viele Stämme die Anrede »Gottvater«, wenn sie zu Gott beteten, aber sie haben niemals den Versuch gemacht, darauf ein theologisches System aufzubauen. Man glaubte zwar, daß der Große Geist Ähnlichkeit mit der Rolle eines Großvaters in der Gesellschaft des Stammes hat, aber es bestand im allgemeinen kein Wunsch nach einer »persönlichen Verwandtschaft« mit dem Großen Geist, während das Christentum die persönliche Verwandtschaft oder Beziehung zu Gott betont.

Die unterschiedliche Auffassung von Gott als einem anthropomorphen Wesen oder einer nicht näher definierten geistigen Gegenwart setzt sich in der ebenso unterschiedlichen Auffassung von der Schöpfung fort. In der christlichen Theologie folgt unmittelbar nach der Erschaffung der Welt der Ungehorsam Adams, der die verbotene Frucht ißt, die auf einem Baum im Garten Eden wächst. Mit dieser Tat fiel der Mensch von Gott ab und wurde dafür aus dem Garten vertrieben. Die Hauptthese der christlichen Religion ist demnach in ihrer Schöpfungsgeschichte enthalten, denn der Sinn des Sühneopfers Jesu von Nazareth ist ja die Erlösung des Menschen.

Mit Adams Sündenfall fällt auch die übrige Natur in Gottes Ungnade, denn Adam ist stellvertretend für die gesamte Schöpfung. Dieser Punkt war für die christlichen Theologen immer ein sehr heikles Problem. Einerseits war dadurch der Eintritt des Bösen in die Welt auf adäquate Weise erklärt, andererseits aber fiel den Theologen die Erklärung schwer, wie das in einem als vollkommen anzusehenden Universum geschehen konnte. Der heilige Augustin meinte, Gott selbst hätte die Gestalt der Schlange angenommen und Eva überredet, die verbotene Frucht zu essen. Das wurde nicht allgemein akzeptiert, obgleich es eine hinreichende Erklärung sein könnte.

Von größerer Wichtigkeit sind aber jene beiden Punkte der christlichen Schöpfungslehre, die uns gerade heute direkt angehen. Der eine ist, daß nach dem Sündenfall die natürliche Welt verderbt ist und im Prinzip nicht erlöst werden kann. Viele christliche Theologen haben sich dieser Schlußfolgerung zu entziehen versucht, sie war aber eine Hauptlehre während der ganzen christlichen Ära. Kein geringerer Denker als Paul Tillich versuchte, sie in eine für die moderne Welt annehmbarere Form zu fassen. In einer komplizierten Analyse ringt er in seiner »Systematischen Theologie« mit diesem Problem:

> Das Christentum muß die idealistische Auffassung, daß der schuldige Mensch von der unschuldigen Natur scharf zu trennen ist, ablehnen. Heute fällt uns eine solche Ablehnung verhältnismäßig leicht, weil sie uns durch die modernen Einsichten in die Entwicklung des Menschen und seine Beziehung zur Natur (in ihm und außer ihm) nahegelegt wird. Erstens kann gezeigt werden, daß in der Entwicklung der Menschheit keine absolute Diskontinuität besteht zwischen tierischer Gebundenheit und menschlicher Freiheit. Es gibt wohl Sprünge zwischen gewissen Stadien, aber es gibt ebenfalls eine langsame und kontinuierliche Veränderung. Es ist unmöglich zu sagen, an welchem Punkt des Entwicklungsprozesses die tierische Natur durch das ersetzt wird, was wir als menschliche Natur heute kennen und was qualitativ von der tierischen Natur verschieden ist...
>
> Ebenso wie es in der Natur Analogien zur menschlichen Freiheit gibt, finden sich auch in jedem Teil des Universums Analogien zu gut und böse. In diesem Zusammenhang denke man an Jesaja, der im Hinblick auf den neuen Äon von dem Frieden der Natur sprach, der im alten Äon verloren ist. In diesem Sinn jedenfalls schrieb er der Natur keine Unschuld zu. Auch der Verfasser von Genesis 3, der uns berichtet, daß die Erde verflucht ist, würde sich nicht als unschuldig bezeichnen können, ebensowenig Paulus, der in Röm. 8 von der Kreatur sagt, daß sie »der Eitelkeit unterworfen ist«. Gewiß handelt es sich bei den angeführten Stellen um poetisch-mythische Ausdrucksweisen. Das ist auch nicht anders möglich, denn nur poetische Einfühlung ist imstande, in das innere Leben der Natur einzudringen. Und trotzdem sind diese Aussagen ihrem inneren Gehalt nach realistisch und gewiß realistischer als der moralische Utopismus, der den schuldigen Menschen mit der unschuldigen Natur konfrontiert. Wie die Natur im Menschen an seinem Guten und Bösen teilhat, so zeigt auch die außermenschliche Natur Analogien zum Guten und Bösen. Die Handlungen des Menschen erstrecken sich hinein in die Natur, und die Natur erstreckt sich hinein in den Menschen. Sie können nicht voneinander geschieden werden. Deshalb ist es nicht nur möglich, sondern auch notwendig, den Ausdruck »gefallene Welt« zu gebrauchen und den Begriff Existenz als Gegensatz zu Essenz auf das Universum wie auf den Menschen anzuwenden.

Wie viele christliche Denker kann auch Tillich nicht mit der Vorstellung brechen, daß beide, Mensch und natürliche Welt, verderbt sind. Selbst sein Glaube an die Evolution scheint nur ein flüchtiges Nicken zu den Überlegungen der Wissenschaft zu sein, da er in jedem Fall die Natur des Menschen für verderbt hält, gleichgültig, auf welcher Stufe der Evolution ein menschliches Wesen auftaucht.

Auch die Stammesreligionen sehen grundsätzlich eine Verwandtschaft zwischen Mensch und Natur, aber ihre Auffassung zeigt einen radikalen Unterschied. Die Natur ist als Ganzes gut, und da es hier in der Schöpfung keinen »Fall« gab, wirken alle ihre Teile zusammen, um sie zu erhalten. Young Chief, ein Cayuse, weigerte sich, den Vertrag von Walla Walla zu unterschreiben, weil die übrige Schöpfung daran nicht beteiligt war:

> Ich frage mich, was das Land dazu sagt. Ich frage mich, ob das Land das hört, was hier gesprochen wird. Ich frage mich, ob das Land mit allem, was darauf ist, jetzt zum Leben erwacht. Aber ich höre ja, was es sagt. Das Land sagt: »Ich bin hier ausgebreitet durch den Großen Geist. Der Große Geist hat mir gesagt, ich soll für die Indianer sorgen und sie gut ernähren. Der Große Geist hat den Wurzeln gesagt, sie sollen die Indianer ernähren.« Das Wasser sagt dasselbe: »Der Große Geist will, daß ich die Indianer gut versorge.« Das Gras sagt dasselbe: »Ernähre die Indianer gut!« Land, Wasser und Gras sagen, daß der Große Geist ihnen die Namen gegeben hat: »Wir haben diese Namen, und wir behalten diese Namen.« Das Land sagt: »Ich bin hier ausgebreitet durch den Großen Geist, damit alles auf mir wachsen kann, Bäume und Früchte.« Das Land sagt auch: »Aus mir wurde der Mensch erschaffen.« Als der Große Geist die Menschen auf die Erde stellte, wollte er, daß sie für das Land sorgten und beide sich nichts Böses antäten.

Zwischen Young Chiefs Anschauung von der Schöpfung und der Genesis besteht eine überraschende Ähnlichkeit, aber die Genesis ist nur der Ausgangspunkt für abstrakte Lehren, während Young Chief auf unmittelbar praktische Weise seine Verwandtschaft mit der Schöpfung erfährt. In den Stammesreligionen wirkt der Mensch mit der übrigen Schöpfung zusammen, und beide begegnen der Aufgabe, die der Große Geist ihnen gestellt hat, mit Achtung und Ehrfurcht. In der christlichen Religion werden beide gleich nach dem Schöpfungsakt bis zum Weltuntergang verdammt.

Der zweite wichtige Punkt besteht darin, daß in der christlichen Schöpfungslehre der Mensch die Herrschaft über die übrige Schöpfung erhält. Harvey Cox, ein bekannter protestantischer Theologe, sagt dazu: »Gleich nach seiner Erschaffung erhält der Mensch die entscheidende Verantwortung für die Tiere. Er gibt ihnen ihre Namen, er ist ihr Herr und Meister. Er soll sich die Erde untertan machen.« Diese

Haltung wurde von den westlichen Völkern aus vollem Herzen durch die wirtschaftliche Ausbeutung der Erde bejaht. Die Schöpfung wurde zum bloßen Objekt – eine den indianischen Religionen völlig entgegenstehende Haltung.

Es mag dahingestellt sein, ob die Christen mit ihrer Lehre von des Menschen Herrschaft so weit gehen wollten, wie es geschehen ist. Tatsache aber ist, daß die moderne Welt jetzt das Versagen der christlichen Religion, sich angemessen um die Erhaltung des Planeten zu kümmern, als einen Hauptgrund für die ökologische Krise erkennt. Unter den ersten Wissenschaftlern, die die christliche Verantwortung für das ökologische Chaos sahen, war Lynn White jr., der im Jahre 1967 vor der Amerikanischen Gesellschaft zur Förderung der Wissenschaft einen Vortrag mit dem Titel »Die historischen Wurzeln unserer ökologischen Krise« hielt. Auch er kritisierte das christliche Prinzip, die natürliche Welt und ihre Lebensformen zugunsten einer übernatürlichen Welt des ewigen Lebens nach dem Jüngsten Gericht zu mißachten. Das war sehr gemäßigt ausgedrückt von einem Mann, der mit seinen geschliffenen Argumenten Kehlen hätte durchschneiden können, hätte er es gewollt. White schlug vor, den heiligen Franziskus zum Umweltschutzheiligen zu machen.

Viele Christen stimmen White zu, und das Argument, daß der heilige Franziskus die echte christliche Tradition verkörperte, hört man inzwischen häufiger. Die franziskanische Tradition ist aber weder im christlichen noch im westlichen Denken von Bedeutung. René Dubos zum Beispiel widersprach der von White geäußerten Ansicht in seinem 1969 am Smithsonian Institute in Washington, D. C., gehaltenen Vortrag über eine »Theologie der Erde«. Dubos wies die Anklage gegen das Christentum zurück und stellte fest, daß auch andere Gesellschaften ökologische Katastrophen heraufbeschworen haben. Das Christentum sei nicht für die Fehler des westlichen Menschen verantwortlich. Er stützte diese Behauptung durch Hinweise auf den heiligen Franziskus, dem er den heiligen Benedikt, den Gründer des Benediktinerordens, gegenüberstellte. Er meinte, die alten Benediktinerregeln zur Trockenlegung von Sümpfen und zum Aufschütten von Dämmen seien dem modernen Menschen gemäßer als die Naturanbetung des heiligen Franziskus.

Dubos' heftige Verteidigung christlicher Thesen übersieht einige wesentliche Punkte. Andere Gesellschaften haben wohl ökologische Katastrophen verursacht, aber es dürfte Dubos schwerfallen, bei anderen Religionen einen Befehl zu finden, die Erde zu unterwerfen, oder die Lehre, daß die ganze Schöpfung »zu Fall« gekommen und für eines einzelnen Menschen Mißachtung göttlicher Befehle mitverantwortlich sei.

Ein weiteres Zeichen, daß Dubos' Rechnung nicht aufgeht, und vielleicht ein Beweis, wie wenig die Christen die Zusammenhänge der ökologischen Krise verstanden haben, ist die neue »Liturgie der Erde« in der National Cathedral in Washington. Das darin enthaltene Glaubensbekenntnis ist ein Beispiel für das Ausmaß, in dem selbst wachsame Christen den Ernst des ökologischen Problems mißverstehen.

> Herr Gott, wir bekennen vor Dir und voreinander, daß wir als einzelne und als Ganzes keine guten Verwalter Deiner Erde waren. Wir haben die Luft verpestet, das Wasser verseucht, den Boden vergiftet und uns dadurch schweren Schaden zugefügt. Wir haben dafür bezahlt und werden dafür noch zahlen müssen, und wir bedauern dies und alle anderen Sünden aufrichtig. Wir bitten Dich um Kraft und Hilfe, alles ungeschehen zu machen, und die Erleuchtung, einen neuen Lebensstil zu finden.

Selbst bei dem Versuch, ein religiöses Gefühl in das Problem der Umweltvernichtung zu bringen, sieht man, wie oberflächlich alles verstanden wird, was für die Krise verantwortlich ist. Man bemüht sich in keiner Weise um ein neues Verständnis der Schöpfung. Statt dessen wird wieder der so beliebte Begriff der »Verwaltung« zitiert, als ob der nichts mit der Ursache der ökologischen Krise zu tun hätte. Die vielleicht treffendste Zusammenfassung der in der Liturgie zum Ausdruck gebrachten Gedanken müßte so lauten: »Herr Gott, bitte hilf uns, den Schaden möglichst niedrig zu halten, wir wollen ja versuchen, einen neuen Lebensstil zu finden, der nicht mehr ganz so viel kaputtmacht.« Das ist absolut unangemessen und erreicht nicht das Grundproblem. Es ist Flickschusterei an einer ernsten theologischen Frage.

Und es gibt noch ein Problem in der Schöpfungslehre. Fast während der ganzen christlichen Ära lehrte man die Menschen, daß die Schöpfungsgeschichte der Genesis eine historische Tatsache sei. Obgleich viele Theologen inzwischen zugegeben haben, daß der Bericht höchstens mythologisch aufzufassen sei, halten ebenso viele und ein großer Teil der Masse ihn immer noch für bare Münze. Im vorigen Jahrhundert war das in Amerika ein großes Problem. Selbst in diesem Jahrhundert, zum Beispiel beim Scopes-Prozeß in Tennessee (1925), kam es immer wieder zu Auseinandersetzungen zwischen den Buchstabengläubigen der Genesis und denen, die sie symbolisch auffaßten.

Solche Probleme gab es bei den Stammesreligionen nicht. Der Stamm wußte, daß er zu einem bestimmten Land und dessen Lebensformen gehörte, und das genügte. Die Stammesreligionen sahen ihre Aufgabe darin, die Beziehung zwischen der Stammesgruppe und allen anderen Teilen der Schöpfung herzustellen. Was der Indianer über die geschichtliche Wahrheit von Schöpfungslegenden denkt, geht aus folgender Geschichte hervor, die Dr. Charles Eastman, der berühmte Arzt der Sioux, berichtet hat:

> Ein Missionar wollte eine Gruppe von Indianern über die Wahrheit seiner Religion belehren. Er erzählte ihnen von der Erschaffung der Erde in sechs Tagen und dem Sündenfall unserer Ureltern, weil sie einen Apfel gegessen hatten.
>
> Die höflichen Wilden lauschten aufmerksam, und nachdem sie ihm gedankt hatten, erzählte einer von ihnen eine sehr alte Geschichte vom Ursprung des Mais. Aber der Missionar zeigte nur Unglauben und Widerwillen und sagte unwirsch: »Ich habe euch die heilige Wahrheit gesagt, und ihr erzählt mir Märchen und verlogenes Zeug!«
>
> »Mein Bruder«, erwiderte ernst der in dieser Weise beleidigte Indianer, »mir scheint, du bist in den Regeln der Höflichkeit nicht sehr erfahren. Wir haben diese Regeln befolgt und deine Geschichte geglaubt. Warum willst du die unsrige nicht glauben?«

Der Unterschied in der Auffassung, der sich hier zeigt, führt uns wieder zu den bereits angestellten Betrachtungen zurück. Wenn eine Religion an den Zeitbegriff gebunden ist, muß alles in einem zeitlichen Sinn gültig sein. Deshalb hängen die Christen so an ihrer Behauptung, der Genesisbericht sei die Schilderung eines historischen Ereignisses.

Für den großen Theologen Paulus gilt die Historizität der Schöpfungsgeschichte als erwiesen, und er machte sie zur wichtigsten Grundlage seiner Erlösungslehre. Er schrieb an die Römer:

> Sünde war schon vor dem Gesetz in der Welt, aber Sünde wird nicht angerechnet, wo es kein Gesetz gibt; und doch herrschte der Tod von Adam bis Mose über die, welche nicht wie Adam durch Übertreten eines Gebotes gesündigt hatten. Adam aber ist Hinweis auf den Kommenden.
>
> Anders als mit der Übertretung verhält es sich mit der Gnade; sind durch

die Übertretung des einen die vielen dem Tod anheimgefallen, so ist erst recht die Gnade Gottes und die Gabe, die durch die Gnadentat des einen Menschen Jesus Christus bewirkt ist, den vielen reichlich zuteil geworden. Anders als mit dem, was durch den einen Sünder verursacht wurde, verhält es sich mit dieser Gabe; das Gericht führt wegen der Übertretung des einen zur Verurteilung, die Gnade führt aus vielen Übertretungen zur Gerechtsprechung. Ist durch die Übertretung des einen der Tod zur Herrschaft gekommen, durch diesen einen, so werden erst recht alle, denen die Gnade und die Gabe der Gerechtigkeit reichlich zuteil wurde, leben und herrschen durch den einen, Jesus Christus.

Wie es also durch die Übertretung des einzigen für alle Menschen zur Verurteilung kam, so wird es durch die gerechte Tat eines einzigen für alle Menschen zur Gerechtsprechung kommen, die Leben gibt. Wie durch den Ungehorsam des einen Menschen die vielen zu Sündern wurden, so werden auch durch den Gehorsam des einen die vielen zu Gerechten gemacht werden.

Wenn der Genesisbericht über Adams Ungehorsam kein historisches Ereignis ist (das heißt kein Ereignis, das zu einer bestimmten Zeit an einem bestimmten Ort der Erde stattfand), haben die späteren Erklärungen über die Bedeutung des Todes Jesu von Nazareth keinerlei Gültigkeit. Wir haben es nicht nötig, dessen historische Existenz in Frage zu stellen, obgleich gerade deswegen in der Vergangenheit viel Pulver verschossen wurde. Aber wir können nicht von der historischen Existenz eines Mannes Jesus, der zur Zeit des Augustus und Tiberius in Palästina lebte, auf die historische Existenz eines Mannes Adam in einem Garten irgendwo in Kleinasien schließen. Doch ohne Adams historische Existenz sehen wir uns außerstande, den Tod Jesu als religiöses Ereignis von kosmischer Bedeutung zu verstehen.

Die christliche Lehre von der Schöpfung weist, milde ausgedrückt, schwere Fehler auf. Zu oft wird alles nicht nur als historisches Ereignis hingestellt, sondern als *das* Ereignis schlechthin,das unser ganzes Dasein bestimmt. Es ist schlimm genug, die Genesis als historischen Bericht zu sehen, angesichts dessen, was wir heute von der Beschaffenheit der Welt wissen, aber unerträglich wird es erst, wenn man bedenkt, daß die Genesis die Natur und das ganze nichtmenschliche Leben mit einem Anstrich des Bösen versieht und ohne Hoffnung auf Erlösung, außer beim Jüngsten Gericht, in eine Polarität zum Menschen setzt.

Es gibt in den Stammesreligionen viele Geschichten über die Rolle, die ein Tier, ein Vogel oder ein Reptil in der Schöpfung gespielt hat.

Wir sahen schon, wie die Indianer an der historischen Wahrheit solcher Geschichten zweifeln. Niemals behauptet auch nur eine der Stammesreligionen, daß ihre Version der Schöpfung historisch ist oder zu zwingenden Schlußfolgerungen über das Gute und Böse im Menschen führt.

Die Verwandtschaft mit dem nichtmenschlichen Leben spielt im religiösen Bewußtsein des Stammes eine große Rolle. Der Indianer sieht sich von der freigiebigen Erde umgeben, auf der alles eine Aufgabe zu erfüllen hat. Die Stammesreligion sorgt dafür, daß die Beziehungen zwischen Mensch und nichtmenschlichem Leben ins rechte Lot gebracht werden.

In der Welt des Stammes sind die höheren Mächte, das Wirken der Kräfte der Natur und der ganze Lebensstrom der Schöpfung das Beherrschende. Das vielleicht einmal aufkommende Gefühl, der Mensch sei etwas Besonderes, wird von dem Bewußtsein gedämpft, daß er von der übrigen Schöpfung abhängig ist. Der Indianer sieht keinerlei Grund, sich die Erde und ihre anderen Lebewesen zu unterwerfen. Er sieht im Zusammenwirken aller Lebewesen für das Ganze den Sinn des Lebens.

Shooter, ein Sioux-Indianer, erklärte die indianische Haltung wie folgt:

> Wakan Tanka lehrt die Tiere und die Pflanzen, was sie tun sollen. Wakan Tanka lehrt die Vögel, Nester zu bauen, doch die Nester der Vögel sind nicht gleich. Wakan Tanka gibt ihnen nur den ungefähren Plan. Manche bauen bessere Nester als die anderen.
>
> Ebenso sind manche Tiere mit sehr einfachen Wohnungen zufrieden, während andere sich sehr schöne machen. Manche Tiere kümmern sich mehr um die Jungen als andere. Der Wald ist die Heimat vieler Vögel und Tiere, das Wasser die Heimat der Fische und Reptilien. Kein Vogel, auch innerhalb seiner Art, ist wie der andere, und so ist es auch mit den anderen Tieren und den Menschen. Der Grund, daß Wakan Tanka nicht zwei Vögel, Tiere oder Menschen gleich macht, ist, daß jeder ein freies und einmaliges Wesen sein soll.

Anders zu sein, selbst innerhalb der gleichen Art, steht also der Einheit und Homogenität nicht im Wege und braucht keine Gewalt. Mit der Schöpfung zu leben ist mehr als nur die Duldung anderer Lebensformen; es ist die Erkenntnis, daß in der Verschiedenheit die Stärke der Schöpfung liegt und daß diese Stärke die Absicht des Schöpfers ist.

Die Stammesreligionen sehen eine enge Verbindung zwischen allen Kreaturen, und die Bruderschaft mit allem, was lebt, beherrscht das indianische Lebensgefühl. Die Hopi verehren nicht nur das Land, auf dem sie leben, sondern auch dessen Tiere, zu denen sie eine besondere innere Beziehung haben. Ihr Regentanz mit Schlangen ist für Weiße besonders faszinierend, weil ja aus ihrer Tradition heraus Reptilien – insbesondere Schlangen – Todfeinde des Menschen sind. Diese Einstellung ist nur zu erklären aus der Entfremdung zwischen den einzelnen Lebensformen, die schon in der Genesis angelegt ist. Eine solche Entfremdung kennen die Stammesreligionen nicht.

Hinter der Verwandtschaft zwischen Tieren, Reptilien, Vögeln und Menschen steht ein großer weltanschaulicher Gedanke, der kennzeichnend für die indianische Denkweise ist. Lebewesen sind keine gefühllosen Kreaturen, sondern *Völker* wie die verschiedenen Stämme auch. Daß die Hopi bei ihrer Zeremonie lebende Schlangen haben, geht auf einen ihrer mythischen Helden zurück, der eine Zeitlang mit dem Volk der Schlangen lebte und von ihm das Geheimnis des Regenmachens lernte. Es war eine Zeremonie, die das Schlangenvolk den Hopi bereitwillig schenkte. Bei den Prärieindianern sind die Büffel ein Volk, bei den Indianern an der Nordwestküste die Lachse. Gleichheit gilt nicht nur für Menschen, sondern für alle Geschöpfe.

In manchen Stammesreligionen spielt die Vorstellung eine wichtige Rolle, daß Menschen sich in Tiere oder Vögel verwandeln oder nichtmenschliche Wesen Menschengestalt annehmen können. Auf diese Weise ist es den verschiedenen Wesen möglich, miteinander zu kommunizieren und voneinander zu lernen. Für die Anthropologen ist das »Hexerei«, denn in der westlichen Welt gelten solche Phänomene als böse und satanisch. Es fehlt die logische Einsicht, daß das Leben eine Einheit ist. Wenn alle Wesen denselben Schöpfer haben und in derselben Schöpfung leben, ist es dann nicht logisch, daß auch alle die Fähigkeit haben, mit jedem Teil der Schöpfung in Beziehung zu treten? Wie der westliche Mensch an die Evolutionslehre glauben und nicht deren logische Konsequenzen im religiösen Leben sehen kann, ist für viele Indianer ein Rätsel. Aber die neueren Experimente mit Delphinen und anderen Tieren könnten ein Zeichen dafür sein, daß er anfängt, seinen Aberglauben abzuschütteln und die Kommunikation mit anderen Lebensformen zu suchen.

Viele Stammesreligionen gehen noch weiter. Kraft ist nicht auf bewegliche Lebensformen beschränkt. Auch Pflanzen, sogar Felsen und andere Dinge in der Natur, die der westliche Mensch für tot hält, haben Kraft. Walking Buffalo, ein Stoney-Indianer aus Kanada, erklärt die Einheit der Natur und die Möglichkeit der Verständigung mit jedem Teil der Schöpfung wie folgt:

> Wißt ihr, daß die Bäume sprechen können? Ja, das können sie. Sie reden miteinander, und sie werden auch zu euch sprechen, wenn ihr zuhören könnt. Das Schlimme ist, daß die Weißen das nicht können. Sie haben auch nie gelernt, dem Indianer zuzuhören, und darum denke ich, sie können auch die übrigen Stimmen in der Natur nicht hören. Aber ich habe sehr viel von den Bäumen erfahren, manchmal etwas über das Wetter, manchmal über Tiere, manchmal über den Großen Geist.

Es gibt Theologen, die glauben, daß die Entfremdung des westlichen Menschen von der Natur aus einem Gefühl der Selbsterfahrung und Selbstkritik herrührt; andere, die sich mit psychologischen Problemen beschäftigen, meinen, daß sie auf Ängste während des kindlichen Entwicklungsstadiums zurückzuführen ist. In der indianischen Weltanschauung gibt es diese Furcht vor der Natur nicht. Häuptling Luther Standing Bear sagt in seiner Autobiographie über die »Wildheit« der Natur:

> Für uns waren die großen weiten Prärien, die schönen Hügel und Berge und die sich windenden Flüsse mit den üppigen Pflanzen nicht »wild«. Nur für die Weißen war die Natur eine »Wildnis«, und nur für sie gab es »wilde« Tiere und »wilde« Menschen. Für uns war alles zahm. Die Erde beschenkte uns reich, und der Segen des Großen Mysteriums war um uns. Erst als der behaarte Mann aus dem Osten kam und in brutaler Raserei Unrecht auf uns und unsere geliebten Familien häufte, erfuhren wir, was Rohheit und Wildheit bedeutet. Erst als die Tiere des Waldes vor ihm flohen, fing für uns der »Wilde Westen« an.

Noch eine letzte Frage in bezug auf Schöpfungsvorstellungen wollen wir erörtern: Welche religiöse Denkweise läßt sich besser mit wissenschaftlichen Erkenntnissen vereinbaren, die christliche oder die indianische? Die Frage erscheint absurd, ist es aber nicht. Zunächst muß festgestellt werden, was Aberglaube ist und was nicht. Indianische Regentänze hielt man immer für Aberglauben, Gesänge, durch die der Mais wachsen sollte, erschienen noch abwegiger. Heute bringt man

Pflanzen durch Musik zum Wachsen, und ein ganz neuer Bereich, der sich mit der Kraft akustischer Wellen befaßt, tut sich auf. Die Parallele indianischer Vorstellungen zu wissenschaftlichen Experimenten ist nicht zu übersehen. Die Stammesreligionen könnten demnach eine sehr realistische Grundlage haben.

Geistliche und Psychoanalytiker streiten sich, ob der Mensch ein Sünder oder ein Psychopath ist. Über den Realitätsgehalt christlicher religiöser Vorstellungen schreibt Karl Heim in seinem scharfsinnigen Buch »Der christliche Gottesglaube und die Naturwissenschaft«:

> Die heutige Medizin wendet bei psychologisch bedingten Schwermutszuständen, die auch auf das religiöse Gebiet übergreifen, mit großem Erfolg das Verfahren des Elektroschocks an durch Anlegen der elektrischen Leitung an die beiden Schläfen. Es handelt sich aber vielfach um Menschen, die in ihrem Schwermutszustand und an ihrem Schicksal verzweifelt waren, bei denen also das eingetreten war, was man in der theologischen Literatur »Unheilsgewißheit« genannt hat. Und siehe da, was der Seelsorger durch tröstliche Zusprache und stärkende Worte aus Bibel und Katechismus vergeblich zu erreichen suchte, das führte der elektrische Schock herbei. Die gedrückte Stimmung verschwand, und der Patient faßte nicht nur neuen Mut zum Leben, sondern auch freudigen Glauben an Gottes Vergebung und sein ewiges Heil.

Man muß etwas unternehmen, um im Bereich der Religion zu einem realistischeren Verständnis des Universums zu kommen, sonst könnte es vielleicht keine anderen Lösungen für menschliche Probleme mehr geben als die Manipulation der Seele durch technische Mittel.

In *Physics and Philosophy* weist James Jeans darauf hin, daß der Begriff der Gemeinschaft für ein solches realistisches Verständnis der Natur wesentlich ist.

> Raum und Zeit werden von Individuen eingenommen, wenn wir aber über Raum und Zeit hinausgehen, von der Welt der Erscheinungen zur Wirklichkeit, wird Individualität durch Gemeinschaft ersetzt... Sie (die Individuen) sind vielleicht Teile eines einzigen kontinuierlichen Lebensstroms.

Die Parallele zur Auffassung der Stammesreligionen von der grundsätzlichen Einheit des Seins ist auffallend. Es gibt also keinen Grund, daran zu zweifeln, daß Bäume miteinander sprechen können. R. G. Collingwood sagt über das Kontinuum des Lebens:

> Bevor es Leben gab, bestanden in der physischen Welt schon Ordnungen des Seins. Jede setzte sich aus Elementen zusammen, die zu der nächstunteren Ordnung gehörten. »Zeit-Raum-Punkte« bilden ein Elektron mit physikalischen Eigenschaften, Elektronen bilden ein Atom mit chemischen Eigenschaften einer neuen höheren Ordnung, Moleküle wie die der Luft bilden Wellen, die Klang erzeugen, und so weiter.
> Die Elemente lebender Organismen wiederum sind Teilchen von Materie. Die Teilchen an sich sind anorganisch, aber das von ihnen gebildete Ganze lebt, wobei dieses Leben nur den Zeit- oder Rhythmus-Aspekt der Materieteilchen darstellt.

Es geht nicht darum, ob indianische Religionen im Gegensatz zum Christentum die Erkenntnisse der modernen Wissenschaft und Ökologie schon vorweggenommen haben. Es geht darum, welche religiösen Vorstellungen nach den heutigen Erkenntnissen realistischer sind. Ganz gewiß sind es nicht die, die an bestimmte festgelegte Auffassungen von Mensch und Natur und deren Beziehungen zueinander gebunden sind und einwandfrei dem widersprechen, was wir heute wissen. So gesehen sind die indianischen Religionen sicher in der modernen Welt mehr zu Hause als christliches Denken und die traditionellen religiösen Vorstellungen des westlichen Menschen.

7. Kapitel

Geschichte und Christentum

Das Christentum, die Grundlage westlichen Denkens, hängt eng mit dem geschichtlichen Denken zusammen. Die Indianerstämme Nordamerikas kannten keine Aufzeichnung vergangener Ereignisse. Nur in Mittelamerika gab es genaue Kalender.

Mit der Aufzeichnung des Weltgeschehens suchte das Christentum nach dem Sinn der Schöpfung. Nicht nur der Sinn des irdischen Lebens sollte dadurch erkannt werden, sondern auch der der jenseitigen Welt, die die Gläubigen einmal aufnimmt.

»Wie ich gehört habe« oder »Es ist schon lange her« ist gewöhnlich der Anfang jedes indianischen Berichts über ein vergangenes Ereignis. Die Sache ist wichtig, nicht das Datum. Erst nach der »Entdeckung« Amerikas begann man, Ereignisse der unmittelbaren Vergangenheit aufzuzeichnen. Am bekanntesten sind die Winterberichte der Prärieindianer. Auf eine große Tierhaut, gewöhnlich von Büffeln und eigens dafür gegerbt, wurde in jedem Jahr eine Figur oder ein Symbol zur Darstellung des denkwürdigsten Ereignisses in der Stammesgruppe gemalt. Das wurde über Jahre fortgesetzt, und die Haut wurde aufbewahrt, solange es jemanden gab, der sich erinnern konnte, was die Figuren und Symbole bedeuteten.

Eine genaue geschichtliche Darstellung waren diese Winterberichte nicht. Im allgemeinen zeigten sie die spirituellen Ereignisse der Stammesgruppe und was dieser als Gemeinschaft wichtig war. Sie waren aber nichts weniger als ein fortlaufend geschriebenes Geschichtsbuch. In einem Jahr erinnerte man sich an die Pferde, die zum Stamm kamen, im anderen an die besonders großen Beeren, im übernächsten an den Frieden mit dem Feind oder einen merkwürdigen Fluß, dem man auf der Wanderung begegnete. Das laufende Festhalten politischer oder militärischer Ereignisse nach westlicher Manier lag sehr fern, und Geschichtsschreibung als etwas Lebensnotwendiges zu sehen war völlig ausgeschlossen. In einigen Winterberichten der Sioux aus neuerer Zeit wird eine Anzahl wichtiger Verträge gar nicht erwähnt, nicht einmal die Custer-Schlacht.

Etwas den Winterberichten Ähnliches hatten auch andere Stämme. Die Pima und Papago in Arizona hatten Kalenderstäbe mit eingeschnitzten Symbolen. Wer die Symbole kannte, konnte eine kurze Chronologie der letzten Jahre ablesen. Die Ausführlichkeit des Berichts hing von Können und Wissen des Ablesenden ab.

Die Delawaren hatten nach der Entdeckung eine lange Chronologie mit vielen politischen Hinweisen, die *Walum Olum* genannt wurde. Sie schloß auch die unmittelbaren Nachbarn der Delawaren ein, mit denen sie das politische Schicksal teilten. Das Walum Olum war komplizierter als das System der Sioux oder der Pima und Papago, aber hinter der Genauigkeit, mit der die Westeuropäer ihre Geschichte schreiben, blieben selbst die geschichtsbewußten Indianer noch sehr weit zurück.

Weil die westliche Art der Geschichtsvorstellung fehlte, hing auch die Gültigkeit der Stammesreligionen nicht von einem geschichtlichen Ereignis ab, das die Zeit in ein Vorher und Nachher teilte. Keine indianische Religion stützte sich auf ein bestimmtes Ereignis in der Vergangenheit, an das man glauben mußte. Die Schöpfung, die Verleihung von spiritueller Kraft und Heilkunst, traumatische Vorkommnisse und das Leben großer religiöser Führer gehörten einer fernen Vergangenheit an, und die Teilnahme am religiösen Leben des Stammes beruhte nicht auf dem Glauben an diese vergangenen Ereignisse, sondern auf den Zeremonien und Kräften, die sie hinterlassen hatten.

Es gab viele Gestalten von überragender Größe und Bedeutung bei den Stämmen. Deganiwidah gründete vor der »Entdeckung« Amerikas den Irokesenbund, aber deren Religion und Politik drehte sich nicht um ihn, sondern um das Große Gesetz des Friedens. Sweet Medicine, die große religiöse Gestalt der Cheyenne, erhielt seine Kraft zu historischer Zeit, aber nur die Zeremonien, die er dem Stamm gab, waren wichtig, nicht seine Person. Bei den Sioux gab es White Buffalo Calf Woman, deren Leben sich in einer sehr fernen

Vergangenheit abspielte. Durch sie erhielt der Stamm die Heilige Pfeife. Das war das Wichtige, die Frau selbst hatte für das Seelenheil der Sioux keine Bedeutung.

In den Stammesgemeinschaften gab es nie religiösen Streit, ein Vorteil, den andere Religionen nicht hatten und nicht haben konnten, weil deren Anhänger nicht dieselbe geschichtliche Erfahrung teilten. Es gab keine Trennung des kulturellen Lebens in einen religiösen, wirtschaftlichen, soziologischen, politischen und militärischen Bereich. In den Stammesreligionen *mußte* man nicht an etwas glauben, weil das für ihren Fortbestand nötig gewesen wäre. Man glaubte die Geschichten der Stammesältesten, weil sie von den Vorfahren überliefert waren.

Kein Stamm behauptete, seine Geschichte oder Geschichten seien denen anderer Stämme überlegen. Das Geschichtenerzählen war ein gesellschaftliches Ereignis, bei dem man sich gegenseitig höflich zuhörte. Auch die Geschichten der anderen wurden geglaubt, und niemand übte mit den eigenen Geschichten auf einen andern Zwang aus. Vielleicht der treffendste Ausdruck indianischen Geschichtsdenkens ist die große Rede von Häuptling Seattle, als er im Jahre 1854 im heutigen Staat Washington den Vertrag von Medicine Creek unterschrieb. Er sah, daß der Verlust des Landes für sein Volk, die Duwamish, das Ende war, und sagte traurig:

> Es ist nicht wichtig, wo wir den Rest unserer Tage verbringen. Es werden nicht mehr viele sein. Vielleicht noch ein paar Monde, ein paar Winter, und kein Nachkomme der mächtigen Stämme, die einmal über das weite Land gezogen und unter dem Schutz des Großen Geistes glücklich in der Heimat lebten, wird zurückkehren und an den Gräbern eines Volkes trauern, das einmal mächtiger und bedeutender war als das eure. Aber warum sollte ich über das Schicksal meines Volkes trauern? Stamm folgt auf Stamm, Volk auf Volk wie die Wellen des Ozeans. So will es die Natur, und Trauern ist sinnlos. Euer Untergang mag noch fern sein, aber er kommt bestimmt, denn selbst der weiße Mann, dessen Gott mit ihm lebte und zu ihm sprach wie ein Freund zum Freunde, kann diesem Schicksal nicht entgehen. Vielleicht sind wir also doch Brüder. Wir werden es sehen.

Seattles Geschichtsauffassung basiert auf der Erkenntnis, daß das Leben ein Kreislauf ist, und steht in krassem Gegensatz zu der westeuropäischen Vorstellung im Tausendjährigen Reich. Er wußte, daß das Gesetz von Werden und Vergehen auch für Stämme und Völker gilt.

Wie die Inder kannten auch die Indianer verschiedene Weltalter. Bei beiden gibt es Berichte von großen Fluten, die die Welt in Abständen und im Wechsel mit Feuer und anderen Naturkatastrophen vernichten. Nach der Vorstellung der Sioux wird die Welt von einem riesigen Büffel beschützt, der am westlichen Tor des Universums steht und die Fluten aufhält, die die Welt periodisch überschwemmen. In jedem Jahr verliert der Büffel an den Beinen ein Haar, in jedem Zeitalter ein Bein. Wenn er alle Beine verloren hat und die Wasser nicht mehr aufhalten kann, wird die Welt überflutet und erneuert sich wieder.

Die Hopi haben das umfassendste Verständnis von den Weltaltern; Frank Waters und White Bear berichten davon im »Buch der Hopi«. Danach haben die Hopi drei Weltuntergänge überlebt. Vor jedem Weltuntergang wurde ihnen gesagt, wie sie überleben konnten, und wenn die neue Welt geboren war, erhielten sie von den Mächten die Gesänge und Zeremonien, die sie für das neue Leben brauchten. Nach dem nächsten Weltuntergang hatten diese keine Bedeutung mehr. Andere Stämme hatten ähnliche Legenden. Viele davon enthielten allerdings auch Prophezeiungen vom Kommen des weißen Mannes, so daß man heute nicht mehr mit Sicherheit feststellen kann, welche echte Prophetie waren und welche sich auf die Vergangenheit bezogen.

Wie wir bereits feststellten: Selbst die größte Annäherung an westliche Geschichtsauffassung war von dieser noch weit entfernt. In indianischen Dokumenten und Legenden ging es viel mehr darum, wie und wo ein Stamm gelebt hatte, als um historische Ereignisse. Wanderungen, zum Beispiel, wurden der Ursache wegen aufgeschrieben, die die Wanderung ausgelöst hatte, der genaue Zeitpunkt spielte dabei gar keine Rolle. Die Wissenschaftler hatten es schwer, Landkarten von Amerika vor der Entdeckung zu zeichnen, weil die Erinnerung der Indianer zu vage war. Die Irokesen sagen, sie hätten einmal in der Prärie gelebt und wären dann nach Osten gezogen. Wann das war, ist für sie nicht wichtig; wichtig waren das schwere Leben in der Prärie und der spätere Wohlstand im Osten.

Geschichte ist etwas so Gleichgültiges, daß sie im religiösen Leben des Stammes keinen Platz hat. Oft kann niemand mehr sagen, wann die Volkshelden lebten, die dem Stamm heilige Zeremonien und Medizinen gaben. Nur besondere Ereignisse aus neuerer Zeit, wie zum Beispiel der Verlust heiliger Pfeile der Cheyenne an die Pawnee, blieben in der Erinnerung haften. Aber auch diese waren gleichzeitig von religiöser und geschichtlicher Natur.

Um den Unterschied zwischen Stammesreligionen und Christentum klarzumachen, wollen wir uns einmal ein paar Grundannahmen des christlichen Glaubens vergegenwärtigen. Die christliche Religion hängt geschichtlich von der hebräischen ab. Nach dem Tode Jesu predigten die Jünger, die Kreuzigung sei mehr als nur eine Hinrichtung gewesen. Für sie war sie der Höhepunkt einer Zeitfolge, die direkt bis zur Erschaffung des Universums zurückreicht.

Wir haben schon gesehen, wie Paulus die Verbindung zwischen einem historischen Adam und einem historischen Jesus herstellte, indem er erklärte, Adams Ungehorsam sei durch Jesu Tod gesühnt. Zwei der Evangelien, die das Leben Jesu und seine Lehren zum Inhalt haben, beginnen mit der Darstellung seines Stammbaums bis hin zu Adam. Wenn das allerdings genealogisch korrekte Geschichten seiner Familie sein sollen, kann man sich nur wundern, wie verschieden beide Fassungen sind.

Die Erzählungen des Alten Testaments wurden als historische Ereignisse gesehen, in denen sich stufenweise eine göttliche Absicht entfaltet. Diesen Gedanken gab es schon vor dem Christentum, aber durch die sich explosionsartig ausbreitende christliche Mission bekamen diese Geschichten für die Gläubigen der neuen Religion eine kosmische Bedeutung. Schon vor der Geburt Jesu gab es in theologischen Kreisen der Juden eine seltsame Art von Literatur, die angeblich von den großen jüdischen Volkshelden der Vorzeit verfaßt wurde, und die darin enthaltenen Prophezeiungen vom Weltende und der Rettung der Juden waren weit verbreitet. Die Bücher hießen apokalyptische Schriften und sind vielleicht mehr als alles andere Ursache für die christliche Überzeugung vom göttlichen Sinn der Geschichte und die spätere Faszination, die sie auf den westlichen Menschen ausübte.

Das Christentum sah in den Ereignissen der Vergangenheit Vorboten von Jesu Leben und seinen Lehren, und die Bücher des Alten Testaments wurden nach Versen durchsucht, die im nachhinein als Prophezeiung bestimmter Ereignisse in seinem Leben ausgelegt werden konnten. Deshalb ist das, was wir in den vier Evangelien finden, eine seltsame Mischung von historischen Ereignissen, allegorischen Lehren und als Beweis zurechtgestutzten Textteilen aus verschiedenen als Quellen benutzten Handschriften der Juden. Es handelt sich hier also um den ersten gequälten Versuch des Christentums, vergangene Begebenheiten als Universalgeschichte der Menschheit hinzustellen.

Die Jünger und unmittelbaren Anhänger Jesu waren davon überzeugt, daß dieser, wie er ihnen selbst gesagt hatte, noch zu ihren Lebzeiten zurückkehren würde, um das Königreich Israel wieder in dem Glanz erstehen zu lassen, den es zu Davids und Salomos Zeiten hatte. Die Urgemeinde in Jerusalem, der Jesu Bruder Jakob der Gerechte vorstand, war davon so sehr überzeugt, daß sie auf alle weltlichen Güter verzichtete. Das führte zum finanziellen Zusammenbruch, und der Apostel Paulus mußte bei den Gläubigen Geld sammeln, um das Dilemma wieder zu beheben.

Die Grundlage des Glaubens an ein Leben nach dem Tode war die angebliche Auferstehung Jesu und die darauffolgende Fahrt gen Himmel. Ohne Zweifel wollte die Urgemeinde, daß die Bekehrten an die fleischliche Auferstehung und Himmelfahrt Jesu glaubten. Die ersten Gläubiger hatten sogar Visionen von seiner Wiederkehr aus den Wolken. Aber er kam nicht wieder, und die Religion hätte eigentlich in sich zusammenfallen müssen. Als sie sich jedoch statt dessen nach Kleinasien ausbreitete, wurde die ursprüngliche Weissagung laufend geändert, und der unmittelbar bevorstehende Eingriff Gottes in die Geschichte wurde mehr und mehr von der historischen auf die symbolische Ebene geschoben.

Die Jahre vergingen, und das Christentum verfiel immer wieder in das Trauma vom bevorstehenden göttlichen Gericht. Das Jahr 1000 war besonders enttäuschend, als Tausende ihren irdischen Besitz verkauften und sich vorbereiteten, vor ihren Schöpfer zu treten. Als das verkündete Weltende nicht kam, holten die Verteidiger der Religion ihre Lieblingsverse aus der Bibel vor, um die Enttäuschten zu trösten. »Denn tausend Jahre sind vor Dir wie ein Tag« und andere trostreiche Verse dienten dazu, die ausgefallene Rückkehr Jesu zu beschönigen. Das Christentum hält sich immer eine Tür offen und kann jederzeit wieder behaupten, daß die Welt untergeht. Bleibt der Untergang aus, kann man die Behauptung leicht wieder zurücknehmen und sich in philosophisches Gefasel über das Wesen der Zeit flüchten. Damit wird die Zeit für die Christen zu einem dualistischen Begriff. Sie ist göttlich und menschlich zugleich. Von einer menschlichen Zeit ausgehende

Prophezeiungen können prompt unter Hinweis auf göttliche Zeit, die einen anderen Maßstab hat, widerrufen werden.

Der Geschichtsbegriff wurde immer verworrener, je weiter das Christentum sich ausbreitete. Was im Alten Testament stand, galt weiterhin als historisch, wobei die Wunder als direktes göttliches Eingreifen zugunsten der Hebräer erklärt wurden. In dem Maße, in dem sich das Alte Testament der Zeit Jesu näherte, wurde in den Handschriften immer weniger von Prophezeiungen berichtet, und mit Maleachi begann auch der Gedanke an göttliches Eingreifen in menschliche Angelegenheiten zu verblassen. Die ersten christlichen Jahrhunderte waren noch voller Beispiele von göttlicher Hilfe für die Märtyrer. Später ebbte auch das ab. Im zerfallenden Römischen Reich entwikkelte sich das Christentum schließlich zu einem politischen Faktor, und es entstand das Dogma, Jesus hätte eine »Kirche« gegründet, die die Menschen bis zu seiner Rückkehr beaufsichtigen sollte. In den folgenden Jahrhunderten wurde das Leben fast total von der Kirche beherrscht, und lange Zeit war bei allen politischen Kämpfen in Europa der Segen der Kirche unverzichtbar. Erst die Reformation brach die Alleinherrschaft der katholischen Kirche über das politische und wirtschaftliche Leben Europas.

Die Expansion der christlichen Weltanschauung wurde dadurch nicht geschwächt. In den ersten christlichen Jahrhunderten begründete man das Ausbleiben der Wiederkehr Jesu mit seinem angeblichen Auftrag an die Jünger, seine Botschaft »allen Völkern« zu bringen, und viele Christen glaubten, bevor das nicht geschehen sei, könnte Jesus nicht kommen. In der Folge gab es in jeder christlichen Generation eine militante Gruppe von Missionaren auf der Suche nach zu bekehrenden nichtchristlichen Völkern.

Mit dem Aufstieg weltlicher Regierungen nach der Reformation, dem erbitterten Konkurrenzkampf zwischen den Völkern Europas um das Land der neuentdeckten westlichen Hemisphäre und dem Ausbruch heftiger Kriege zwischen rivalisierenden Richtungen dieser Religion wurde Missionieren zu einem Werkzeug der Außenpolitik, und der Imperialismus europäischer Mächte wurde damit gerechtfertigt, daß man den Heiden das Christentum bringen müsse. Säkulare Ziele wurden immer wichtiger, und man sprach von westlicher Kultur und nicht mehr von religiösen Überzeugungen.

Aristoteles und Plato hatten die christliche Theologie sehr stark beeinflußt. Beide Philosophen versuchten, Ordnung in das Weltchaos zu bringen, und als sich christliche Geschichtsvorstellung und griechische Philosophie unter Augustinus und Thomas von Aquin verschmolzen, sah der westliche Mensch überall Uniformität. Damit wurde die Geschichte eine ziemlich langweilige Angelegenheit, die nur noch von Aufstieg und Verfall eines Volkes nach dem anderen berichtet. China, mit einer Geschichte, die weiter zurückreicht als bis zu Abrahams Zeiten, ist offensichtlich für die Weltgeschichte belanglos, solange es keine Beziehungen zum Westen hat. Indiens Geschichte reicht noch weiter zurück, es erscheint aber erst auf der Weltbühne, als die Briten sich entschließen, es zu kolonisieren, und spielte vorher nur einmal eine kurze Rolle als Eroberungsziel für Alexander den Großen.

Der heutigen Weltgeschichte fehlt die geringste Spur von Achtung vor den Erfahrungen der Weltfamilie im ganzen. Wenn Kulturen und Völker keine Beziehung zu Europa haben, ist für sie in der Weltgeschichte sehr wenig oder gar kein Platz. Sie ist ausschließlich die Geschichte der Eroberung der übrigen Welt durch den weißen Mann und seines dadurch ermöglichten Aufstiegs zu höchster technologischer Entwicklung.

Der Kampf gegen die Heiden hat in der Geschichte der Christenheit die verschiedensten Formen angenommen. Nach der Entdeckung der Neuen Welt war das Christentum nicht nur den dortigen Ureinwohnern feindlich gesinnt, sondern gleichzeitig auch den Ketzern in Europa. Zur gleichen Zeit, zu der die Völker der Neuen Welt von den europäischen Eindringlingen vernichtet wurden, wurde die europäische Bevölkerung durch Hexenjagd, Inquisition und Religionskriege dezimiert.

Nach dem Ende des Zweiten Weltkriegs gehörte der Widerstand des gottlosen Kommunismus gegen die von Gott Auserwählten – die christlichen Völker – zu den größten Sorgen des Westens. Das Engagement der Vereinigten Staaten in Südostasien war zumindest zum Teil auf den Einfluß einer Persönlichkeit der römisch-katholischen Kirche zurückzuführen – Kardinal Spellmann, der das Vermögen seiner Kirche aufpolstern wollte. Das oft unbegreifliche politische Verhalten der Vereinigten Staaten in der Nachkriegswelt erklärt sich zum Teil durch die Ablehnung der »unchristlichen« Russen.

Der westliche Mensch muß lernen, die Geschichte von einem universalen Standpunkt aus zu sehen. Mit diesem Umdenken wäre natürlich die Abwertung der alten Geschichte des Nahen Ostens verbunden und damit ein weiterer Substanzverlust für das Christentum. Was der Archäologe Louis Leakey vom frühen Menschen in Afrika entdeckte, beweist, daß die Geschichte des Alten Testaments für die Menschheit nur eine untergeordnete Bedeutung hat. Indem wir aber den historischen Adam und seine Nachfolger aufgeben, verläßt uns auch das schöne und sichere Gefühl, eine direkte Verbindung von der Urzeit zur modernen Welt via Christentum zu haben. Natürlich heißt das auch, daß das Christentum die These seiner universalen Wahrheit und Gültigkeit aufgeben muß.

Wenn man die Hebräer illusionslos betrachtet, sieht man, daß ihre kulturellen Leistungen keineswegs denen anderer Völker überlegen waren. Die Welt ist voller erstaunlicher Ruinen, die keine Verbindung mit der Geschichte der hebräisch-christlichen Völker aufweisen. Aber man geht mit wenig stichhaltigen Erklärungen darüber hinweg.

Nach allgemeiner westlicher Vorstellung wurden die ägyptischen Pyramiden à la Cecil B. de Mille mit Tausenden von Sklaven gebaut, die an starken Stricken riesige Blöcke hochzogen, um die letzte Ruhestätte für den Pharao zu bauen. Aber die einzige Erwähnung von Sklavenarbeit im Alten Testament, die sich auf Bauarbeit bezieht, ist das Herstellen von Ziegeln durch die Hebräer. In seinem Buch *The Ancient Kingdoms of the Nile* lehnt auch Walter Fairservis diese Theorie ab, hat dafür aber eine seltsame Begründung:

> Wir wissen, daß es nur wenige Sklaven gab, denn es wurden kaum Eroberungskriege geführt. Die Arbeit an den Pyramiden wurde von Bauern verrichtet, die bei Hochwasser beschäftigungslos waren und für öffentliche Arbeiten eingesetzt wurden. Die Regierung bezahlte sie dafür, was angesichts der schweren Arbeit nicht wenig gewesen sein kann. Die Anzahl der Pyramiden und die Zeit, die man für den Bau brauchte, zeigen, daß es zwischen Regierung und Arbeitern feste Abmachungen gab.

Eine recht idyllische Schilderung. In Zeiten ohne Arbeit sorgte der gütige Pharao für Beschäftigung, indem er etwas zusammenbasteln ließ, was zu den gewaltigsten Bauwerken der Menschheit gehört. Aber ist das Bild realistisch? Daß die Regierung der Vereinigten Staaten während der Großen Depression Arbeitsbeschaffungsprogramme aufstellte, bedeutet nicht, daß der Pharao dasselbe tat. Allein die Ausmaße der Pyramiden schließen das aus.

Die Cheopspyramide zum Beispiel ist überwältigend. Ihre Grundfläche hat eine Ausdehnung von »rund fünf Hektar oder sieben Häuserblocks im Zentrum von New York. Auf dieser Basis, die bis auf Zentimeter genau eingeebnet ist, erheben sich über zweieinhalb Millionen Kalkstein- und Granitblöcke, von denen jeder zwei bis siebzig Tonnen wiegt, in 201 Stufen bis zur Höhe eines modernen vierzigstökkigen Gebäudes.« Ein Bauprojekt von dieser Größe ist wirklich keine Durchschnittsarbeit. Nehmen wir einmal an, die Arbeiter hätten pro Tag ein Minimum von zwanzig Blöcken zusammengetragen – ein fast unmöglicher Kraftakt, den wir uns nur mit Mühe noch vorstellen können. Sie hätten dann für 2,5 Millionen Steinblöcke bei ununterbrochener Arbeit 125 000 Tage oder 342 Jahre gebraucht. In diese Berechnung haben wir noch nicht das Schneiden der Blöcke und den Transport bis zum Nil, den Fluß hinunter und auf den Bauplatz einbezogen. Und wir haben hier eine ununterbrochene Arbeitszeit zugrunde gelegt, keine Saisonarbeit für die Regierung, wie von Fairservis und anderen Wissenschaftlern angenommen. Wenn die Pilgerväter Amerikas angefangen hätten, eine Pyramide von dieser Größe zu bauen, um ihrer glücklichen Landung in Amerika ein Denkmal zu setzen, wären sie im Jahre 1962 fertig geworden – vielleicht gerade noch rechtzeitig, um von der Regierung einen Zuschuß zu bekommen. Ist also die traditionelle Geschichtsauslegung glaubwürdig?

Heute versuchen am Assuan-Staudamm viele Nationen in Zusammenarbeit, vier Sandsteinstatuen eines antiken Tempels vor der Zerstörung durch das Wasser zu retten. Ingenieure von fast hundert Nationen arbeiten an der Rettung dieser unschätzbaren Kostbarkeiten mit. Sie haben dafür Hubschrauber, modernste hydraulische Flaschenzüge, Lifts, Kräne und andere moderne Werkzeuge. Trotzdem müssen sie die Statuen in kleine Segmente zerschneiden, um sie nur etwa 20 Meter höher hinauf zu transportieren. – In einem Steinbruch bei Baalbek in Kleinasien liegt der Hadjar-el-Gouble-Stein fertig geschnitten zum Abtransport. Er wiegt über vier Millionen Pfund. Und da sollen primitive Menschen einfach mit Stricken und Baumstämmen hingegangen sein, um ihn wegzuschleppen?

Die Welt ist übersät mit Ruinen von riesigen Ausmaßen, Bauwerken, die wir heute nicht nachbilden könnten, selbst wenn wir das wollten, doch die westliche Vorstellung von der Weltgeschichte hindert jeden Versuch, andere Theorien über deren Ursprung zu finden.

Selbst die relativ kurze Zeit amerikanischer Geschichte ist vom religiösen Erbe beeinflußt. Es gibt genügend Beweise, daß dieser Kontinent vor Kolumbus von zahlreichen anderen Expeditionen aufgesucht wurde. In Südamerika gefundene Keramiken zeigen, daß es dort einen sehr frühen Kontakt mit den Japanern gab. Ruinen in Massachusetts und Arizona könnten von Besuchen durch die Phönizier und Römer zeugen. Aber bis heute weigert sich die Wissenschaft hartnäckig, anzuerkennen, daß es vor Kolumbus Landungen gegeben hat. Sogar der Entdeckung von Ruinen der Wikinger in Minnesota begegnet man mit äußerster Kritik und größter Skepsis – man bleibt lieber bei Kolumbus.

Die Abneigung gegen die Vorstellung präkolumbianischer Besuche in der westlichen Hemisphäre ist nur ein Beispiel für den Würgegriff, dem der menschliche Geist durch diese ausschließliche Interpretation der Geschichte ausgesetzt ist. Es gibt natürlich eine gewisse politische Rechtfertigung für diese Ablehnung: Der Besitzanspruch der Vereinigten Staaten geht auf das alte Entdeckerrecht zurück, durch das christliche Völker vom Papst ermächtigt waren, entdecktes Land nichtchristlicher Völker für sich zu beanspruchen. Wenn man präkolumbianische Landungen zugibt, bedeutet das, daß die westliche Hemisphäre nicht von christlichen Europäern »entdeckt« wurde. Damit wäre nicht nur die Rechtfertigkeit der Kolonisation in Frage gestellt, sondern auch die der Ausbeutung und des von den Europäern in den vergangenen fünfhundert Jahren begangenen Völkermords.

Die Amerikaner halten lieber an der traditionellen Vorstellung fest, daß sie plötzlich in ein menschenleeres Land kamen und dort der Welt reichste Nation aufbauten. Das ist nicht nur falsch, sondern absurd. Doch ohne diese Behauptung würden der westliche Mensch und seine Religion nackt vor der Welt dastehen.

Es heißt, man dürfe das Christentum nicht nach den Taten des weltlichen westlichen Menschen beurteilen. Diese Behauptung ist aber ein zu hartes Urteil über den westlichen Menschen. Woher, wenn nicht vom Christentum, bezieht der Europäer sein göttliches Recht auf Eroberung, auf die Macht des Schicksals, auf seine Rolle als Vorkämpfer der einzig wahren Kultur? Das Christentum behauptet, die Geschichte wäre von Gott gelenkt, und hat jetzt auch die Folgen zu tragen. Die säkulare Geschichte ist aus den Fugen geraten und hat sich in einen dämonischen, zersetzenden Machtkampf unter den Völkern verwandelt. Das sind Auswirkungen und Belastungen durch das Christentum. Wenn die Stammesreligionen keinen Sinn für Geschichte haben, mag man das einen Fehler nennen, aber der Geschichte die absolute Herrschaft mit allen Konsequenzen einzuräumen stellt der christlichen Religion ein schlechtes Zeugnis aus.

8. Kapitel

Der Raum und die Geschichte

Die christlich-westliche Geschichte bezieht die übrige Weltfamilie nicht mit ein. Abgesehen von der Geschichte des Alten Testaments, dem kurzen Zeitraum des Neuen Testaments und den zweitausend Jahren europäischer Geschichte fehlt darin die Mehrzahl der Völker und Religionen. Ist also das Vertrauen in die christliche Geschichte gerechtfertigt?

Wenn man die letzten zweitausend Jahre als Zeugnis dafür ansieht, daß die christliche Religion der Erde den Frieden bringen sollte, kann man nur feststellen, daß sie versagt hat. Während der ganzen Zeit gab es ununterbrochen Kriege, Eroberungen, Blutvergießen und Ausbeutung. Oft wurde Christ gegen Christ gehetzt, und jeder konnte das Opfer sein. Ein Kreuzzug begann damit, daß Konstantinopel erobert wurde, eine Stadt, die zu der Zeit voller Christen war.

Wir wollen uns weitere Aufzählungen ersparen und statt dessen ein paar Beispiele aus der neueren westlichen Geschichte daraufhin untersuchen, ob und inwiefern der Christengott in die Ereignisse eingegriffen hat. Die Siege Rußlands über Napoleon und Hitler, die durch außergewöhnlich harte Winter begünstigt wurden, hätte man früher als Beweis gesehen, daß die Russen von Gott auserwählt waren; allerdings fehlte jede theologische Rückwirkung auf das russische Volk. Der Amerikanische Bürgerkrieg führte zum Verbot der Sklaverei, aber auch das hatte keine theologischen Folgen. Die einzige theologische Folgewirkung war die Aufsplitterung mehrerer großer protestantischer Sekten in einen nördlichen und einen südlichen Zweig. Auch die verschiedenen Wirtschaftsflauten des Landes hatten keinen Einfluß auf das religiöse Bewußtsein. Eine so verheerende Depression wie die der dreißiger Jahre hätte früher eine ganze Generation von reuigen Sündern zur Folge gehabt.

Immer wieder haben Theologen aller Richtungen den Versuch unternommen, eine Begründung für die Behauptung zu finden, daß der Christengott ganz besonders in die Geschicke der Menschen eingreift. Der protestantische Theologe Harvey Cox, der in der Bürgerrechtsbewegung der sechziger Jahre aktiv war, versuchte, sein soziales Engagement durch ein christliches Geschichtsbild zu legitimieren. Ein Christ müsse nur fähig sein, Gottes Absicht zu erkennen, die sich in so entscheidenden Ereignissen der Vergangenheit wie dem Exodus und Ostern offenbart habe. Darin finde der Gläubige göttliche Hinweise, aus denen er – bei genügender Reflexion – Gottes Absicht und Wirken in der Gegenwart ableiten könne.

Demnach schleicht der Christengott sozusagen auf Zehenspitzen durch die Weltgeschichte und versteckt heimlich Hinweise, die nach kirchlichem Ratschluß und auf der Basis einer feststehenden Interpretation von Exodus und Ostern gefunden werden. Bei dieser Auffassung gibt es zumindest einen fraglichen Punkt. Fand der Exodus wirklich so statt, wie in der Bibel beschrieben?

Für das Volkschristentum ist das keine Frage, aber für viele bedeutende Theologen ist der Bericht nichts weniger als historisch. Für den Juden Theodor Gaster ist er eine besonders phantasievolle Legende, und er meint:

> Jedem unvoreingenommenen Leser ist klar, daß diese Geschichte mit ihrer stark religiösen Färbung und den übernatürlichen »Zeichen und Wundern« eher eine romantische Sage oder Volkslegende ist als ein wirklichkeitsgetreuer Bericht. Sie wurde Jahrhunderte danach aufgeschrieben und ist eindeutig mehr Folklore als Tatsache.

Kann Harvey Cox seine Überzeugung auf eine Legende stützen? Auch der schwedische Theologe Johannes Pedersen, einer der bekanntesten Spezialisten für das Alte Testament, hält den Exodusbericht für eine sehr farbige Legende, mit der die Juden verherrlicht werden sollen. Wenn aber die bedeutendsten biblischen Ereignisse schon keine historische Glaubwürdigkeit besitzen, wo soll die Kirche nach »Hinweisen« Gottes suchen – und was können wir dann überhaupt mit dem Christentum anfangen? Kann die Kirche dann noch beanspruchen, anderen Religionen überlegen zu sein und die wahre Geschichte der Menschheit zu erzählen?

Dieses Dilemma muß eintreten, wenn eine Religion sich ausschließlich auf die Dimension der Zeit bezieht. Die früheren Christen lasen die Bibel wie ein Geschichtsbuch. Sie konnten zwar den Garten Eden nicht finden, aber sie fanden immerhin den Berg Sinai und Jerusalem, und das reichte ihnen, um an die geschichtliche Wahrheit der Bibel zu glauben. Wieder stehen sich christliches Denken in Zeitbegriffen und räumliches Denken der Stammesreligionen mit heiligen Bergen, Hügeln und Flüssen gegenüber. Die Navajo kennen zum Beispiel heilige Berge und glauben, daß sie dort aus der Unterwelt auftauchten. Kein Navajo zweifelt daran, daß es diese Berge sind und keine anderen. Niemand von ihnen weiß, wann die Navajo erschaffen wurden, und doch weiß jeder genau, wo das war.

Der Exodus aber war der Ausgangspunkt für drei Weltreligionen: die moderne jüdische Religion, das Christentum und den Islam. War er vielleicht doch ein Ereignis, das zu einer bestimmten Zeit an einem bestimmten Ort stattfand?

Diese Frage stellte ein Mann, der es wagte, die Historiker auf ihrem eigenen Feld herauszufordern und zu schlagen. Immanuel Velikovsky, ein Psychoanalytiker von überragendem Geist, fand während einer Arbeit über Sigmund Freuds Helden Moses, Ödipus und Echnaton heraus, daß Ägypten zu einer bestimmten Zeit seiner Geschichte eine verheerende Katastrophe erlebte, und die Ähnlichkeit mit dem Exodusbericht war so auffallend, daß er in den Legenden anderer Völker der Welt nach weiteren Beweisen dafür suchte. Im Jahre 1950 veröffentlichte er die Untersuchungen.

Sie erschienen in seinem Buch »Welten im Zusammenstoß«, in dem er behauptet, daß weltweite Naturkatastrophen zu historischer Zeit das Antlitz der Erde grundlegend veränderten. Der Exodus sei dank der religiösen Darstellung durch die Hebräer das Ereignis, das am genauesten beschrieben wurde, denn sie benutzten das Chaos und die Verwirrung, um der Sklaverei in Ägypten zu entfliehen. Die Hauptthese dieses Buches ist, daß die Venus durch Ablösung vom Planeten Jupiter entstand und mehrere Jahrhunderte lang unser Sonnensystem durchwanderte, bevor sie ihren Platz unter den anderen Planeten, die unsere Sonne umkreisen, einnahm. Während der Zeit des Exodus und später, im achten Jahrhundert vor der Zeitrechnung, kam die Venus in bedrohliche Nähe von Erde und Mars, warf diese aus ihrer Umlaufbahn und rettete damit die Erde vor einem vernichtenden Zusammenstoß mit dem Mars.

Zu dieser These kam Velikovsky bei Nachforschungen darüber, warum vor dem zweiten vorchristlichen Jahrtausend die Venus weder von den Hindus noch von den Babyloniern erwähnt wurde. Warum sollte der außer dem Mond am deutlichsten sichtbare Himmelskörper der Aufmerksamkeit der so peinlich genauen alten Astronomen entgangen sein? Es gab nur die Erklärung, daß die Venus nicht beobachtet werden konnte, weil sie zu der Zeit nicht am Himmel war. In alten Sagen heißt es, daß Venus Jupiters Haupt entsprang, und andere altertümliche Quellen berichten vom Kampf des Drachen mit dem Helden. Diese Berichte deutete Velikovsky als Kollektiverinnerungen, wobei er die Drachensagen damit erklärte, daß der durch die Anziehungskraft eines elektromagnetischen Feldes umgebogene Schweif eines Kometen und dessen Kopf den Menschen wie der Kampf zwischen einem Heros und einem Reptil von ungeheurer Länge und Stärke erschienen sein könnte.

Er verglich die Legenden anderer Völker, um festzustellen, ob sie Ähnlichkeiten mit den Berichten aus dem Nahen Osten enthielten. Sie bestätigten die These, und geringe Abweichungen waren nur ein Beweis mehr, denn der jeweilige geographische Ort veränderte den Standpunkt der Beobachtung. Velikovsky hatte damit den kosmischen Kampf zwischen einem Kometen und den Planeten Erde und Mars entdeckt und alle Theorien widerlegt, nach denen Religion und Mythos aus Traumvorstellungen der Phantasie geboren sind. Wie viele Religionen mögen aus der Beobachtung des Nachthimmels entstanden sein?

Jetzt ließen sich auch viele als nebensächlich oder unverständlich angesehene Bibelverse erklären, die von den Theologen immer als Beweis für die große poetische Einbildungskraft der hebräischen Propheten angesehen worden waren.

Zusammengefaßt ergibt sich folgendes Bild: Irgendwann vor dem Jahre 1500 vor der Zeitrechnung löste sich vom Jupiter ein planetengroßer Komet, und zurück blieb eine »Narbe«, die wir noch heute als roten Fleck beobachten können. Der Komet begann seine unstete

Wanderung durch unser Sonnensystem und bedrohte mehrmals die Erde.

Etwa um das Jahr 1500 v. Chr. durchlief die Erde den Schweif des Kometen. Das erste Zeichen der Gefahr war rostiger Eisenstaub, der den Globus bedeckte und Land und Wasser eine blutige Färbung gab. Daß Moses Wasser in Blut verwandelte, war daher kein poetischer Höhenflug eines späteren Schriftgelehrten, sondern die Einwirkung des Kometen.

Als die Erde tiefer in den Schweif des Kometen geriet, explodierten Kohlenwasserstoffgase, von denen Teile der Erde überlagert waren. Es entstanden riesige Feuersbrünste, und ungeheure Ströme von Kohlenwasserstoffen in Form von Erdöl regneten auf den Planeten nieder. Sie bildeten die Ölfelder, die wir heute ausbeuten. Große Erdölseen entstanden, fingen Feuer und brannten jahrelang, und die Erde war eine ganze Generation lang in Zwielicht getaucht. Bei weiterem Eindringen in den Kometenschweif geriet die Erde in ein elektromagnetisches Feld, und ihre Achse verlagerte sich, wodurch mehrere Großstädte im Nahen Osten zerstört wurden.

Es war eine weltweite Katastrophe. Flüsse veränderten die Richtung, Inseln versanken, andere tauchten auf, Berge zerbarsten. Es folgte ein die ganze Erde heimsuchender Orkan, der in Sekundenschnelle Wälder entwurzelte. Als das Wasser die Berge überspülte und nicht ins Meer zurückfließen konnte, bildeten sich riesige Seen. Arabien, früher ein fruchtbares Land, und die Sahara, in der es damals mehrere Großstädte gab, wurden Wüsten. Ein Teil der Welt lag in völliger Dunkelheit, der andere in fortwährendem trüben Licht.

Die hebräischen Sklaven flohen aus den rauchenden Ruinen Ägyptens, zogen zum Schilfmeer und sahen unterwegs den Kometen tags als Rauchsäule und nachts als Feuersäule. Sie erreichten Pi-ha-Khiroth am Roten Meer, aber Pharao Taoui-Thom mit seinem Heer folgte ihnen auf dem Fuße. Durch den Einfluß des Kometen wichen die Wasser zeitweilig aus ihrem Bett zurück, ließen die Hebräer hindurchziehen und schlugen dann über dem Heer des Pharao zusammen.

Kohlenwasserstoffe aus dem Schweif des Kometen bildeten eine nährende Substanz, die jeden Morgen als Niederschlag herunterregnete und von den Hebräern als »Manna« gegessen wurde. So erhielten sie sich auf dem Weg durch die Wüste Sinai am Leben. Die Sonne, die vorher im Westen aufging und im Osten sank, hatte jetzt die Richtung gewechselt, und die Völker, die die Katastrophe einigermaßen intakt überstanden hatten, brauchten neue Kalender, um die Länge des Jahres zu bestimmen.

Etwa fünfzig Jahre später kam Venus wieder in Erdnähe. Es war die Zeit der Eroberung Kanaans durch Josua, und man bemerkte das erste Anzeichen der Katastrophe kurz vor einer Schlacht, als ein Hagel von Meteoriten auf den Nahen Osten niederging. Wieder stand die Sonne am Himmel still, und Josua errang durch den verlängerten Tag den Sieg im Tal von Beth-horon.

In seinem später erschienenen Werk »Zeitalter im Chaos« behandelt Velikovsky diese globalen Katastrophen, die von den Historikern für göttliche und erhabene Poesie des Alten Testaments gehalten werden, noch ausführlicher. Die Verse, die die Macht des Herren preisen und für die christliche Wissenschaft spektakuläre, aber irreale Schilderungen sind, entpuppen sich als klare Beschreibungen von Naturkatastrophen.

Nach der zweiten Heimsuchung durch die Venus innerhalb von fünfzig Jahren beschlossen die Völker, die Göttin des Kometen um Frieden zu bitten, und versuchten, durch besondere Riten und Gottesdienste einen weiteren Zusammenstoß zu verhindern. Auch mit Blutopfern hoffte man, die fortlaufende Zerstörung durch den Kometen abzuwehren.

Zur Zeit von König Usia verfehlte die Venus die Erde, riß aber den Mars aus seiner Bahn, und es kam zu einem Beinah-Zusammenstoß zwischen Erde und Mars. Weil aber der Mars viel kleiner als die Erde ist und nicht die Geschwindigkeit der Venus hat, richtete er geringeren Schaden an. Die Erde, die zuletzt ein Jahr von 360 Tagen hatte, wurde weiter von der Sonne abgedrängt, und es entstand unser jetziges Jahr mit 365,25 Tagen.

Im Jahre 687 v. Chr. führte Sanherib das assyrische Heer nach Israel, um Jerusalem zu erobern. Am Abend des 23. März, dem Vorabend des hebräischen Passahfestes, lagerten die Assyrer außerhalb der Stadt, um sie am folgenden Morgen einzunehmen. Mit dem wahrscheinlich spektakulärsten Blitzschlag der Geschichte wurde das 185 000 Mann starke Heer durch eine elektromagnetische Entladung zwischen Mars und Erde vernichtet, und die Hebräer waren wieder durch »himmlisches« Eingreifen gerettet.

Zwischen Mars und Venus entstand jetzt ein elektrisches Spannungsfeld, das Mars zwang, seinen Kollisionskurs zur Erde zu verlassen. Durch den Auf- und Abbau unvorstellbar großer elektrischer Felder zwischen Mars und Venus spielte sich ein ungeheures Drama am Himmel ab, das die Griechen als Eingreifen der Götter im Trojanischen Krieg erlebten.

Wir haben heute von Raumsonden gemachte Photos, die das furchtbare Ausmaß der Zerstörung zeigen, das Mars durch diese Katastrophe erlitt. Mit seinen durch den Meteoritenhagel verursachten tiefen Löchern sieht er wie der Mond aus. Die weißglühende Venus nahm ihre jetzige Umlaufbahn auf, und die Reste des Kometenschweifs in Form von Kohlenwasserstoffwolken wurden von ihr angezogen und bedekken sie heute, wie die Photos der Raumsonden zeigen.

Velikovskys Werk gründet sich auf die wissenschaftliche Erkenntnis, daß in historischer Zeit kosmische Katastrophen stattfinden konnten und auch stattgefunden haben. Sie wurden von Menschen auf dem ganzen Erdball beobachtet und später dann Teil ihrer Schöpfungsmythen. Die Beobachtungen, die in der Sagenwelt des Altertums verborgen waren, hatten also für das Verständnis des Universums eine entscheidende Bedeutung. Aber die Wissenschaft war anderer Meinung und suchte Velikovsky zu widerlegen. Er wurde von Leuten kritisiert, die seine Bücher nicht gelesen, aber seit frühester Kindheit gelernt hatten, daß Geschichten nichtchristlicher Völker von Drachen, die die Sonne verschlingen, von lange andauernden Nächten mit absoluter Finsternis heidnisch, unwahr, Aberglaube und wahrscheinlich ein Werk des Teufels sind. In den seither vergangenen Jahren aber fanden viele von Velikovskys Thesen und Theorien eine unerwartete Bestätigung durch die moderne Weltraumforschung.

Für die religiösen Denker müßte sein Werk eine besonders große Bedeutung haben. Velikovsky ging von Anfang an davon aus, daß der Exodus sich auf ein Ereignis von weltweiter Bedeutung bezog, das von den Völkern der ganzen Erde erlebt wurde. Aber christliche Theologen und Wissenschaftler fuhren fort, den Exodus als Legende zur Verherrlichung Gottes zu sehen. War es vielleicht wegen der Gefahr, daß die historische Natur des Alten Testaments gleichzeitig den Wahrheitsgehalt der Legenden der Konkurrenzreligion beweisen könnte? Oder fürchteten viele Christen, die letzten Endes doch nicht an die Bibel geglaubt hatten, den historischen Beweis?

Natürlich hätten die Theologen umdenken müssen, denn von einem Gott, der in der Geschichte Hinweise für die Kirche versteckt, zur Vorstellung von einer Flutkatastrophe, durch die Religionen entstanden, ist es ein weiter Weg. Aber auch heute gibt es Belege dafür, daß Religionen nicht durch Dichter entstehen, die die Vergangenheit ihres Volkes verherrlichen wollen. Im Zweiten Weltkrieg kamen die Amerikaner auf unbekannte Südseeinseln, und als sie diese wieder verlassen hatten, stellte man fest, daß dort eine neue Religion entstanden war. Diese gründete darauf, daß die Inselbewohner in den Flugzeugen und der technischen Ausrüstung der Amerikaner Zeugnisse ihrer Götter zu sehen glaubten. Diese »Cargo-Kulte«, wie sie genannt wurden, zeigen, daß Menschen durch etwas Ungewöhnliches so stark beeindruckt werden können, daß eine neue Religion entsteht, gleichgültig, wie richtig oder falsch diese dem Außenstehenden erscheinen mag.

Das Alte Testament ist sicherlich in vieler Hinsicht sehr genau und kann wohl als die beste Dokumentation über des Menschen Frühzeit angesehen werden. Aber andere Religionen, die die gleiche Epoche mit den räumlich bedingten Abweichungen beschreiben, haben den gleichen Anspruch auf Gültigkeit.

9. Kapitel

Der Ursprung der Religionen

Viele Jahrhunderte lang glaubten die europäischen Völker, daß der Himmel unveränderlich sei. Das Erscheinen von Meteoren und Kometen war daher jedesmal ein Schock, denn es zeigte, daß der Himmel doch nicht so festgefügt ist. Wie konnte das in einem von Gott geschaffenen Universum möglich sein?

Seit einiger Zeit forschen die Astronomen nach Aufzeichnungen anderer Kulturen über das Auftreten einer Supernova am 4. Juli 1054. Sie war von verschiedenen Orten der Erde aus deutlich zu sehen, weil sie in der Nähe des zunehmenden Mondes erschien. In einer Höhle Kaliforniens und auch in Arizona und Neu-Mexiko fand man in den Fels geritzte oder aufgemalte Bilder, die den zunehmenden Mond mit einem hellen Objekt in nächster Nähe darstellen. Es wird vermutet, daß die frühen Menschen in Nordamerika die Supernova sahen und die Zeichnungen machten, um folgenden Generationen zu überliefern, was sie gesehen hatten. In Europa hingegen hat man nur wenige Hinweise auf dieses Phänomen gefunden; vermutlich wurde es nicht aufgezeichnet, weil es sich nicht mit dem Glauben vertrug, daß das Himmelsgewölbe unveränderlich sei. Man sah zwar etwas, dachte sich aber nichts dabei.

Früher hätte man die Felszeichnungen im Südwesten Amerikas vielleicht für eine primitive Art religiöser Kunst gehalten. Theologen, Religionshistoriker, Psychoanalytiker und andere gescheite Leute hätten Bücher über die primitiven Vorstellungen von Eingeborenen geschrieben, die so einfältig waren, zu glauben, daß es neben dem zunehmenden Mond einen sehr hellen Stern geben könnte. Glücklicherweise aber haben die Astronomen heute einige Beweise, daß es die Supernova war, die von den Indianern beobachtet wurde.

Es ist nicht nur möglich, sondern sehr wahrscheinlich, daß die Indianer eine Himmelserscheinung wahrheitsgetreu aufzeichneten, während ihre angeblich zivilisierten Nachbarn in Europa die Supernova nicht zur Kenntnis nahmen und sich statt dessen in Treuebekenntnissen zum Christentum überschlugen. Es wäre also denkbar, daß sich in Stammesüberlieferungen Erinnerungen finden, die richtiger sind und eine länger zurückreichende Geschichte der Menschheit beschreiben als die westlichen Religionen. Kaum jemand gibt sich Mühe, diesen Gedanken konsequent weiterzuverfolgen; das wäre aber eine Voraussetzung, wenn der westliche Mensch von seiner religiös-ethnozentrischen Vorstellung vom Universum loskommen soll.

Wenn wir Schöpfungslegenden als Kollektiverinnerungen an außergewöhnliche Ereignisse und Katastrophen interpretieren, können wir vielleicht auch den Schöpfungsmythos der Hopi besser verstehen. Dieser Mythos handelt von einem bestimmten Land, das die Hopi am Anfang erhielten, und von den vier verschiedenen Welten, die sie erlebt haben.

Die erste Welt der Hopi hieß Topka und war räumlich unbegrenzt. Sie wird als die Urwelt angesehen, die in einigen Stammeslegenden näher beschrieben ist. Die Richtung dieser Welt war der Westen. Alle Lebewesen waren verwandt und lebten ohne Streit miteinander. Später aber fand der Mensch doch Unterschiede und wurde zu den anderen Lebewesen immer bösartiger, bis er und die ganze Welt dafür durch einen Feuerregen vernichtet wurden.

Die Hopi überstanden den Untergang dieser Welt, weil sie sich zu den Ameisen geflüchtet hatten. Die Erde kühlte sich ab, und die Menschen kamen wieder hervor und sahen, daß alles verändert war. Wo vorher Land war, war jetzt Wasser, und wo vorher Wasser war, war jetzt Land. Auch diese Welt zeigte nach Westen, und man nannte sie »dunkle Mitternacht«.

In der zweiten Welt durften Menschen und Tiere nicht zusammenleben. Der Grund dafür war die Angst, die Gefahren der vergangenen Welt könnten wiederkommen. Die Menschen trieben Handel und Gewerbe, waren aber habgierig und wollten mehr, als sie brauchten. Der Untergang der zweiten Welt kam durch diese Habgier. Die Erdachse verschob sich, die Welt drehte sich sehr schnell und zerstörte dadurch die Landschaft. Als sie einen furchtbar kalten Teil des Weltraums durchlief, gefror alles zu Eis.

Die Welt war tot, und die Menschen mußten wieder unter die Erde gehen, um zu überleben. Dann verschob sich die Erdachse erneut, und das Eis begann zu schmelzen. Das Leben kehrte auf die Erde zurück, und auch die Menschen kamen hervor. Das war die dritte Welt, die Kasskara hieß und deren Richtung der Osten war. Wieder trieben die Menschen Handel und Gewerbe und entwickelten wichtige Technologien. Mit *Patuwvotas*, aus Häuten gemachten Schirmen, die von einer unbekannten Kraft angetrieben wurden, lernten sie, durch die Luft zu fliegen.

Mit diesen fliegenden Schirmen führten die verschiedenen Völker der Menschen untereinander Krieg. Der entbrannte so heftig, daß auch die dritte Welt unterging. Vorher waren die Hopi vor einer Überflutung gewarnt worden und bauten eigenartige Zylinder aus Schilfrohr, die auf dem Wasser schwammen. Die Schilderung dieser Flutkatastrophe zeigt große Ähnlichkeit mit Flutlegenden anderer Völker. Als das Wasser sich verzog, schickten sie Vögel aus, um Land zu finden, und als das Wasser ganz verschwunden war, bekam jedes Volk sein Land. Es begann die vierte Welt, in der wir jetzt leben.

Kann eine solche Folge von Welten eine Erfindung der Phantasie sein, selbst wenn man annimmt, daß ihre Erfinder in religiöser Hinsicht sehr phantasiebegabt sein mögen – und kann sie noch dazu von Menschen erdacht sein, von denen man glaubte, daß ihnen die physikalische Beschaffenheit der Welt so gut wie unbekannt war? Wie konnten sie wissen, daß die Richtung der Welt sich verändert hatte, und daraus eine neue religiöse Vorstellung ableiten, wenn nichts geschehen war, worauf sich dieses Wissen stützte? Bei »Richtung« der Welt denkt man grundsätzlich an Sonnenaufgang und Sonnenuntergang. In den beiden ersten Welten geht die Sonne im Westen auf und im Osten unter, in den beiden letzten ist es umgekehrt.

Die Religionen des Nahen Ostens erinnern sich nur an *einen* Weltanfang. Die Genesis und das *Enuma elisch* der Babylonier sprechen von einem Anfang in der Welt der Wasser. Ist das die dritte Welt der Hopi? Das *Enuma elisch* beginnt mit folgender Schilderung des Universums:

Als man von einem Himmel noch nichts wußte
und auch von keinem festen Grund,
als nur der uralte Apsu, der alles Erzeugende,
und Mummu und Ti'amat, die alles Leben gebar,
die Wasser vereinten,
als es Moore nicht gab und keine Insel,
auch keinen Gott mit Namen und Schicksal,
das ihm bestimmt,
da wurden die Götter bei ihnen erschaffen.

Das *Enuma elisch* wird manchmal als das Urbild der Genesis gesehen, manchmal als Parallele zur Schöpfungsgeschichte der Hebräer. In der Genesis heißt es:

Am Anfang schuf Gott Himmel und Erde,
und die Erde war ohne Gestalt und leer,
im tiefen Abgrund herrschte Dunkelheit,
und Gottes Geist schwebte über den Wassern.

Gott sprach: »Es werde Licht!«
Und es wurde hell.
Und Gott sah, daß das Licht gut war,
und trennte das Licht von der Dunkelheit.
Gott nannte das Licht Tag, und die
Dunkelheit nannte er Nacht.
Abend und Morgen waren der erste Tag.

Wenn wir beide Überlieferungen vom Raum ausgehend untersuchen, sehen wir, daß sie eher die Beschreibung eines Zustandes sind, in dem äußerste Dunkelheit herrscht, als die eines Vorgangs. Vielleicht entstand die Dunkelheit durch eine geschlossene Wolkendecke. In beiden Schilderungen werden Wassermassen bewegt, damit die Götter Himmel und Erde erschaffen und ihnen einen Namen geben können. Wenn wir uns vor Augen halten, daß die Genesis eine lange Folge von Erscheinungen schildert, die sich alle an einem bestimmten Ort zeigen und deren Dauer nicht unbedingt auf sieben Tage beschränkt oder auf Jahrmillionen ausgedehnt werden muß, dann sehen wir die geschilderte Realität in einem neuen Licht.

Am zweiten Tag der Genesis wird das Wasser zwischen Himmel und Erde geschieden, am dritten Tag werden die Pflanzen erschaffen. Aber erst am vierten Tag erscheinen Sonne, Mond und Sterne, und am fünften Tag kommen Tiere und Fische dazu. Ein bekannter Theologe geriet in große Verlegenheit, als er gefragt wurde, wie es denn am ersten Tag Morgen und Abend hatte geben können, wo doch Sonne, Mond und Sterne erst am vierten Tag erschaffen wurden. Die Reihenfolge entspricht der Situation nach einer Flutkatastrophe. Sonne, Mond und Sterne können erst wieder wahrgenommen werden, wenn die geschlossene Wolkendecke sich verzogen hat.

Im Genesisbericht kommen die Pflanzen vor Erschaffung der Himmelskörper. Wir wissen aber, daß es ohne Photosynthese kein Pflanzenleben geben kann. Pflanzen könnten jedoch eine Katastrophenzeit ohne Licht zwischen zwei Perioden mit normalem Sonnenlicht überleben.

Ist die Genesis ein verfeinerter und religiös weiterentwickelter Schöpfungsbericht, der aus dem *Enuma elisch* hervorging, oder handelt es sich um zwei verschiedene Berichte vom selben Ereignis, die sich nur wegen der geographischen Nachbarschaft der Völker ähneln? Viele Wissenschaftler haben die zweite Möglichkeit von vornherein ausgeschlossen, weil sie die Berichte für Produkte dichterischer und religiöser Phantasie hielten und nicht für Erinnerungen an ein bestimmtes Ereignis der Weltgeschichte.

In den indianischen Stammesreligionen finden wir entsprechende Ähnlichkeiten zwischen den Schöpfungsmythen. Die Navajo oder »ersten Menschen«, wie sie sich selbst nennen, tauchen in ihren Legenden aus der Erde auf. Die ersten drei ihrer Welten waren nicht gut. Sie waren ständig in Bewegung, heißt es, und davon wurde den Menschen schwindlig. Als die Navajo aus der Erde kamen, war alles dunkel, und sie sagten: »Wir brauchen Licht«, und sie trennten das Licht in die Farben Weiß, Blau, Gelb und Schwarz, die Farben des Himmels während der vierundzwanzig Stunden der Erdumdrehung.

Auch die Pawnee und Arikara sprechen von einem Urvolk, das aus der Dunkelheit in die helle Welt kam. Die Pueblo wurden von Mutter Mais (dem Pflanzenleben) aus der Dunkelheit in das Licht geführt. Die Mandanen kletterten an einer Ranke des wilden Weins aus der Erde, aber eine dicke Frau war zu schwer für die Ranke, und diese zerriß. Daher blieben manche unter der Erde. Bei anderen Stämmen finden sich ähnliche Schilderungen des Auftauchens aus der Erde, wo sie eine große Katastrophe überlebten oder ihr Leben als Volk begannen. Es gäbe keinen Grund für die gleiche Geschichte bei verschiedenen Stämmen, hätte es nicht ein Ereignis gegeben, an das sich die Stämme, wenn auch dunkel, erinnerten. Vielleicht wurden die Völker Nordamerikas von der Katastrophe, die der Nahe Osten berichtet, nicht so hart getroffen, weil sie rechtzeitig in der Erde Schutz suchten. Der Schluß auf ein gemeinsames Erlebnis bei einigen der Indianerstämme liegt auch deshalb nahe, weil Legenden, in denen Menschen aus der Erde auftauchen, bei anderen Völkern der Erde relativ selten sind.

Die Stammesreligionen könnten uns zeigen, daß man die Geschichte der Menschheit nicht in einer geraden Zeitfolge sehen kann, die von der Schöpfung bis in unsere Tage reicht, denn offensichtlich haben die verschiedenen menschlichen Gesellschaften geographisch verschiedene Überlieferungen. Aber gerade die geographische Dimension wurde bei der Betrachtung der Überlieferungen immer vernachlässigt. Wenn wir an das Hauptmotiv der jüdischen Geschichte denken und an die Eschatologie zu Jesu Zeiten, sehen wir, daß das *Land*, das Gelobte Land, immer schon ein konstantes und konkretes Element der religiösen Erfahrung der Menschheit gewesen ist.

Dem Alten Testament nach konzentrierte sich das religiöse Bewußtsein bereits zu Abrahams Zeiten auf das Gelobte Land. Seit dem Zug der Hebräer nach Kanaan glaubte das Volk fest, daß Gott ihm dieses Land gegeben hatte. Selbst die Zeitgenossen Jesu stellten sich den erwarteten Messias als einen streitbaren Helden vor, der ihr Recht auf das Land wiederherstellte. Die Auslegung der Christen, die den fanatischen jüdischen Widerstand gegen die Römer ein «Mißverstehen« der Aufgabe des Messias nannten, war schon immer reichlich gekünstelt. Die Christen ersetzten die erwartete Rückgabe Palästinas an die Juden nach Vertreiben der Römer durch das Versprechen des Himmels. Damit nahmen sie den Begriff des Landes aus der Religion heraus und verallgemeinerten die konkreten hebräischen Stammeserinnerungen in eine abstrakte Erklärung über den Ursprung der Welt. Ohne das bestimmte Land, auf dem ein bestimmtes Volk leben sollte, mußte die Schöpfung zu dem Ereignis werden, mit dem die ganze Welt begann.

Wenn wir nach dem Ursprung des Volkes suchen, müssen wir dessen religiöse Überlieferungen betrachten, und bei der Suche nach dem Ursprung einer Religion ist das Wichtigste das Land, auf dem das Volk lebt und die Religion entstanden ist. Das Land zu verlieren bedeutet auch für die Indianer die Vernichtung der religiösen Gemeinschaft und den Verlust der kulturellen Eigenständigkeit. Als heilige Berge verweltlicht und Begräbnisstätten Maisfelder wurden, als die Menschen nicht mehr auf dem Staub der Gebeine ihrer Vorfahren lebten, wußten sie, daß sie als Volk nicht überleben konnten.

Ein Gefühl für die Bedeutung von Land hat es auch in den westlichen Ländern gegeben, es machte nur einen radikalen Wandel durch. Einerseits wurde Patriotismus daraus und andererseits religiöser Nationalismus, aber in beiden Fällen ging das eigentliche Wesen von Land und Religion verloren. Land ist in der westlichen Religion kein Lebenselement mehr. Wo es doch noch eine Bedeutung hat, geschieht es meist gegen die Absicht der christlichen Kirche.

Die frühe Kirche hatte ihr Zentrum in Italien, in Rom, so wie die Hebräer das ihrige in Jerusalem hatten. Aber während die jüdische Religion im Heiligen Land ein konkretes Land als ihren Mittelpunkt hatte und hat, war und ist Rom mehr ein symbolischer Mittelpunkt des Christentums. Das Entstehen von Nationalkirchen nach der Reformation bedingte, daß jetzt jede Richtung der christlichen Religion eine eigene Heimat suchte. Die Besonderheiten europäischer Theologie können seitdem besser durch die Verschiedenheit der Länder als durch abstrakte Analysen erklärt werden.

Mit der Ankunft des Christentums in Nordamerika und der Freiheit, die sich ihm in diesem Lande bot, ging der Gedanke an eine einheitliche christliche Kultur gänzlich verloren. Das Christentum zerschellte an der Küste dieses Kontinents und teilte sich in Hunderte von Sekten, so wie die Stämme sich teilten, um sich dem Land anzupassen. Es liegt wahrscheinlich an der Natur dieses Landes, daß Vielfalt und eine praktisch unbegrenzte Freiheit des Geistes sich hier besonders gut entwickeln konnten.

Auch in den religiösen Traditionen und Entwicklungen Europas hat das Land bis heute eine entscheidende Rolle gespielt. Deutschland zum Beispiel ist das Land der protestantischen Reformation, die Heimat Martin Luthers, der behauptete, daß seine Lehren denen der katholischen Kirche überlegen seien. Wenn außer Italien noch ein anderes Land zu einer Hochburg des Christentums hätte werden können, dann wäre es wahrscheinlich Deutschland gewesen. Aber Heinrich Heine hat in seinem Werk »Zur Geschichte der Religion und Philosophie in

Deutschland« aus dem Jahre 1835 vorausgesehen, was eintreten kann, wenn eine Religion auf fremdem Boden zu überleben versucht:

> Das Christentum – und das ist sein schönstes Verdienst – hat jene brutale germanische Kampflust einigermaßen besänftigt, konnte sie jedoch nicht zerstören, und wenn einst der zähmende Talisman, das Kreuz, zerbricht, dann rasselt wieder empor die Wildheit der alten Kämpfer, die unsinnige Berserkerwut, wovon die nordischen Dichter so viel singen und sagen. Jener Talisman ist morsch, und kommen wird der Tag, wo er kläglich zusammenbricht; die alten steinernen Götter erheben sich dann aus dem verschollenen Schutt, und reiben sich den tausendjährigen Staub aus den Augen, und Thor mit dem Riesenhammer springt endlich empor und zerschlägt die gotischen Dome.

Es wurde oft gesagt, daß mit dem Nationalsozialismus Heines Vision von einem Christentum, das die alten Germanengötter nicht mehr aufhalten konnte, in Erfüllung ging.

C. G. Jung spricht vom Vorhandensein eines kollektiven Unbewußten, in dem die Urbilder und Symbole der universalen menschlichen Erfahrung zu finden sind. Zur Analyse spiritueller Probleme meint er, daß das Unbewußte Probleme lösen kann, indem es in unseren Träumen Urbilder zeigt, die uns bekannte Situationen in einer Art Drama darstellen. Die Grundlage seiner Lehre war also die Deutung von Traumsymbolen. In der Zeit vor dem Nationalsozialismus sah er in den seelischen Problemen seiner deutschen Patienten die Symbole der altgermanischen Mythen durchschimmern, die später zum Teil dem Nazifanatismus der Jugend ihren Stempel aufdrückten. Sollten wir die Fähigkeit der jungen Deutschen, in den Symbolen der alten Religion zu träumen, als Sehnsucht auffassen, der christlichen Strenge zu entfliehen, oder handelt es sich hier um eine dem Lande innewohnende Kraft bestimmter religiöser Mythen und Gestalten?

Die Beantwortung der Frage ist schwer. In England gibt es Gespenster – man schätzt, daß einige zehntausend von ihnen die Britischen Inseln bewohnen, und ein Schloß, ein Gutshaus, ein Moor, das nicht seine Gespenster hat, ist eine armselige Angelegenheit. In Deutschland gibt es Poltergeister. Nordamerika dagegen hat keine Phänomene dieser Art. Wir haben wohl Geister, aber sie sind kein Teil unserer Folklore oder des täglichen Lebens. Und wie sollen wir uns das Wiederaufleben des Druidenkults in England und im Norden Frankreichs erklären? Manche mögen das Interesse an Hexen und Druiden damit abtun, daß das alles mit wissenschaftlichen Berichten über die alte Zeit nicht übereinstimmt, aber wir dürfen nicht vergessen, daß wissenschaftliche Berichte über alte Zeiten in erster Linie der Einbildungskraft der Autoren entspringen und nicht immer einen starken Realitätsbezug haben.

Wie ist es zu erklären, daß bestimmte heilige Stätten von verschiedenen Religionen als Kultplatz verehrt werden? Der Altar der Mutter Gottes von Guadalupe Hidalgo, einer der heiligsten Wallfahrtsorte Lateinamerikas, steht an einer Stelle, wo schon Jahrhunderte vor dem Christentum die Indianer ihre heilige Stätte hatten. Warum gibt es in Nordamerika keine christlichen Wunder und Offenbarungen, während es in anderen Teilen der christlichen Welt viele heilige Stätten gibt? Sind Fatima und Lourdes nur christlich, oder sind sie altehrwürdige heilige Stätten, deren früherer Kult uns heute unbekannt ist?

Was den Theologen leider fehlt, ist die Erkenntnis der einzigartigen Beschaffenheit des religiösen Symbolismus, seiner offensichtlichen Beziehung zum Land, seiner Fähigkeit, auch in Zeiten religiöser Krisen seine Gültigkeit zu behalten, und die Einsicht, daß es universal gültige Symbole der religiösen Erfahrung nicht gibt. Vielleicht hat gerade der Zusammenprall der Religionen auf dem Boden verschiedener Länder zu vielen gesellschaftlichen, politischen und militärischen Konflikten der Völker geführt. Das, was die Gesellschaften trennt, sollte man nicht nur auf kulturellem Gebiet und in abweichenden Wertvorstellungen sehen, sondern auch in den Unterschieden im religiösen und geographischen Bereich und deren Ursachen.

Wenn der alte germanische Wotan-Mythos sich in einem modernen technisierten Land behaupten konnte, was nach C. G. Jungs Meinung durch den Nationalsozialismus bewiesen ist, und wenn zum politischen Programm dieser Bewegung Landgewinn und die Vereinigung aller germanischen Völker in genetischem Sinne gehörten, können wir uns nicht länger dem Gedanken verschließen, daß es zwischen Religion und Land eine wesentliche Beziehung gibt, die bis zur Bildung nationaler Identitäten reicht.

In den Anthologien der Reden indianischer Führer findet sich die ständige Sorge um die Erhaltung des Heimatlandes, in dem Väter und Großväter begraben sind. Curley, ein Häuptling der Crow, weigerte sich im Jahre 1912, der Regierung noch mehr Land abzutreten, und sagte:

> Der Boden, den ihr hier seht, ist kein gewöhnlicher Boden – er ist das Blut, das Fleisch und die Knochen unserer Vorfahren. Wir kämpften, gaben unser Blut und unser Leben, damit es uns kein anderer Indianer nahm, und wir kämpften und gaben unser Blut und unser Leben, um den Weißen zu helfen. Ihr müßt schon tief graben, bevor ihr auf andere Erde stoßt, denn die Schicht darüber ist Crow.
>
> Dieses Land ist mein Blut und mein Tod, es ist heilig, und ich gebe kein Stück davon her.

Diese Haltung wird nicht zuletzt von der Einstellung zum Tod bestimmt, denn für den Indianer wird durch den Tod die natürliche Einheit der Schöpfung nicht zerstört. Das sieht er in jedem Lebensvorgang bewiesen. Im folgenden Kapitel soll daher die unterschiedliche Einstellung des Indianers und des westlichen Menschen zum Tod behandelt werden.

10. Kapitel

Tod und Religion

Das Christentum behauptet, daß in der Geschichte der Hebräer die Geschichte der Menschheit enthalten ist, und ihre Bedeutung sei die Vorbereitung der Welt auf die Wiederkehr Jesu. Der einzelne Christ macht sich wahrscheinlich wenig Gedanken über die Gültigkeit oder den Wirklichkeitsgehalt dieser abstrakten Feststellung, weil sie sein persönliches Leben und dessen Sinn nur am Rande berührt, wenn überhaupt. Bedeutungsvoller ist für ihn die Verheißung ewigen Lebens. Was dieser Idee zu ihrer zentralen Stellung im Christentum verholfen hat, ist schwer zu sagen. Im Volkschristentum gibt es die prächtigsten Visionen vom Leben nach dem Tode mit goldenen Straßen, Engelschören, die Halleluja und Hosianna singen, und einen Zustand ohne Schmerz und Sorge. Diese Vorstellung bedeutet zwar eine simple Verneinung des Erdenlebens, hat aber über die Jahrhunderte hinweg nichts von ihrer Wirkung eingebüßt.

Für die Christen ist das Leben im Jenseits von dem auf der Erde völlig verschieden. Gegensätze wie Gut und Böse, Schmerz und Glück, Freude und Leid bestehen dort nicht. Es gibt nur Wohlbefinden und Daseinsfreude ohne Fehlschläge und Mißgeschick. Wie soll man aber Schmerz von Wohlbefinden unterscheiden, wenn es keinen Schmerz gibt? Christliche Denker konnten diese Frage nie zufriedenstellend beantworten.

Die Kluft zwischen der Haltung zu Diesseits und Jenseits hat zu einer recht eigenartigen Einstellung der Christen zum Tod geführt. Man sollte annehmen, daß angesichts des glücklichen Lebens im Jenseits und der Leiden im irdischen Jammertal die Christen sich nach dem Tod als Eingang in die bessere Welt sehnen und daß Christen Menschen sein müßten, die den Tod nicht fürchten. Das ist aber nicht der Fall.

Von allen Menschen in der Welt sind es die Christen und die von ihnen beherrschten Völker, die den Tod am meisten fürchten.

Ein Teil dieser Angst kommt aus der christlichen Botschaft selbst. Der Tod wurde für etwas Unnatürliches gehalten und als ein Übel angesehen, das durch Adams Ungehorsam in die Welt kam. Paulus schreibt in seinem Brief an die Römer, daß durch Jesu Gehorsam vor allem der Tod überwunden wird. Die römisch-katholische Kirche hat in ihre Lehre so etwas wie ein Schlupfloch eingebaut, durch das der Mensch vor dem Schrecken des Todes fliehen kann, denn wer sich durch die Taufe von den Sünden reinwäscht, hat das Tor zum ewigen Leben erreicht. Diese Lehre war so populär, daß eine Zeitlang die Taufe bis zum Totenbett aufgeschoben wurde, um sich aller Sünden auf einmal entledigen zu können und sofort in den Himmel zu kommen.

Eine wichtige Rolle in der christlichen Todesvorstellung spielt auch das Jüngste Gericht, wo die Taten des Menschen gewogen werden. Die guten Taten werden mit dem Himmel belohnt; wer böse war oder nicht getauft, kommt in die Hölle. Wenn nun jemand unsicher war, ob er ein gutes Leben geführt hatte oder mit dem höllischen Feuer rechnen mußte, war er wahrscheinlich aufs Sterben nicht gerade erpicht. Wieviel von der christlichen Vorstellung des Lebens nach dem Tode aus dem Nahen Osten kommt, ist nicht sicher. Bei vielen Völkern dort gab es das Jüngste Gericht in irgendeiner Form, und es spielte im religiösen Denken eine wichtige Rolle.

Bei diesen Religionen lag also das Schwergewicht auf einem Leben nach dem Tode, und damit war das irdische Leben abgewertet. Die Welt war nur noch eine Art »Testgelände« für das Jenseits. Den nahöstlichen Völkern kam offensichtlich nicht zu Bewußtsein, daß das letzten Endes eine Entheiligung der Geschichte war. Im Laufe der Entwicklung des westlichen Denkens wurde der Tod dann zu einer dämonischen Macht, die den Menschen immer mehr der Erde entfremdete. Das änderte sich auch nicht durch die protestantische Reformation.

Das Christentum lehrt, daß die Seele weiterlebt, während der Körper, der etwas Böses und Gemeines ist, verfällt – eine Lehre, die allerdings im Widerspruch steht zur fleischlichen Auferstehung des Herrn, durch die der Leib so offensichtlich verherrlicht wurde. Jedenfalls führte die Ansicht der Christen, daß die Seele unabhängig vom Körper ist, zu den fürchterlichsten Folterungen von Menschen, die man für Ketzer hielt. Der Körper mußte zermalmt werden, um die Seele zu retten. Um das Bekenntnis von Sünde und Schuld aus ihren Opfern herauszupressen, wandte die Inquisition jede nur denkbare Art der Folter an. Der von den Europäern an den Indianern begangene Völkermord entspringt direkt dieser Geisteshaltung der Christen, die angeblich nur Wilde bekehren wollten, dabei aber Millionen von ihnen ermordeten, um ein paar Seelen zu ergattern, die sterbend den fremden Glauben annahmen.

Die christliche Religion verspricht ihren Anhängern zwar ein Leben nach dem Tode, aber die Erfüllung des Versprechens dürfte ihr schwerfallen angesichts der dunklen Vergangenheit so vieler ihrer Gläubigen. Von den verschiedenen Sünden, die die Christen an der Menschheit und vor allem an den nichtchristlichen Völkern begangen haben, ist gewaltsame Bekehrung eine der unheilvollsten, gedankenlosesten und häufigsten.

Aufgrund christlicher Vorurteile hielt die westliche Wissenschaft alte Ruinen fast immer für Versuche primitiver Völker, sich ein Leben nach dem Tode zu sichern. So sah man zum Beispiel in den Pyramiden den Versuch der Pharaonen, sich ihre Unsterblichkeit zu sichern. Kleinere Pyramiden aus späterer Zeit könnten tatsächlich Grabstätten gewesen sein, aber bei den größeren schließt schon allein die Bauzeit eine solche Verwendung aus. Tutanchamun zum Beispiel wurde – wie die meisten Pharaonen – in einem Felsengrab im Tal der Könige bestattet und nicht in einer Pyramide.

Die ägyptischen Gräber zeigen, daß man Tod und Jenseits als Fortsetzung des irdischen Lebens sah. Viele Grabbeigaben waren persönliche Dinge des toten Pharao, von denen man glaubte, daß er sie im neuen Leben brauchte. Nur bei den Christen ist der Tod keine Fortsetzung des diesseitigen Lebens. Bei den Völkern Europas und im Christentum ist der Tod ganz allgemein etwas Schreckliches.

Todesangst ist den indianischen Stammesreligionen fast völlig unbekannt. Als im Jahre 1821 ein Vertrag mit den Indianern von Illinois abgeschlossen wurde, nannte der Potawatomi-Häuptling Metea die Kontinuität zwischen Lebenden und Toten als wichtigsten Grund für sein Festhalten am Stammesland:

Es ist lange her, daß wir in unser Land kamen, und unser Volk ruht in den Gräbern. Es waren weise Menschen. Wir sind jung und unerfahren, aber wir wollen nichts tun, was sie nicht billigen würden, wenn sie noch lebten. Wir fürchten, ihre Geister zu beleidigen, wenn wir unser Land verkaufen, und wir fürchten, euch zu beleidigen, wenn wir es nicht tun. Wir sind ratlos, denn wir können uns nicht vorstellen, daß wir uns von unserem Land trennen.

Der Große Geist gab uns dieses Land, um hier zu jagen und Mais zu pflanzen, zu wohnen und zu ruhen, wenn wir gestorben sind.

Dieser Gedanke der Kontinuität des Lebens bestimmte die Haltung der meisten Stämme, wenn sie vor dem weißen Mann standen. Er war mehr als alles andere der Grund für den Widerstand gegen das Eindringen der Weißen in Stammesland. Das ist heute noch so wie vor einem Jahrhundert.

Chief Joseph, der berühmte Führer der Nez Percé, war so lange kein Feind der Weißen, bis sie auch in sein Tal eindrangen. Als er dann gegen sie kämpfte, dachte er an das Versprechen, das er seinem Vater gegeben hatte, als dieser im Sterben lag. Der alte Häuptling hatte damals zu seinem Sohn gesagt:

Mein Sohn, mein Körper kehrt jetzt zu Mutter Erde zurück, mein Geist wird bald bei seinem Häuptling, dem Großen Geist, sein. Wenn ich nicht mehr da bin, denke an dein Land. Du bist jetzt der Häuptling dieses Volkes. Sie sehen auf dich als den, der sie führt. Vergiß nie, daß dein Vater das Land nicht verkauft hat.

Halte dir die Ohren zu, wenn sie von dir verlangen, einen Vertrag zu unterschreiben, mit dem du die Heimat verkaufst. In ein paar Jahren werden hier überall Weiße sein. Sie haben auf dieses Land ein Auge geworfen. Mein Sohn, vergiß nie, was ich dir im Sterben gesagt habe. In diesem Land ruht der Leib deines Vaters. Verkaufe nie die Gebeine deines Vaters und deiner Mutter.

Tote Stammesmitglieder werden vom Land aufgenommen, denn das Universum ist eine Lebensgemeinschaft, in der alles seinen Platz hat. Dies ist eine der gemeinsamen Grundvorstellungen, die sich bei allen Indianerstämmen Nordamerikas wiederfinden.

Wenn man von einem Indianer sagen kann, daß er das vorwegnahm, was später D. H. Lawrence, Albert Camus und William Carlos Williams zum Ausdruck brachten, dann ist es in erster Linie Häuptling Seattle. In seiner Rede beim Vertragsabschluß von Medicine Creek im

Jahr 1854 wandte er sich mit folgenden Worten an die Christen, die jetzt die, wenn auch nur rechtliche Macht über das Land hatten:

> Für uns ist die Asche der Vorfahren heilig, und das Land, in dem sie ruhen, ist geheiligter Boden. Ihr seid weit weg von den Gräbern eurer Ahnen, aber es scheint euch gleichgültig zu sein …
>
> Eure Toten lieben euch nicht mehr und auch nicht das Land ihrer Geburt, wenn sie das Grab verlassen und hinter den Sternen wandeln. Sie sind schnell vergessen und kommen nie mehr zurück. Unsere Toten vergessen die herrliche Welt nicht, die ihnen das Leben gab …
>
> Jedes Stück dieses Bodens ist meinem Volk heilig. Jeder Hügel, jedes Tal, das ganze weite Land und jeder Hain ist durch traurige und glückliche Tage geheiligt, die längst entschwunden sind. Sogar der Staub, auf dem ihr jetzt steht, liebt unsere Spuren mehr als eure, denn in ihm ist viel von dem Blut unserer Ahnen, und unsere nackten Füße fühlen deren Liebe, wenn sie den Staub berühren. Selbst die kleinen Kinder, die hier lebten und sich einer kurzen schönen Zeit erfreuten, lieben die schwermütige Einsamkeit, und wenn der Abend kommt, grüßen sie die Schatten der Geister, die zurückgekehrt sind.
>
> Wenn der letzte rote Mann verschwunden und die Erinnerung an meinen Stamm bei den Weißen nur noch eine ferne Sage ist, wird es an diesen Ufern von den unsichtbaren Toten meines Stammes wimmeln. Auch wenn die Kinder eurer Kinder sich allein glauben auf dem Feld oder im Laden, auf der Landstraße oder im Schweigen der weglosen Wälder; sie werden nicht allein sein. In der Nacht, wenn es auf den Straßen eurer Städte und Dörfer still ist und ihr glaubt, sie seien verlassen, werden sie voll sein von den wiedergekehrten Scharen, die einmal dieses schöne Land bewohnten und immer noch lieben. Der weiße Mann wird nie allein sein.
>
> Er soll zu meinem Volk gerecht und freundlich sein, denn die Toten sind nicht machtlos. Sagte ich »die Toten«? Es gibt keinen Tod, nur einen Wechsel der Welten.

Daß Stammesreligionen keine Todesfurcht kennen, sondern im Tod die Bestätigung des Lebens sehen, zeigt folgende Cheyenne-Geschichte aus neuerer Zeit:

> Ein junger Mann namens Hugh Boyle wurde von den Cheyenne getötet, und die Weißen verlangten die Auslieferung der Mörder an die Justiz. Die Indianer versuchten, die Sache auf ihre Weise zu bereinigen, und boten für Boyles Tod Pferde als Bezahlung an. Sie boten viele Pferde und erhöhten deren Zahl jedesmal, wenn das Angebot abgelehnt wurde, bis sie praktisch bettelarm geworden wären, hätte die Gegenseite zugestimmt. Mit den Pferden wollten sie auch alle ihre Decken und andere Habseligkeiten wegge-

ben, aber die Weißen sagten, vergossenes Blut könne man nicht bezahlen. Die Mörder müßten ausgeliefert werden. Die Indianer konnten sie aber nicht ausliefern, denn dann stand ihnen der Tod bevor, der auch die Seele tötet. Der Strick, mit dem man die beiden aufhängen wollte, hätte nach ihrer Überzeugung der Seele den Weg aus dem Körper abgeschnürt, den sie beim letzten Atemzug verläßt, und dieses furchtbare Schicksal konnte man nicht zulassen. Die jungen Männer stritten ihr Verbrechen nicht ab und verteidigten sich auch nicht. Sie sagten, ein Cheyenne fürchte sich nicht zu sterben, er ließe sich aber nicht aufhängen. Head Chief und Young Mule würden den Weißen zeigen, wie ein Cheyenne stirbt.

Als Todestag wurde der 13. September 1890 festgesetzt. Der Indianeragent James A. Cooper hatte Militär angefordert, um die beiden Männer zu verhaften, und als eine berittene Truppe eintraf, teilten die Indianer mit, die Täter seien bereit zu sterben, aber nur mit den Waffen in den Händen. Sie wollten auf die Soldaten schießen, und diese sollten zurückschießen und sie töten. Der Vorschlag, der im Grunde eine Art Selbstmord bedeutete, war ungewöhnlich, wurde aber angenommen, um einen blutigen Konflikt zu vermeiden. Die jungen Männer gingen in der Zwischenzeit ihrer gewohnten Beschäftigung nach, waren guter Dinge und verbrachten viel Zeit mit Verwandtenbesuchen, um sich zu verabschieden. Am Abend vor dem Todestag gab es feierliche Tänze, und sie nahmen daran teil. Es gab für sie keinen Grund zu trauern, denn sie begegneten dem Tod als Krieger.

Am nächsten Morgen wurden sie vom Medizinmann gesalbt; sie bemalten und schmückten sich sorgfältig und zogen die besten Kleider an. Für den Ritt in den Tod suchten sie auch die besten Pferde aus, die später das Schicksal ihrer Herren teilten, denn dem Kugelregen, den man den Todeskandidaten entgegenschickte, entgingen auch sie nicht.

Die Agentur liegt auf einer Ebene, die zum Lame Deer River hin abschüssig wird. Auf einer Anhöhe am westlichen Rand der Ebene hatte sich der ganze Stamm versammelt, um zuzusehen, wie die jungen Männer den Weißen zeigten, wie ein Cheyenne stirbt. Neben dem Verwaltungsgebäude der Agentur standen die Soldaten und die Indianerpolizei.

Zur festgesetzten Zeit erschienen die beiden Männer auf einem Hügel im Nordosten; sie ritten schnell und sangen das Todeslied, und noch bevor sie unten angelangt waren, schossen sie auf die Indianerpolizei und die Soldaten. Das Feuer wurde sofort erwidert, aber keine Kugel der Kavalleristen traf. Ein Schütze von der Indianerpolizei machte es besser, und der eine Indianer brach mit seinem Pferd zusammen. Den anderen Mann traf keine Kugel, sein Leben schien gefeit zu sein. Er ritt singend und schießend an den Soldaten und der Polizei vorbei, und erst als er freiwillig umkehrte, wurde er endlich getroffen.

Den Cheyenne ging es zunächst um die Erhaltung von Leben, dann um die Wahrung der Menschenwürde. Der Tod, wie ihn die Weißen wollten, hätte dem Stamm Schande eingebracht und das religiöse Empfinden verletzt. Der Tod als Krieger ist aber kein Ruhm, der über das Grab hinausreicht wie bei den Germanen, die dafür mit einem nie aufhörenden Festmahl und schönen gefügigen Mädchen belohnt werden. Das Verhalten der Cheyenne war keine Vorbereitung auf ein unsterbliches Leben völlig anderer Art. Unsterblichkeit ist im Stammesleben ohne Bedeutung, aber es gibt auch keine Todesangst, in der man sich windet, sondern nur eine religiöse Gemeinschaft, die so stark ist, daß sie den Tod wie einen Feind verscheucht.

Typisch dafür ist das bei vielen Stämmen bekannte Ritual des Todesgesanges. Der Todesgesang war etwas Besonderes und wurde nur gesungen, wenn man den sicheren Tod vor Augen hatte. Oft verhöhnte man damit die Feinde, noch öfter war er Zusammenfassung und Abschluß des Lebens. Er war keine ekstatische Vorbereitung auf das Sterben, sondern die letzte Bejahung der persönlichen Existenz und der Unantastbarkeit der Person.

Einer der berühmtesten Todesgesänge war der von Satank, dem großen Häuptling der Kiowa, der nach einem Aufstand gegen die Armee gefesselt nach Texas gebracht wurde, wo er vor ein Gericht gestellt werden sollte. Als er sich die Fesseln abriß und einen Wärter erstach, sang er:

O Sonne, du bist ewig, aber wir Kaitsenko müssen sterben.
O Erde, du bist ewig, aber wir Kaitsenko müssen sterben.

Hier gibt es kein winselndes Sündenbekenntnis, keine eingebildeten Verfehlungen, die man bereut. Die nach menschlichen Maßstäben gemessenen Ereignisse des Lebens verblassen vor der Erkenntnis, daß das Endliche nur ein vom Menschen für die Dauer dieser Form der Existenz gezogenes Los ist.

Die »Fünf Zivilisierten Nationen« in Oklahoma hatten in den letzten Jahrzehnten des vorigen Jahrhunderts eigene Gerichtshöfe, und manchmal wurde ein Stammesmitglied zum Tode verurteilt. Dem Delinquenten wurde gesagt, wann und wo die Hinrichtung stattfand, dann wurde er freigelassen, um die letzten Tage bei Verwandten zu verbringen. Am Tag der Hinrichtung führte er die vorgeschriebenen Zeremonien aus, verabschiedete sich und erschien dann zur Hinrichtung. So war das bei den Stämmen üblich. Wie viele Christen, die vom Jenseits überzeugt sind, hätten sich wohl auch so verhalten?

In Verbindung mit dem Tod hatten die Stämme manchmal besondere Zeremonien. Die Lakota oder Sioux zum Beispiel hielten mit der Heiligen Pfeife die Seelen so lange fest, bis sie gereinigt waren und freigelassen werden konnten. Die Irokesen hielten am Neujahrstag eine Feier zum Gedenken der Toten des Jahres ab. Bei manchen Stämmen existierte eine vage Vorstellung von einem Land der Geister und der Milchstraße als dem Weg, über den die Seelen zogen. Aber nirgends gab es eine genaue Theorie über das Leben nach dem Tode, nur daß es ganz anders war als hier, glaubte niemand.

Daß abgeschiedene Geister in der Nähe bleiben konnten und wollten, um Unfug zu treiben, hielt man deshalb für möglich, weil sie sich manchmal den Stammesmitgliedern zeigten. Geistererscheinungen sind aber kein speziell indianischer Aberglaube, es gibt sie auch in der christlichen und übrigen Welt.

Bei der Gegenüberstellung der Todes- und Jenseitsvorstellungen von Stammesreligionen und Christentum stellt man zunächst fest, daß die christliche Vorstellung vom Leben nach dem Tode nicht unwesentlich von der griechischen Philosophie beeinflußt wurde. Oft ist es schwer zu sagen, was daran griechisch und was christlich ist.

Oscar Cullmann, ein bedeutender christlicher Denker, schrieb eine Untersuchung mit dem Titel »Unsterblichkeit der Seele oder Auferstehung der Toten« , wofür er von seinen Glaubensgenossen heftig angegriffen wurde, weil er darin düstere und defaitistische Gedanken über das Leben nach dem Tode ausspricht. Er trennt aber nur christliche und griechische Gedanken und zieht daraus Schlußfolgerungen. Generationen von christlichen Geistlichen haben mit diesem Gemisch von christlichen Vorstellungen und griechischer Philosophie in den landläufigen Predigten ihre Gemeinden teils beruhigt, teils wegen der spekulativen Risiken im Jenseits erschreckt.

Unsterblichkeit der Seele ist eine Idee der griechischen Philosophen, vor allem des Sokrates. Der Körper, der vergängliche Teil des Menschen, hindert die Seele, in das Reich des ewigen Seins zu gelangen, das für Sokrates und noch mehr für seinen Schüler Plato die wahre Welt jenseits der Welt der sinnlichen Wahrnehmung ist. Das rationale Streben nach der Erkenntnis der Welt der Ideen war die erhabenste Art, die Seele von den körperlichen Fesseln zu befreien. Cullmann weist in seinem Buch nachdrücklich darauf hin, daß für Sokrates der Tod ein willkommener Freund ist, für Jesus aber eine Erfahrung voller Angst und Schrecken. Cullmann meint, es läge in der Natur des Menschen, den Tod zu fürchten, und die rationale Anschauung der Griechen vom Ende der Lebensfunktionen sei nur wenigen Auserwählten zugänglich. Demgegenüber sei es ein völlig neuartiges, allen anderen Religionen fremdes Konzept, wenn im Christentum im Anschluß an die Auferstehung Christi allen Gläubigen die »Auferstehung des Fleisches«, also die Auferstehung der Seele mitsamt dem Körper und der individuellen Persönlichkeit, versprochen wird.

Die Stammesreligionen kümmern sich um keine derartigen Theorien, und wahrscheinlich würden sie beide Anschauungen für schlecht halten, da sie beide auf einer unsinnigen Trennung von Körper und Seele basieren. Wie Häuptling Seattle sagte: Der Tod ist nur ein Wechsel der Welten.

Christliche Friedhöfe sind ein sichtbarer Beweis für das Gemisch von christlichen und griechischen Gedanken, von Auferstehungsglauben und Unsterblichkeitshoffnung. Die Verwendung von Grab*steinen* deutet den Wunsch an, daß der Körper nicht zerfallen soll. Wasserdichte Särge zeugen noch deutlicher vom Glauben an die Auferstehung des Fleisches. Die Denkmäler für große Männer aber bedeuten, daß man bei der Nachwelt die Erinnerung an sie wachhalten will, um ihre großen Seelen zu ehren.

Lame Deer bemerkt in seiner Autobiographie, daß es auf den alten Indianerfriedhöfen nur Holztafeln gab, weil diese wie die Leichen zerfielen, wie es sein soll. Er wies auch auf den Gegensatz zu den Granitsteinen auf weißen Friedhöfen und die unterschiedliche Einstellung zum Tod hin. Bei den Indianern hatten alle Arten der Bestattung die Rückkehr des Körpers zur Erde zum Ziel.

Die Frage, ob auch Nichtweiße auf christlichen Friedhöfen begraben werden dürfen, hat in den USA immer wieder zu Konflikten geführt. Während des Krieges in Korea war Sergeant Rice, ein Winnebago, vor dem Feind gefallen, und seine Leiche wurde nach Sioux City, Iowa, überführt. Aber die guten Christen von Iowa erlaubten seine Bestattung auf dem weißen Friedhof nicht. Nach langem Hin und Her wurde er schließlich auf dem Nationalfriedhof in Arlington zur letzten Ruhe gebettet. Aus dieser und zahlreichen ähnlichen Geschichten muß man schließen, daß die christliche Religion Nichtweiße nicht miteingeschlossen hat, als sie ein Leben nach dem Tode versprach: Nichtweiße bleiben aus ihrem Himmel ausgeschlossen.

In der Haltung zum Tod gibt es in der westlichen Welt noch eine andere Verschrobenheit: Man vermeidet um jeden Preis, vom Tod zu sprechen. Versicherungsagenten empfehlen ihre Firma mit dem Hinweis: »Falls etwas passieren sollte.« Damit soll suggeriert werden, daß, abgesehen von einer völlig irrationalen und willkürlichen Handlung Gottes, der gute steuerzahlende Bürger ewig lebt. Warum fürchten die westlichen Völker den Tod so sehr, wenn die christliche Religion ihn besiegt hat und die Gläubigen die Wohltaten des Christentums jetzt schon seit zweitausend Jahren genießen? Arnold Toynbee nannte den Tod einmal etwas »gänzlich Unamerikanisches« und einen Übergriff auf das Recht des Individuums auf Leben, Freiheit und Streben nach Glück. Rollo May meint sogar, daß die intensive Beschäftigung der Amerikaner mit Sex ein Gegengewicht zur Endgültigkeit des Todes darstellen soll, und daß die Suche nach immer neuen sexuellen Freiheiten die Befreiung von der Todesangst zum Ziel hat.

Für den Stammesmenschen ist der Tod die Erfüllung seiner Bestimmung, sein Körper wird wieder Erde und trägt dazu bei, den ewigen Kreislauf zu erhalten. Für den Christen ist der Tod durch die Entfremdung von der Natur eine entsetzliche Gefahr. Er sieht ihn als Strafe seines Gottes, und oft schreit er im Angesicht des Todes: »Was habe ich getan?« Sein Pfarrer oder Geistlicher kann ihm nichts geben als die gnadenlose Logik seiner Theologie. Der Tod wird gefürchtet, verstanden wird er kaum.

Big Elk, ein Häuptling der Omaha, hielt im Jahre 1815 eine Rede am Grabe von Black Buffalo, einem Omaha-Bruder, und sagte:

> Seid nicht traurig. Unglück widerfährt auch den Weisesten und Besten. Der Tod kommt, und er kommt immer zur unrechten Zeit. Es ist ein Gebot des Großen Geistes, dem alle gehorchen müssen. Um Vergangenes und Unvermeidliches soll man nicht trauern.

Der Tod ist auch für die Menschen der Stammesreligionen etwas Trauriges, aber sie wissen, daß er zu jedem Menschen, zu jedem Volk kommt und daß er keine Willkür göttlichen Zorns ist. In der indianischen Gesellschaft wird die Trauer über den Verlust eines geliebten Menschen nicht zu einem persönlichen Gefühl der Schuld, Unzulänglichkeit oder Sündhaftigkeit, das den westlichen Menschen quält. Die Gemeinde rückt danach wieder zusammen und nimmt das gewohnte Leben auf, und obgleich Menschen einsam geworden sind, sind sie doch nicht allein.

11. Kapitel

Christentum und Persönlichkeit

Der westliche Mensch, besonders der Amerikaner, ist überzeugt, daß Religion die Persönlichkeit völlig verändert, sofern es sich um das Christentum handelt. Die Stammesreligionen behaupten das nicht von sich, aber man findet bei ihnen vieles, wovon Christen nur reden.

Der Grundstein für das heutige christliche Denken wurde bereits in der Frühzeit der Kirche gelegt. Die auf dem Boden der eschatologischen Hoffnungen der Juden entstandene Frühkirche drohte mit Verdammnis und Jüngstem Gericht, versprach aber auch Erlösung, wenn man die christliche Botschaft glaubte. Jesu Botschaft scheint vor allem eine Aufforderung an die Juden gewesen zu sein, Buße zu tun, damit der Messias kommen könne, um die Römer zu vertreiben und den jüdischen Staat wieder aufzurichten. Jesus und Johannes folgten damit den zelotischen jüdischen Sekten, die auf ein Eingreifen Gottes in die Menschheitsgeschichte warteten.

Die christliche Urgemeinde änderte die Botschaft und sagte, Jesus selbst sei der Messias gewesen, doch verkannt worden. Er käme aber in nächster Zukunft mit einer Engelschar wieder, um die Welt zu richten. Auch das wurde wieder umformuliert, als der bekehrte Paulus die Theorie von der universellen Erlösung durch Jesu Kreuzigung und Auferstehung aufstellte, nachdem Jesus ihm auf der Straße nach Damaskus erschienen war.

Auch der langlebigste Jünger erlebte das Weltende nicht, und wieder wurde die Lehre geändert, um die Erklärung hierfür zu liefern und die Auflösung der Gemeinde zu verhindern. Eine Erklärung war, daß noch nicht alle Völker die Botschaft von Jesu Erlösertod erfahren hatten, eine andere, daß Jesus die Absicht gehabt hatte, eine Kirche zu gründen und deren Vertretern so lange übernatürliche Kräfte zu verleihen, bis er sich zur Rückkehr entschloß. In einer noch besseren Erklärung hieß es, die Menschen sollten Gott nicht ins Handwerk pfuschen und nicht immer wieder herauszufinden versuchen, wann das Weltende kommt. Sie hätten zu warten und sich in der Zwischenzeit anständig zu benehmen. Das waren eindeutig Anpassungen an Entwicklungen in der Urgemeinde, und sie entsprangen nicht etwa einem reifen oder gar logischen Denken der Gläubigen.

Die Aufforderung von Jesus und Johannes an die Juden, Buße zu tun, damit der Messias die Römer vertreiben und die Souveränität wieder herstellen könnte, bedeutete praktisch nicht mehr als ein kurzfristiges Übertreten der Juden von einer Sekte in die andere vor dem Nahen der letzten Tage. Eine neue Weltanschauung war damit nicht verbunden. Die Juden sollten ihren Nationalstolz wiederfinden und sich vereinigen, bevor es zum Gericht über die Völker der Welt kam. Aus den Schriftrollen vom Toten Meer weiß man, daß es damals in Palästina eine Unmenge Sekten gab, und viele von ihnen erwarteten eine kriegerische Intervention Gottes zugunsten der Juden. In dieser Beziehung war der Geistertanz der Indianer im letzten Jahrzehnt des vorigen Jahrhunderts ähnlich: Auch er war eine Erwartung göttlicher Intervention.

Durch die theologischen Spekulationen von Paulus verbreitete sich das Christentum wider eigenes Erwarten weit über den Ort seines Ursprungs hinaus. Paulus sah Jesus als kosmischen Christus, den gehorsamen Sohn Gottes und das Sühneopfer für Adams Ungehorsam, der für ihn ein historisches Faktum war. Er glaubte an die Erbsünde, weil er mit seiner Lehre von der kosmischen Sühne die Lösung dafür gefunden hatte. Aber selbst er wartete auf das bevorstehende Weltende und ermahnte seine Gemeinden ständig, bis dahin einen gerechten Lebenswandel zu führen.

Aus einem Gemisch von Buße, Bekehrung, Bekenntnis, Erlösung, Vergebung und ewigem Leben wurde allmählich ein sektengerechtes Modell der Persönlichkeit aufgebaut. Sämtliche möglichen Verhaltensweisen wurden in ein System guter oder sündiger Taten eingepaßt und mit entsprechenden, von der organisierten Sekte verhängten Bußen belegt. Sünde wurde weiter unterteilt nach Erbsünde, Todsünde und läßlicher Sünde, wobei manche Sekten inzwischen noch andere Unterscheidungen haben.

In dem Maße, in dem das Christentum die Herrschaft über das politische Leben in Europa und der westlichen Welt erlangte, entwickelte sich auch der Einfluß seines Persönlichkeitsmodells, und obgleich in neuerer Zeit die Kirche an Bedeutung verloren hat, blieb dieses Modell bestehen, besonders im Bereich der Religion. Predigen und Lehren, wie von Johannes und Jesus gefordert und von Paulus nachdrücklich betont, bilden die Grundlage der Religionsausübung. Ebenso wie man seit römischer Zeit die Predigt für den Schlüssel zum Seelenheil des Menschen hält, betrachtet man ihr weltliches Gegenstück, die Erziehung, als Allheilmittel für alle sozialen Mißstände.

Nachdem sich das christliche Persönlichkeitsmodell von seiner zeitbedingten theologischen Basis gelöst hatte, entstanden daraus die Grundeinstellungen des westlichen Menschen gegenüber dieser und der zukünftigen Welt und gegenüber den Institutionen dieser Welt. Auch andere Religionen wurden zu ihrem Nachteil im Lichte dieser Kategorien erklärt und beurteilt.

Die große Zahl der Sekten macht es allerdings so gut wie unmöglich, daß Christen sich über die Bedeutung ihrer verschiedenen Lehren einig werden. Bekehrung zum Beispiel kann eine Art Wunder sein und sofortige Erlösung des Bekehrten bedeuten, sie kann aber auch nur der Anfang eines christlichen Lebenswandels sein, wie er von der jeweiligen Sekte verstanden wird. Die Taufe kann so etwas wie eine magische Reinigung von Erb- und anderen Sünden sein, aber auch nicht mehr als den Eintritt in eine religiöse Gemeinde bedeuten. Es ist unmöglich zu sagen, welche Auslegung die richtige ist, denn es ist ja gerade die Uneinigkeit darüber, die zur Gründung der vielen Sekten geführt hat.

Was einen Christen im besonderen von anderen Menschen unterscheidet, ist schwer zu entscheiden. Wenn man sich die Führungszeugnisse von Christen und christlichen Völkern ansieht, wird man nicht so beeindruckt, daß man ernsthaft den Wunsch haben könnte, ein Christ zu werden. Von Papst bis Bettler, von Protestant bis Katholik, von Konstantinopel bis zu den Vereinigten Staaten gibt es Greuel, Irrtümer, Verfolgung, Völkermord und Unterdrückung in einem solchen Übermaß, daß in den Herzen und Köpfen der nichtchristlichen Völker nackte Angst herrscht.

Erschreckend ist auch der fast ununterbrochene Krieg zwischen den Christen selbst. Ketzerjagd und religiöse Verfolgung haben in der christlichen Geschichte einen festen Platz als Grundelemente religiösen Lebens. Die ersten Siedlungen an der nordamerikanischen Ostküste wurden von Menschen errichtet, die vor religiöser Verfolgung geflohen waren, und die eingeborene Bevölkerung wiederum wurde von den Siedlern verfolgt, auch wenn sie bekehrt war.

Diese Religion hat der Welt keinen Frieden gebracht, aber viele Christen haben darauf die Antwort, daß diejenigen, welche die Sünden begingen, die die Seiten der Weltgeschichte füllen, keine echten Christen waren. Wenn wir alle die abziehen, die in der westlichen Welt kriminelle Handlungen begangen haben, bleibt nur noch ein sehr kleiner Rest von echten Christen übrig. Aber warum schwiegen diese, als die vielen Untaten im Namen ihrer Religion begangen wurden? Auf diese Frage gibt es anscheinend keine Antwort, wenn wir nicht annehmen wollen, daß es seit den ersten Tagen dieser Religion überhaupt keine wahren und überzeugenden Christen gegeben hat. Dann aber ist die Behauptung von der Fähigkeit des Christentums, des Menschen Herz und Geist zu ändern, eine gigantische Lüge, die von Unbekannten zu einem unbekannten Zweck in die Welt gesetzt wurde.

Wir wollen einmal versuchen, christliche Geschichte so zu akzeptieren, wie sie ist, ihre Wirkung zu verstehen, wie sie sie selbst versteht, und die Religion so zu sehen, wie sie es haben will. Viele moderne Christen würden wahrscheinlich das Christentum als Herstellung einer persönlichen Beziehung zu Gott definieren, die darauf beruht, daß Jesus, der jüdische Zimmermann aus dem ersten Jahrhundert, Gottes Sohn war. Aber was bedeutet diese Definition in bezug auf menschliches Verhalten? Sobald ein Christ sich grundsätzlich zu dieser Definition bekannt hat, wird ihm – je nach der Kirche, der er beitritt – die sofortige oder baldige Erlösung garantiert. Man erwartet von ihm nur noch eine christliche Lebensführung, die sich weitgehend dem Moralkodex der betreffenden Gesellschaft anpaßt.

Von manchen Kirchen oder Sekten wird also gleich nach der Bekehrung das ewige Leben garantiert. Andere wiederum sagen, daß die Bekehrung die absolute Freiheit des Individuums gewährleiste, aber seltsamerweise wird diese Freiheit sofort genau festgelegten Regeln und Vorschriften unterworfen. In praktisch jeder Sekte und Kirche des Christentums wird nach der Bekehrung der menschliche Wille gedrillt und muß sich nach dem Kriterium der guten und bösen Werke auf einen Verhaltensstandard einstellen. Inwieweit die Religion selbst mehr ist als nur ein Verhaltensstandard in einem äußerlichen Sinne, ist sehr fraglich.

Bei alledem ist das Christentum völlig vom kulturellen Kontext, in dem es existiert, abhängig. Es versucht zwar, Kulturen zu beherrschen, und eine Weile gelingt ihm das auch, aber am Ende wird es selbst das Opfer einer Kultur. Lange Zeit vermieden die Christen jede Einmischung in die Politik und gehörten zu den meistverfolgten Menschen in der römischen Welt. Die christliche Botschaft legte damals besonderen Wert darauf, daß das Reich »nicht von dieser Welt« sei. Später, als man die politischen Schwächen in Europa herausgefunden hatte, änderte sich die Einstellung, und man betonte nun, daß Christus dem Papst als seinem Statthalter auf Erden die absolute Macht über das Leben der Menschen gegeben habe. Kein König und kein Kaiser konnten ohne die Zustimmung des Papstes gekrönt werden.

Da Paulus die baldige Rückkehr Jesu erwartete, riet er den Bekehrten von der Ehe ab, gab aber bald nach, weil das Zusammenleben ohne Gottes Segen eine noch größere Sünde war. Damit wurde die Ehe zu einem Sakrament der Kirche und die Einehe Bestandteil der europäischen Kultur. Man hielt sie für ein christliches Ideal, mit dem kirchlichen Segen als unauflöslich besiegelt, und Scheidung war Sünde und schloß vom Abendmahl aus.

In letzter Zeit kommt man in Amerika und in Europa zu einem besseren Verständnis der menschlichen Grundbedürfnisse, und die Ansichten über die Scheidung haben sich geändert. Man runzelt zwar immer noch die Stirn, aber die Falten sind längst nicht mehr so tief. Zweite, dritte und vierte Ehen erhalten oft den Segen der Kirche, und selbst die Auflösung einer Ehe zwischen angesehenen Mitgliedern der katholischen Kirche ist heute durchaus nicht mehr selten.

Körperliche Liebe war einmal eine Sünde und nur zum Zweck der Fortpflanzung erlaubt. Heute befürworten viele Geistliche mehr sexuelle Freiheit, und Liebe ohne Ehe ist für sie nicht die Todsünde mehr, die sie früher immer war. Selbst Homosexualität, einst die größte Schande für Christen, wird heute von manchen Geistlichen als Ausdruck menschlicher Bedürfnisse angesehen, und allmählich verblaßt dieser Schandfleck selbst für Kirchenleute, für die er offiziell noch eine Sünde ist.

Armut war einmal eine christliche Tugend, denn sie zeugte von Verachtung der materiellen Werte dieser Welt und der Vorbereitung auf das Leben im Jenseits. In den Jahrhunderten nach der Reformation wurde Armut ein Zeichen von Sünde, Faulheit und anderen Untugenden. Die Redewendung »armer, *aber* ehrlicher Mann« zeigt, daß ein Armer normalerweise als unehrenhaft galt, weil Gott sich weigerte, seine Arbeit zu segnen. In den heutigen christlichen Überflußgesellschaften sehen die Wohlhabenden ihren Reichtum als einen Segen Gottes an. Gott ist zufrieden, wenn die Besitzenden gute »Verwalter« ihres Besitzes sind, das heißt, wenn sie der Kirche den Zehnten in Form von Kirchensteuer und Spenden zukommen lassen.

Diese und viele andere Beispiele zeigen erstens, daß der menschliche Wille, der auf christliches Verhalten gedrillt ist, zugleich von den kulturellen Vorstellungen der Gesellschaft bestimmt wird, zu der der Christ gehört. Ändern sich diese Vorstellungen, ändern sich auch die Lehren der Kirche. Es ist also unmöglich zu sagen, wie christliches Verhalten wirklich aussieht.

Zweitens sehen wir, daß Bekehrung und christliche Lebensführung eine persönliche Angelegenheit sind. Der Mensch schlägt diejenige religiöse Richtung ein, die ihm zusagt. Es hat schon Bekehrte gegeben, die einer bestimmten Kirche oder Sekte beitraten, weil sie dadurch soziale, politische oder wirtschaftliche Vorteile hatten. In allen praktischen Belangen ist das Christentum eine Religion, die fast ausschließlich von der Kultur bestimmt wird, in der sie existiert und in die sie nur ein paar ihrer Vorstellungen und das passende Geschichtsverständnis mit einbringt. In der Praxis beugt sie sich schnell den dort vorherrschenden Strömungen, und der einzelne Christ ist gezwungen, einem Kurs zu folgen, den er für äußerste Religiosität hält, der aber im römisch beherrschten Palästina völlig fremd gewesen wäre.

Weil es im Christentum angeblich persönliche Freiheit gibt, ist der Mensch Sieger und Besiegter zugleich. Er ist zwar verantwortlich für seine eigenen Werturteile und Handlungen, aber letzten Endes doch nur ein armer Sünder in Gottes Hand. Ambrose Bierce definierte den Christen einmal als einen Menschen, der den christlichen Lehren insoweit folgt, als sie mit einem sündigen Leben vereinbar sind. Er hatte die Praxis der christlichen Religion offenbar richtig eingeschätzt.

Wir leiden heute unter den Auswirkungen eines zweitausendjährigen christlichen Individualismus. Die sozialen Probleme werden immer größer, und für keines von ihnen ist eine Lösung in Sicht. In den Vereinigten Staaten gibt es eine Menge frommer Christen, und die Amerikaner haben vor ein paar Jahren einen langen Krieg in Asien beendet, der in erster Linie aus politischen Erwägungen von zwei Präsidenten in die Länge gezogen wurde, die beide überzeugte Christen waren. Zumindest haben prominente Vertreter des Christentums wie Dr. Billy Graham sie nicht als Antichristen oder Nichtchristen zur Rechenschaft dafür gezogen, daß sie sinnlos Menschenleben vergeudeten.

Das Ansteigen von Geisteskrankheiten, Mord und Brutalität, sozialer Unruhe und Krawallen zeigt auch, daß grundsätzlich etwas im argen liegt. Die wachsende Zahl von Psychologen und Psychoanalytikern sowie die steigende Beliebtheit von Gruppentherapie, Psychodrama usw. sind ein Zeichen dafür, wie man auf andere Weise versucht, die Probleme des modernen Menschen zu lösen. Selbst wenn das Christentum das Individuum retten könnte – aber die Überzeugung, daß es das kann, schwindet immer mehr –, dann erweist es sich da, wo es um Gesellschaften oder jede größere menschliche Gemeinschaft geht, als Fehlschlag.

Die christlichen Lehren verlangten, daß der einzelne Mensch im Vakuum vor einem Gott steht, der seinem Wesen nach zornig ist. Alle Überlegungen, die er durch die Erfahrung mit dem täglichen Leben und seiner Umgebung anstellen muß, werden als Faktor der religiösen Erfahrung verneint und für ungültig erklärt. Er muß dann die göttliche Erlösertat als Faktum akzeptieren, aus dem sich für ihn eine Gehorsamspflicht in den Dingen des alltäglichen Lebens ergibt. Man erwartet von ihm, daß er in jeder Situation in Übereinstimmung mit göttlichen Zielen handelt, die ihm unklar oder dunkel sind.

Gibt es einen Menschen, der ohne sein Volk, seine Sprache, seine Familie, seine Kultur, seine Weltanschauung und herausgelöst aus seiner Gegenwart existieren könnte? Protestantische Theologen bejahen das. »Sünder in der Hand des zornigen Gottes« ist ein bezeichnender Ausdruck von Predigern dieser Denkweise und einer Reihe moderner Evangelisten, die ihre Kreuzzüge mit Hymnen, zornigen Predigten, Drohungen mit dem Jüngsten Gericht, sanften Worten des Trostes und Massenpsychologie führen, um die Widerspenstigen unter Furcht und Zittern in die Knie zu zwingen. Ohne das Aufrühren von Emotionen und ohne Angst und Bangen zu verbreiten, um die Erlösung aus diesem Zustand versprechen zu können, sind sie machtlos. Sie treiben den Menschen in künstliche Verzweiflung, um ihre Version von Christentum glaubhaft zu machen. Sie sind völlig unbrauchbar bei der Lösung sozialer Fragen, bei der Arbeit in den Gemeinden und kümmern sich auch nicht um die Problematik des einzelnen.

In den Stammesreligionen gibt es keine von der Gemeinschaft getrennte Erlösung; es gibt auch keine abweichenden Lehren, und Ketzerei ist unbekannt. Theologie ist eine gemeinsame Erfahrung ohne Abstraktion oder Festlegung von Prinzipien. Jede menschliche Erfahrung ist religiös und zeugt vom Sinn des Lebens. Bräuche, die sich für das Leben miteinander als gut erwiesen haben, werden beibehalten. Vorgefaßte Verhaltensmodelle gibt es nicht, und die Vorstellung von angeborener Sündhaftigkeit ist unmöglich. Der einzelne wird nach seiner Anteilnahme am Leben der Gemeinde beurteilt.

Daß ein Individuum für sich allein besteht, erscheint in der Stammesreligion unsinnig, denn der Stammesmensch erhält seine Identität erst aus der Komplexität des Stammeslebens und der gegenseitigen Abhängigkeit seiner Mitglieder. Aber dieser Stammesmensch ist es, der auf Widerstand stößt, wenn Indianer und Weiße sich begegnen. Harvey Cox bemerkt in *The Secular City*: »Der Stammesmensch hat kaum ein eigenes Ich. Er lebt nicht nur in seinem Stamm, der Stamm lebt vielmehr in ihm. Er ist der subjektive Ausdruck des Stammes.« Und weiter: »Die Stammesnaivität muß ganz entschieden ausgemerzt und jeder ein Bürger im Land der zerbrochenen Symbole werden.« Wenn Menschen und Religionen anders sind, müssen sie verschwinden.

In den Stammesreligionen gibt es keine persönliche Beziehung zu einem Erlöser. Geistig überragende Menschen und die Helden der Vergangenheit sind für die ganze Gemeinde repräsentativ. Klassische Gestalten wie Deganiwidah, Sweet Medicine, Black Elk, Smohalla und selbst Wovoka sind kein Gegenstand besonderer Verehrung um ihrer selbst oder ihrer Fortwirkung willen. Die Offenbarung, die zur Gründung der Stammesgemeinde führte oder ihr die heilige Pfeife, die heiligen Pfeile oder den heiligen Kopfschmuck gab, ist eine Stammesangelegenheit, niemand nimmt ein besonderes Recht für sich in Anspruch.

Einer Stammesreligion kann man nicht »beitreten«, und kein Stammesmitglied kümmert sich darum, ob Außenstehende an ihre Riten glauben. Es gibt keine religiösen Verhaltensvorschriften außerhalb der Zeremonien. Stammessitten und religiöse Verpflichtungen in der Gemeinschaft sind praktisch dasselbe, und das gleichzeitige Befolgen widersprüchlicher Wertsysteme ist unmöglich. Man vergleiche dies mit Richard Nixons Widerstand gegen die Abtreibung, den er mit christlicher Achtung vor dem Leben begründete, und seine Fortsetzung des Krieges in Vietnam, wo Tausende von Menschen sterben mußten, weil er nicht »der erste amerikanische Präsident« sein wollte, »der einen Krieg verlor«.

Die Befürchtungen von Harvey Cox und anderen in bezug auf einen Mangel an Persönlichkeit bei den Stämmen sind allerdings unbegründet. Ein Brauch von größter Bedeutung zum Beispiel ist die Namensgebung. Indianische Namen sagen immer etwas über ihren Träger aus, sie zeugen von mutigen Taten, seltenen Begabungen und körperlichen Merkmalen oder ungewöhnlichen religiösen Erfahrungen. Im Gegensatz dazu bedeutet der Name Harvey Cox nicht mehr, als daß in einer nicht feststellbaren Zahl von Generationen jedes männliche Mitglied Cox hieß und daß Harveys Eltern zufällig seinen Vornamen mochten. Solch ein Name sagt nichts über die Persönlichkeit aus und ist nur eine Herkunftsbezeichnung.

Natürlich gibt es in den Stammesreligionen auch eine individuelle Dimension. Das Suchen von Visionen zeigt, daß der einzelne immer bereit sein muß, vom Großen Mysterium als heiliger Mann, als großer Krieger oder sonst etwas auserwählt zu werden. Die Suche kann ergebnislos verlaufen und große Entbehrungen und schwere persönliche Opfer verlangen, aber kein wutschnaubender, tobender Prediger droht mit ewigem Höllenfeuer und Verdammnis, wenn sie vergebens war.

Die Stammesreligion gibt dem einzelnen darüber hinaus einen Bezugsrahmen für alle Phasen und Stadien seiner Lebenserfahrung. Die Irokesen und Cherokee zum Beispiel hatten ein hochentwickeltes System der Traumdeutung. Alle Stammesreligionen bejahen den religiösen Charakter von Träumen und geben dem einzelnen Hilfen zu ihrem Verständnis. Die westliche Psychoanalyse hingegen kommt erst heute zu einem Verständnis der Welt der Träume und sieht darin einen

Indikator für die seelische Gesundheit des einzelnen. Die christliche Theologie aber hat bis heute noch nicht einmal versucht, Träume zu verstehen, obgleich Altes und Neues Testament von Träumen berichten (zumindest bei Matthäus spielen Träume eine wichtige Rolle als Bestandteil religiöser Erfahrung).

Der Wert des Individuums wurde auch auf andere Weise in den Stammesreligionen anerkannt. Die Besitzer heiliger Bündel zum Beispiel wurden nach ihren persönlichen Eigenschaften ausgewählt. Wenn man sie für würdig befand, wurden sie in Stammesgeheimnisse eingeweiht. Das Amt eines Priesters oder Medizinmanns wurde erst dann verliehen, wenn jemand seine persönliche charakterliche Integrität nachgewiesen hatte. Ausgewählt wurde er von Männern und Frauen, die für religiöse Aufgaben die Verantwortung hatten. Es gab also keine Berufswahl nach oberflächlichen Gesichtspunkten, wie häufig in der christlichen Kirche.

In der Stammesgemeinde lebte jeder mit jedem und für jeden an seinem Platz. Im Christentum gibt es das Einzelwesen, das sich alle sieben Tage mit anderen trifft, woraus die »Kirche« entstand, die bestimmt, was Religion ist und wie man ihr zu gehorchen hat. Da jedes Individuum seine persönliche Beziehung zu Gott hat, steht die Gemeinde immer auf schwankendem Boden, und die Lehren müssen ständig geändert und angepaßt werden, um die Gläubigen anzuziehen. Sobald aber zwei rechthaberische Individuen aneinandergeraten, kommt es zur Auseinandersetzung über Lehrfragen und zur Zersplitterung.

Die westlich-christliche Anschauung von Religion wird von den Indianern völlig abgelehnt. Als man Red Cloud sagte, er müsse wie der weiße Mann werden, antwortete er:

> Ihr seid hier fremd und kümmert euch nicht um die Weisheit eurer Väter. Ihr habt viel zu essen und vergeßt die Hungrigen. Wenn euer Haus fertig ist, eure Speicher voll sind, seht ihr auf den Nachbarn und das, was er hat, und wartet darauf, daß ihr es ihm wegnehmen könnt.

Als man in Kanada Sitting Bull fragte, warum er sich nicht ergeben wolle, um in den Vereinigten Staaten in einem Reservat zu leben, sagte er:

> Weil ich ein roter Mann bin. Wenn der Große Geist gewollt hätte, daß ich ein

Weißer bin, hätte er mich als Weißen erschaffen. Er hat es so gemacht, daß in euren Herzen andere Wünsche und Pläne sind als in meinem. Vor ihm ist jeder Mensch gut, so wie er ist. Adler sollen keine Krähen sein.

Chief Joseph kam einmal mit einer Kommission der Vereinigten Staaten zusammen, die verlangte, die Nez Percé sollten das Wallowa-Tal in Oregon abgeben. Er wurde dabei gefragt, warum die Nez Percé keine Missionare duldeten. Joseph antwortete:

Von ihnen lernen wir nur, über Gott zu streiten, wie es die Katholiken und Protestanten in dem Nez-Percé-Reservat (in Idaho) und anderswo tun. Wir wollen das nicht. Wir streiten uns manchmal um Dinge dieser Erde, aber nie über den Großen Geist. Das wollen wir nicht lernen.

Ein Häuptling der Delawaren empörte sich über das Massaker von Gnadenhütten, wo im Jahre 1782 neunzig christliche Indianer durch Weiße ermordet wurden, weil zwei Indianer, die nicht zu ihnen gehörten, einige Meilen entfernt einen weißen Mann verletzt hatten:

Und trotzdem erzählt der weiße Mann uns immer wieder von dem großen Buch, das Gott ihm gegeben hat. Sie reden uns ein, daß jeder schlecht ist, der nicht an das Buch glaubt. Sie erzählen uns viel und behaupten, das stünde alles in dem Buch, und wollen, daß wir das glauben. Wir hätten das wahrscheinlich getan, wenn wir gesehen hätten, daß sie das, was sie glauben, auch selber tun. Aber nein! Während sie das dicke Buch in der einen Hand hielten, hielten sie in der anderen die Mordwaffen – Gewehre und Schwerter, um uns arme Indianer zu töten. Ja, das taten sie. Sie ermordeten die, die an das Buch glaubten, genauso wie die, die nicht daran glaubten. Sie machten keinen Unterschied.

Old Tassel, der berühmte Führer der Cherokee im achtzehnten Jahrhundert, äußerte sich zum ständigen Drängen der Weißen, die Cherokee sollten die weiße Zivilisation annehmen:

Es ist oft und viel darüber gesprochen worden, daß das, was ihr Zivilisation nennt, den Indianern fehlt. Man hat uns oft vorgeschlagen, eure Gesetze, eure Religion, eure Art zu leben und eure Sitten anzunehmen. Wir wissen nicht, wozu das gut sein soll. Wir sähen es aber gerne, wenn ihr euch danach richten und leben und nicht nur davon reden und in euren Zeitungen darüber schreiben würdet.

Red Jacket, der große Redner der Seneca, kam einmal mit einem jungen Missionar namens Cram zusammen, der von der Evangelischen Missionsgesellschaft von Massachusetts zu ihm geschickt worden war.

Er antwortete auf Crams Aufforderung, das Christentum anzunehmen, in einer Weise, die die Haltung gegen die Attacken der Missionare eindeutig zeigt:

> Bruder, wir verstehen das alles nicht. Ihr sagt, eure Religion wurde euren Vorfahren gegeben und vom Vater auf den Sohn vererbt. Wir haben doch auch eine Religion, die unseren Vorfahren gegeben wurde und die wir, ihre Nachkommen, übernommen haben. Wir haben unsere Art zu beten, unsere Religion gebietet uns, für alles, was wir bekommen, dankbar zu sein. Wir sollen uns lieben und untereinander einig sein. Wir streiten nie über Religion, denn sie verbindet uns mit dem Großen Geist.
>
> Bruder, du hast den Weißen hier auch gepredigt. Sie sind unsere Nachbarn. Wir kennen sie. Wir wollen warten und sehen, wie deine Predigt auf sie gewirkt hat. Wenn sie davon gut und ehrlich geworden sind und nicht mehr so oft die Indianer betrügen, werden wir über das, was du zu uns gesagt hast, noch einmal sprechen.

Ernest Thompson Seton faßte eine Reihe von Zitaten über das religiöse Verhalten der Indianer in einer Schrift mit dem Titel *The Gospel of the Red Man – An Indian Bible* zusammen. Es ist eine stark idealisierende Sammlung, aber ein Zitat ist so typisch, daß es hier wiedergegeben werden soll, um zu zeigen, was die Stammesreligion bewirkte, wenn es um die vom Schicksal Benachteiligten ging. Seton zitiert seinen Führer Tom Newcomb, der ihn in den Jahren 1912 und 1914 in den Westen begleitete:

> Ich sage euch, daß ich nirgendwo soviel Menschenfreundlichkeit und echtes Christentum gesehen habe. Die Armen, Kranken und Alten, die Witwen und Waisen hatten immer und überall den Vorzug. Wenn das Lager wegzog, wurden die Zelte der Witwen zuerst abgebrochen und später zuerst wieder aufgestellt. Nach jeder Jagd wurde ein großes Stück Fleisch vor jede Tür gelegt, wo es am nötigsten war. Ich wurde wie ein Bruder behandelt. Ich sage euch nochmals, daß ich nie eine Gemeinde sah, die so echt christlich war wie diese Indianer.

Von allen christlichen Sekten kommen diesem Verhalten vielleicht die Amish im Mittelwesten der USA am nächsten. Kaum eine christliche Gemeinschaft hat so wenig Kriminalität, Arbeitsunwillige, Alkoholiker und zerstörtes Familienleben wie sie. Sie gewannen zu ihrem Land eine Beziehung, hielten in der gewohnten Umgebung immer fest zusammen und hingen an ihren Sitten und Gebräuchen mit einer Zähigkeit, die den Außenstehenden verblüfft, ihnen selbst aber die gleichen Schwierigkeiten mit den Behörden einbringt wie anderen Minderheiten Amerikas auch. Daß die Amish ihre Religion in die Tat umsetzen, liegt nicht so sehr an der Religion selbst als vielmehr daran, daß Land, Menschen und Religion bei ihnen ein Ganzes sind. Religion muß eine Beziehung zum Land haben, sie muß der dominierende oder strukturierende Faktor in einer Kultur sein, sie darf nicht vom Land und der Stammesgemeinschaft getrennt und von der Zivilisation bestimmt werden.

12. Kapitel

Kirche und Gemeinde

Zu einer Religion gehört eine Gemeinde. Das Christentum sieht heute aber Religion und religiöse Erfahrung als eine ganz persönliche, individuelle Angelegenheit. In Amerika gibt es seit Jahren auf dem rechten Flügel des Christentums die Jesus-Bewegung, die unter Ausschluß aller Gemeinschaft allein auf persönlicher Basis »mit Gott ins reine« kommen will. Damit steht sie im krassen Gegensatz zu der anderen Richtung, die der Zugehörigkeit zur Kirche als einer Gemeinde von Erlösten und Halb-Erlösten einen hohen Wert beimißt.

Was eine religiöse Gemeinde ist, geht schon aus dem Alten Testament hervor. Nach der Flucht aus Ägypten und dem Zug durch die Wüste waren die Hebräer überzeugt, als auserwähltes Volk Gottes eine Gemeinde zu bilden aufgrund einer langen Kette gemeinsamer Erfahrungen. Es ist auch durchaus verständlich, daß das Überleben einer furchtbaren Naturkatastrophe ein Volk auf den Gedanken bringen kann, von Gott auserwählt zu sein, seine Interessen hier auf der Erde zu vertreten.

Selbst die Sittenlehren der späteren Propheten dehnten diese Vorstellung vom auserwählten Volk nicht über die ethnischen Grenzen hinaus aus. Jesaja und Jeremia sahen Israel zwar als ein Volk, das anderen Völkern ein Beispiel sein sollte, aber mit dem universalen ethischen Humanismus des säkularen Judentums hatten sie noch nichts zu tun. Missionare gab es nicht, denn es gab keinen Grund, Nichthebräer zu bekehren. In den Jahrhunderten vor dem Christentum bewegte sich die Gottesvorstellung in geographisch engen Grenzen.

Eine völlig andere Entwicklung nahm der Begriff der Gemeinde im frühen Christentum, dessen Gott keine zeitliche, räumliche oder ethnische Heimat mehr hatte. Die Frühkirche verstand sich ausdrücklich als der »unsichtbare Körper Christi«, von dem keiner genau wußte – und bis zum Jüngsten Tag auch nicht wissen wollte –, wer eigentlich alles dazugehörte.

Bis zum Ende des ersten christlichen Jahrtausends hatte sich dann die kirchliche Hierarchie als Beherrscherin Europas fest etabliert. Sie verflocht geschickt eine angeblich von Gott verliehene Autorität mit dem Ehrgeiz der aufstrebenden politischen Führer Europas und deren Wunsch nach göttlicher Bestätigung ihrer Macht. So gelang es ihr, sich innerhalb des den Kontinent beherrschenden Feudalsystems eine bevorzugte Stellung zu verschaffen.

Die höchste Instanz kirchlicher Macht war der Papst. Von ihm sagte man, Gott hätte ihm die Regierungen der Welt unterstellt. Nur der war rechtmäßiger Beherrscher eines Volkes, den der Papst anerkannt hatte, und im Geist sieht man so bekannte Bilder wie Heinrich IV. in Canossa, im Schnee kniend und den Papst um Vergebung anflehend, weil er sich herausgenommen hatte, ohne den Segen des Heiligen Vaters das Römische Reich als sein Erbe zu beanspruchen. In Europa war die christliche Kirche die erste offene Verschwörung.

Mit der protestantischen Reformation wurde die Kirche in zahlreiche Nationalkirchen aufgesplittert, von denen jede von sich behauptete, das alleinige rechte Verständnis der christlichen Lehren zu besitzen. Immer noch wurde betont, daß die Kirche und die Gemeinde der Christen den unsichtbaren Körper Christi darstelle, aber als sichtbare Organisation beherrschte sie eindeutig das Leben der Menschen. Sie nahm sich das Recht, göttliche Befehle zu erteilen, und unter Mißachtung der religiösen Erfahrung des einzelnen verlangte sie blinden Gehorsam.

In Amerika haben wir heute eine fast fünfhundertjährige organisierte Beherrschung des religiösen Lebens durch die Kirche. Die Mehrzahl der Kirchen und Sekten vergeudet ihre Kraft damit, die verschiedensten Sonderlehren innerhalb organisierter Gruppen durchzusetzen und am Leben zu erhalten. Da jede Richtung von sich behauptet, der Körper Christi zu sein, ist das moderne Christentum ziemlich mißgestaltet, wenn es überhaupt eine Gestalt hat.

Im Hinblick auf die offensichtliche Uneinigkeit kann der Anspruch der christlichen Religion auf Glaubwürdigkeit nur durch Rückkehr zu den Vorstellungen der Urkirche aufrechterhalten werden, wonach die eigentliche Kirche unsichtbar ist. Es ist demnach unmöglich, mit christlichen Begriffen auszudrücken, was eine Gemeinde ist, weil es eine sichtbare Gemeinde nicht gibt und nicht geben kann. Jede Kritik an einer bestimmten Konfession oder Sekte wird damit zurückgewiesen, daß das ja nicht die Kirche selbst sei. Aber sie alle sammeln Geld im Namen Gottes, veröffentlichen Erklärungen in Seinem Namen, bestehen auf Steuerfreiheit, weil sie eine religiöse Gemeinde sind, und beteiligen sich an den politischen Entscheidungen des Landes, sei es der Krieg in Vietnam, die Abtreibung, die Todesstrafe, Wohlfahrtseinrichtungen oder was sonst noch die Gemüter bewegt.

Die Abkehr des Christentums von seinem geographischen und ethnischen Ursprung im Judentum und seine Umwandlung in eine Weltreligion, die behauptet, unsichtbar zu existieren, während sie eine sehr komplizierte Organisation ist, die politische und wirtschaftliche Macht nicht unerheblich manipuliert, könnte der Hauptgrund für seinen Verfall in neuerer Zeit sein. Offizielle Organisationen scheinen immer einen unvermeidlichen Abwärtstrend zu haben, sobald ihnen die emotionale Kraft und der Enthusiasmus der Gründungszeit abhanden kommen.

Die Aufsplitterung des Christentums in Nationalkirchen, Konfessionen und Sekten zeigt, daß religiöse Einheit über nationale, rassische und ethnische Grenzen hinweg nicht möglich ist. Die verschiedenen Richtungen im Süden der Vereinigten Staaten zum Beispiel, die sehr populär sind, passen in die traditionellen Vorstellungen von zwei Jahrtausenden Christenheit kaum hinein. Sie reflektieren die politischen und kulturellen Besonderheiten und Vorurteile dieser Religion und beweisen, daß nicht die Botschaft von der Rettung der Welt und der Brüderlichkeit aller Menschen, sondern so gut wie immer der Volkscharakter triumphiert. Weil die Sekten das aber nicht wahrhaben wollen, werden sie weiter Verwirrung stiften und die Konflikte verschlimmern.

Was unter einer Gemeinde zu verstehen ist, sieht bei Stammesreligionen und Christentum ganz verschieden aus. Stammesreligionen bestehen nicht auf Weltgeltung und Ausschließlichkeit. Sie kamen in fernen Zeiten zu einer bestimmten Gruppe von Menschen und waren seitdem für diese Gruppe immer eine soziale und kulturelle Quelle der Kraft. Durch sie wurde aus der Gruppe ein Volk oder Stamm mit gleicher religiöser Erkenntnis und Erfahrung. Viele Stammesnamen zeugen von dem tiefen Glauben, daß jeder Stamm etwas Einmaliges unter den Völkern der Erde ist (vgl. Anhang IV dieses Buches). *Dine*, der eigentliche Name der Navajo, heißt »Volk«. Die Biloxi nennen sich *taneks aya*, erste Menschen. Die Kiowa sagen, sie seien das Urvolk, die Washo heißen so, weil *washui* »Person« bedeutet, und die Klamath nennen sich *maklaks*, das »Volk« oder die »Gemeinschaft«. Alle sehen ihre Stammesgeschichte als etwas Einmaliges.

Von dieser Stammesidentität her erhalten alle Aspekte des Lebens ihren Stellenwert. Die Cheyenne zum Beispiel sehen im Tod die Bestätigung ihres Glaubens an den Fortbestand der Gemeinde. Es gibt bei keinem Stamm religiöse Kriege oder den Befehl zum Missionieren, denn dadurch würde der einmalige Charakter der Gemeinde mit fremden Elementen verfälscht. Bei den frühen Hebräern findet sich die gleiche Sorge um die Erhaltung der nationalen Identität als religiöses Anliegen. Bei beiden Völkern besteht die gleiche Abneigung gegen die Übernahme der Religion durch Fremde.

An dieser Haltung Fremden gegenüber erkennt man die innere Geschlossenheit einer Gemeinde. Die Mahnung der alten Hebräer, den Fremden zu ehren, weil sie selbst einmal Fremde in Ägypten waren, weist auf die innere Sicherheit und Festigkeit der Gemeinde hin. Der Glaube an die Kontinuität der Nation hindert sie daran, andere Völker zu vernichten, nur weil diese andere Sitten und Überzeugungen hatten. Logan, der Häuptling der Mingo, richtete an die Weißen in Virginia einen Appell, gerecht zu sein, als es nach der kriegerischen Auseinandersetzung im Jahre 1774 zum Friedensschluß kam. Er sagte: »Ich fordere jeden Weißen auf zu sagen, ob er jemals Logans Hütte hungrig betrat, ohne Fleisch zu bekommen, oder frierend und nackt vor ihm stand und von ihm nicht gekleidet wurde.« Solche Gastfreundschaft ist typisch für religiöse Stammesgemeinden. Sie sind anders als die anderen, fühlen sich aber gerade deshalb verpflichtet, gastfreundlich und aufrichtig zu sein.

Bei den Stammesreligionen gibt es keinen Konflikt zwischen Kirche und Staat, denn beide Funktionen ergänzen sich. Man braucht keine Behörden, die die soziale Sicherheit regeln, und daher gibt es auch keinen Zwang wie in den westlichen Demokratien. Wie alles andere ist auch die Wohlfahrt eine religiöse Verpflichtung. Die besonderen

Kräfte und Medizinen anderer Völker sind so gut wie die eigenen, denn das Ausschließlichkeitsdenken, mit dem man auf andere Zwang ausüben will, ist völlig fremd.

In den letzten Jahrzehnten des vergangenen Jahrhunderts konnte man die Stämme so lange nicht in die Knie zwingen, bis die Regierung die Ausübung der Religion verbot, denn sie war untrennbar mit der Politik verbunden. Einige der Indianeragenten konnten die Reservate nur mit Hilfe der indianischen Polizei beherrschen, da die Stammesangehörigen nicht ihre eigenen Leute töten wollten und auch die aufständischen Reservatsbewohner nicht auf die Stammespolizei schossen. Als religiöse Zeremonien verboten und die Reservate Missionaren und Verwaltungsbeamten übergeben wurden, verfielen die traditionelle politische Führung und der religiöse Zusammenhalt in kurzer Zeit. Der Indian Reorganization Act erlaubte wieder Religionsfreiheit, aber die Regierungsämter stifteten durch ihre politische und wirtschaftliche Machtbefugnis in den Reservaten die gleiche religiöse Verwirrung, die überall in Amerika herrscht.

Heute sind die Stammesregierungen ohne jede religiöse Bindung. Wenn ihnen von den Reservatsbewohnern kein politisches Unrecht nachgewiesen werden kann, werden sie gewöhnlich im Amt belassen, obgleich sie für die Gemeinschaft so gut wie nichts tun und sich nicht für sie einsetzen.

Wenn auch nicht wenige Stammesmitglieder zu den Christen und Mormonen übergelaufen sind und die politische Struktur der Stämme zu Pseudogemeinden erstarrt ist, gibt es immer noch eine erstaunliche Widerstandskraft in den Notsituationen, die durch die Politik der Regierung und andere Eingriffe von außen entstehen. So blieb der ursprüngliche eigenständige Charakter der Stammesgemeinde in vielen Fällen gerade deswegen erhalten, weil die Regierung mit ihrem Verwaltungsapparat störend eingriff. Der Hauptvorteil der Stammesreligion gegenüber dem Christentum hat sich dabei bewährt: Der Stammesmensch weiß, wer er ist, und seine Beziehungen zur übrigen Welt sind Stammesangelegenheiten geblieben.

Das Gegenteil ist im Christentum der Fall. Man braucht nur den negativen Einfluß christlichen Denkens auf Religiosität und Kultur der westlichen Welt zu erwähnen, und man bekommt sofort zu hören, daß die Christen damit nichts zu tun hätten. Wenn ein Evangelist, Theologe oder Kirchenführer wegen seiner unorthodoxen Denk- oder Handlungsweise angegriffen wird, heißt es, er hätte ja nur eine lose Beziehung zum Christentum. Dem Christentum fehlt offenbar jede Art der Selbstkritik. Von einem Stammesmenschen sagt niemand, er gehöre eigentlich nicht zum Stamm. Man wird ihn angreifen, weil er korrupt, angepaßt oder ein sturer Traditionalist ist, niemand wird ihn aber als Stammesmitglied verleugnen.

Bei den Stammesreligionen gibt es auch keine bezahlten professionellen Amtspersonen. Sie haben nicht die umfangreiche Apparatur, die das Christentum für seinen Fortbestand braucht. Der indianische Leiter religiöser Zeremonien kann Geschenke erhalten, aber er hat keinen Penisonsanspruch, keine geregelte Arbeitszeit und keinen Urlaub, alles Vorteile, die der »Geistliche« genießt. Ein Indianer sieht sein religiöses Amt teils als Segen, teils als zusätzliche Bürde und soziale Verpflichtung. Der christliche Geistliche sieht auf die hierarchische Erfolgsleiter seiner Kirche und fängt gleich nach der Amtseinführung an zu überlegen, wie er am schnellsten an die Spitze der Pyramide kommt. Die Jagd nach reichen Pfarreien, Lehrämtern, Positionen an der Spitze der Kirchenverwaltung und in der Aufsicht der Kirchenbehörden ist völlig unreligiös und steht in krassem Gegensatz zum Wesen von Religion.

Indianische Religionen brauchen keine massiven Gebäude, teuren Orgeln, Geldsammlungen, Publikationen und anderes mehr, was christlichen Religionsgemeinschaften für ihren Fortbestand unentbehrlich ist. Die Zeremonien werden mit einem Minimum an äußerem Aufwand abgehalten. Meist finden sie an heiligen Plätzen statt, aber manchmal auch dort, wo sich gerade die Gelegenheit ergibt, und, wenn es notwendig ist, selbst in städtischen Wohnungen, weit weg von den heiligen Stätten. Wenn man dem Christentum seine Gebäude und anderen Einrichtungen nimmt, ist es in absehbarer Zeit verschwunden. Der Christengott kann nicht wirken, wenn Er nicht in Seinem neugotischen Steinhaus sitzt. Man braucht nicht besonders darauf hinzuweisen, daß es Ihm nicht gutgeht trotz Seiner Grundstücke.

Das christliche und das indianische Konzept einer Gemeinde lassen sich auch im weltlichen Bereich weiterverfolgen. Das Land der Christen ist heute übersät mit Kleinstädten, Großstädten, Vorstädten, Satellitenstädten usw. Aber nur sehr wenige dieser Menschenzusammenballungen sind wirklich Gemeinden. Meistens sind sie nur ein vorübergehender Aufenthalt für Lohnempfänger. Man kommt und geht, wie es die wirtschaftliche Situation gerade fordert. Man wechselt auch die Kirche, weil Beruf, Geschäft oder anderes das verlangen. Rechtsanwälte und Ärzte, die noch reicher werden wollen, wechseln zu den Episkopalen und Presbyterianern über. Besonders Geschäftsleute zieht es zu den Sekten, die ihren weltlichen Interessen am besten dienen.

An jedem Ort Amerikas gibt es die verschiedensten Kirchen und Konfessionen. Sie konkurrieren untereinander wegen des finanziellen und politischen Einflusses auf die Ortsbewohner. Menschen, die jahrelang Nachbarn sind, verbindet nichts weiter als der gemeinsame Zaun und ihr Status als Steuerzahler. Die Kirchen tragen absolut nichts dazu bei, daß aus diesen Städten Gemeinden werden.

Auch bei den Stämmen gibt es heute die traditionelle Solidarität nicht mehr in der alten Form. Arbeitsmöglichkeiten außerhalb haben fast die Hälfte der Indianer von den Reservaten abgezogen. Berufliche Fortbildungsprogramme und wirtschaftliche Projekte haben die traditionellen Lebensgemeinschaften zerbrochen und sind für die alten Clans eine schwere Zerreißprobe. Die Stämme konnten sich zwar trotz der rasanten technischen Entwicklung noch behaupten, aber vielleicht kommt bald der Tag, wo auch sie der Unrast des modernen Lebens zum Opfer fallen. Schon heute liegt darin eine noch nie dagewesene Bedrohung der Stämme und Gemeinden, und es muß eine neue Form des gesellschaftlichen, politischen und religiösen Lebens gefunden werden, wo die Stammesreligion trotz der Einwirkungen des modernen Lebens wieder eine echte Funktion hat.

Es gibt Gruppen und Glaubensgemeinschaften, wo das schon verwirklicht ist. Für die Christen haben die Amish und vielleicht auch die Mormonen erfolgreich bewiesen, wie man eine Gemeinde aufbauen und erhalten kann, wenn sie sich auf eine ethische Gruppe an einem festen Platz beschränkt und ihre religiösen Besonderheiten bewahrt.

Die Beziehung zwischen religiösem und gesellschaftlichem Leben wird in Zukunft wieder mehr Bedeutung erlangen. Die Vorstellung von einer universalen Religion für jedermann scheint immer mehr zu verschwinden. Wo das Christentum sich mit Erfolg etabliert hat, ist dies auf ethnischer oder rassischer Grundlage geschehen, und es hat die kulturellen und politischen Anschauungen des Landes übernehmen müssen. In Amerika allerdings war es dem Christentum unmöglich, positiv auf die gesellschaftliche Entwicklung einzuwirken. Es fehlt die spezifische Menschengruppe, zu der es einen Bezug hat, und darum wurde aus dem Christentum nicht mehr als ein Knecht des amerikanischen Lebensstils.

Der Streit über Steuerfreiheit von Religionsgemeinschaften und kirchlichem Vermögen ist auch etwas, das nachdenklich macht. Könnte das amerikanische Christentum ohne Steuerfreiheit bestehen? Wie würde der einzelne Christ reagieren, wenn seine Kirchen, Kathedralen und Geldspenden besteuert würden? Daß die Kirchen der Besteuerung ablehnend gegenüberstehen, zeigt, daß ohne eine begünstigte Stellung in der säkularen Welt das meiste von dem, was man als amerikanisches Christentum kennt, nicht bestehen könnte.

Ohne solche politischen Strukturen, die es unterstützen, wäre das Christentum schon verschwunden. Es ist noch am Leben, weil es ein so wichtiger Bestandteil der westlichen Kultur geworden ist, daß niemand seine Existenz in Frage stellt. Ist das typisch für Religion? Wer Religion als das sieht, was sie sein soll, kommt nicht umhin, die Art, in der sich das Christentum etabliert und seine Botschaft verbreitet hat, abzulehnen.

13. Kapitel

Christentum und modernes Amerika

Das Christentum läßt sich oft von der umgebenden Kultur beeinflussen, und nur selten konnte es durch seine Lehren eine Gesellschaft verändern. Vielleicht hat es die germanischen Stämme befriedet und ihnen das Barbarentum genommen, aber angesichts der Barbarei, mit der die Ideologie der Nazis in Europa Amok lief, muß man sich fragen, inwieweit es nur Tünche war.

Das amerikanische Christentum ist ein besonders gefügiger Knecht der umgebenden Kultur, und in den letzten Jahren wurde es immer stärker in den Dienst von Folklore und Patriotismus gestellt. Die vielleicht populärste Bewegung in jüngster Vergangenheit waren die Jesus Freaks. Ob es sich hier um einen verzweifelten Versuch der jungen Leute handelte, von den Drogen wegzukommen, ob sie diese wirklich satt hatten oder nur zu wenig davon bekommen konnten und nach einem Ersatz suchten, mag später einmal beantwortet werden. Jesus war so sehr »in«, daß viele Jugendliche dem gleichen Fanatismus verfielen wie die Blumenkinder, die Bürgerrechtler und die Antikriegsdemonstranten.

Für die Evangelisten war diese Bewegung die bedeutendste Entwicklung der letzten Jahre, und sie sahen schon eine ganze Generation sauber rasierter Christen, wie sie sie aus ihrer Jugend kannten, voraus. Aber die neuen ebenso fanatischen wie intoleranten Jünger wußten sehr wenig über Jesus, den jüdischen Zimmermann, und sein Leben. Bezeichnenderweise erschien damals auch ein Buch, in dem nachgewiesen werden sollte, daß die Urchristen sich mehr für psychedelische Pilze interessierten als für Jesus, den Messias.

Die Eltern von Jesus Freaks schlossen sich zusammen, um ihre Sprößlinge in Erziehungsanstalten zu stecken, wo sie wieder normales

Denken lernen sollten. Sie vergaßen, daß sie selbst ja auch Christen waren, Weihnachten feierten und all die Spielchen der erwachsenen Christen mitspielten und daß ihre Kinder das Ganze nur etwas ernster nahmen.

Die Jesus-Bewegung wird von Exsüchtigen als Trip bezeichnet. Als Trip oder Treck sieht auch ein Kirchenmann in Texas die religiöse Erfahrung. Für Wesley Seeliger, den Kaplan der Episkopalkirche an der A&M-Hochschule in Texas, ist die Kirche ein Siedlertreck, den Gott anführt. Jesus ist der Scout und reitet vor den Wagen her. Das Ganze wurde als Groschenheft gedruckt und an der Hochschule, einem bekannten Zentrum für philosophische und theologische Studien, in über zwölftausend Exemplaren verkauft.

Die größte Gefahr für die von Jesus angeführten Pioniere besteht nach Seeliger darin, der Versuchung in Form einer anderen Theologie im Western-Stil zu erliegen. In ihr ist Gott der Bürgermeister eines Grenzerstädtchens. Die Bewohner sehen Ihn nie, sind aber überzeugt, daß es Ihn gibt, denn es herrschen Recht und Gesetz. Man lebt in tödlicher Angst vor dem Bürgermeister, aber Er sorgt dafür, daß die Kohlen stimmen – und das hat schließlich Amerika groß gemacht.

Inzwischen rollt der Wagenzug weiter durch die Prärie. Wir befinden uns gegenwärtig im Zeitalter des Geistes, und da ist er auch schon, der Heilige Geist, in Gestalt des Büffeljägers, der den Treck jeden Morgen mit Frischfleisch versorgt. Die mitfahrende Geistlichkeit ähnelt Typen à la Jesse James und John Wesley Hardin, und immer, wenn den Leuten in den Planwagen der Magen knurrt, servieren sie gutes Büffelfleisch. Wie diese Theologie in den Indianerreservaten aufgenommen wird, kann man sich denken.

Eine andere theologische Richtung verläßt sich mehr auf Judo, Karate und andere fernöstliche Kampfsportarten als auf den erprobten Kampfgeist der Western-Pioniere. Es gab einen Kursus »Judo und Karate für Christus«, geleitet von Reverend Mike Crain aus Brownsville, Kentucky. »Mit Karate kann man den Satan besiegen«, meinte der gute Pastor. Um dieser Überzeugung Nachdruck zu verleihen, zerschlägt er oft einen Eisblock von 300 Pfund.

Karate ist in der christlichen Religion im Kommen. Auch Dean Blakeney, ein Bruder in Christo, verbreitet damit seine Botschaft von Gottes Versöhnung mit der sündigen Welt. Blakeney hat offenbar schon höhere Stufen im Christenleben erreicht, denn er setzt auch Säbel und Gurkha-Messer im Gottesdienst ein. Bei seinen Messerakten für Gott den Herrn zerteilt er Kartoffeln und Bananen auf Bäuchen und Hälsen der Gläubigen, ohne sie zu verletzen, was beweist, daß diese gerettet sind, wie er bemerkt. Solche Vorstellungen sind ähnlichen Taten in der Bibel glatt überlegen, denn wie man weiß, mißlang Petrus im Garten Gethsemane ein ähnliches Schauspiel, als er versehentlich dem Diener des Hohenpriesters ein Ohr abschlug.

Blakeneys Abschiedsvorstellung in der Cafeteria der New Testament Baptist Church in Miami stimmt aber nachdenklich. Er ließ eine 150 Pfund schwere Eisplatte auf die Bühne schleppen und erklärte: »Was ich jetzt mit diesem Eisblock mache, mache ich auch mit dem Teufel.« Dann holte er zu einem massiven und zutiefst frommen Karateschlag aus. Der Block rührte sich nicht, und die erste Runde mit dem Teufel war verloren. War er schwach im Glauben geworden?

Crain und Blakeney stehen nicht allein mit dem Glauben da, daß Christ zu sein sehr wichtig für athletische Höchstleistungen ist. Der Gewichtheber und Olympiasieger Paul Anderson erklärte in einer Predigt, daß er seine Muskelkraft nur der Frömmigkeit verdanke. Dann hob er zweihundert Pfund mit einem Arm. Niemand in der Gemeinde war offensichtlich fromm genug, um ihm das nachzumachen, und man diskutierte später, was wohl besser sei, Frömmigkeit oder Training.

Reverend Street, ein britischer Wunderheiler, meinte, um an Leib und Seele gesund zu sein, müßte man ein christliches Leben führen. Dazu gehörten vegetarische Kost, Yoga und Gymnastik und der Verzicht auf Tabak und Alkohol. Wie Karate dürfte auch Yoga ein Begriff sein, der weder in der griechischen noch in der lateinischen Version der Bibel zu finden ist.

Es gibt aber auch Sekten, die bei den amerikanischen Traditionen bleiben. Die Cathedral of Tomorrow folgt der Lehre des Neuen Testaments, daß man mit seinem Pfund wuchern solle, und investiert in Unternehmen. Es gehören ihr verschiedene Konzerne und ein Grundstück für ein Einkaufszentrum in ihrer Nähe in Cuyahoga Falls, Ohio. Am besten hat sie aber ihr Geld in der Real Form Girdle Company, einer Miederwarenfabrik in Brooklyn, angelegt, denn jetzt zweifelt niemand mehr daran, daß das Christentum in Cuyahoga Falls eine gute Figur macht. Was die Cathedral auch sonst sein mag – ein geschäftliches Unternehmen ist sie ganz sicher, und das hat schließlich Amerika groß gemacht.

Aber die Krone dafür, aus Christentum ein Geschäft zu machen, gebührt den Vätern von Holyland USA, einem biblischen Disney-Land, das für etwa fünfzig Millionen Dollar an der Küste von Alabama gebaut wird. Der Initiator überzeugte eine Anzahl von Fundamentalisten, daß der Park ihnen zusätzliche drei Millionen Seelen einbringen würde. Er versprach ihnen eine Jesus-Statue, die höher als die Freiheitsstatue und nach allen Richtungen meilenweit zu sehen sein sollte.

Für Passionsspiele wird ein Amphitheater mit viertausend Plätzen gebaut. Es gibt eine Arche Noah mit Streicheltieren für die Kleinen, ein biblisches Wachsfigurenkabinett, biblische Geschichtenerzähler und eine dreißig Meter lange Nachbildung von Jonahs Walfisch. Dazu kommen tägliche römische Wagenrennen, der Turm von Babel, der Palast des Herodes, die Klagemauer, das Rote Meer, das sich sogar teilen kann, ein Goldenes Kalb (für die Ungläubigen?), Salomons Tempel und eine römische Katakombe. Für die mutigeren Parkbesucher ist eine Reise durch Himmel und Hölle geplant. Man kann nur ahnen, welch ein Erguß von frommen Gefühlen das alles zur Folge haben wird.

Eine Kirche in Vermont stellte am Kirchenportal einen Kreditkartenautomaten auf, bei dem die Pfarrkinder die Spenden für den lieben Gott in Auftrag geben können, und eine Baptistenkirche in Indiana schaffte sich einen Omnibuspark an, der die Gläubigen vor die Kirchentür bringt. Für die 108 Omnibusse pro Woche, die 2500 Gläubige transportieren, wird ein Autoschlosser ganztägig beschäftigt. Der Geistliche, der sichtlich seinen Frieden im Herrn gefunden hat, sagte: »Ich verbringe mehr Zeit mit den Bussen als mit der Kirche, aber es tut mir nicht leid.« Er denkt, ein Omnibus, der gerettet ist, bleibt es auch. Hoffentlich übersteht die Sekte auch die nächste Energiekrise.

Die Christen in der Gegend von Seattle, Washington, tanzen lieber. Vor einigen Jahren wurde dort ein Soul-Kursus abgehalten, um den weißen Pfarrkindern afroamerikanische Rhythmen beizubringen. Der Kursus war stark besucht, aber eine Dame sagte, sie würde nur mitmachen, um ihren Mann zu ärgern. Wie wir aus dem Neuen

Testament wissen, wird das Christentum den Vater gegen den Sohn, die Mutter gegen die Tochter und das Weib gegen den Mann aufbringen.

Der Sektenpastor und Wunderheiler Oral Roberts löste sich von der schweren Verantwortung gegenüber seinen Schäfchen, indem er zur Methodistenkirche übertrat. Es sei doch eine zu schwere Last, wenn die Leute immer wieder Wunder erwarteten, erklärte er einem Reporter der *Denver Post*. Immerhin hatte seine Heilpraxis ihn in die Lage versetzt, in Oklahoma die Oral-Roberts-Universität zu gründen, deren Basketball-Mannschaft zur nationalen Liga gehört, und außerdem ist er Direktor der Handelskammer und einer der größten Banken der Stadt. Für Petrus und Paulus hatte der Herr nur ein Martyrium, aber mit manchen hat er auch Größeres vor.

Eines der größten Ereignisse der Christenheit unserer Tage war Explo 72, eine Massenveranstaltung in Dallas, Texas, der Stadt der brüderlichen Liebe. Der Veranstalter war der Fundamentalist Bill Bright von der »Campus Crusade for Christ International«. Über 75 000 fromme, gottestrunkene junge Christen kamen, um eine historische Massenveranstaltung zugunsten der fundamentalistischen Christenheit zu erleben.

Bill Bright engagierte dafür ein paar christliche Sportler, allen voran Roger Staubach von der Dallas-Cowboys-Fußballmannschaft, der neben Jesus *die* Sensation war, denn er verglich das Leben mit einem Fußballspiel, die Erlösung mit dem geschossenen Tor, und außerdem hätte ein Christ auf dem Spielfeld immer die besten Chancen.

Im Gegensatz zur Speisung der Fünftausend in der Bibel hatte Explo 72 ein Budget von 2,7 Millionen Dollar und konnte daher genügend Kartoffel-Chips aus einem Riesenbottich anbieten, obgleich der Herr es vorzog, Einzelportionen zu servieren. Das Ergebnis wurde als religiöses Woodstock auf 800 Plakaten, 100 000 Aufklebern und 5000 T-Shirts angekündigt.

Dr. Billy Graham hatte den Ehrenvorsitz und drückte sein Vertrauen in die Teilnehmer aus, falsche von echten Propheten unterscheiden zu können. Zwei Volkssänger brachten den versammelten Gläubigen ein Ständchen, und eine Rockband sorgte dafür, daß die Hysterie auf dem Siedepunkt blieb.

Der Höhepunkt von Explo 72 aber war, als die 75 000 jungen Christen in einem Anfall von religiösem Wahnsinn in das auf dem

Fußballplatz übliche Gebrüll in frommer Abwandlung ausbrachen und »Jesus! Jesus!« schrien, als wollten sie damit Jesus in Abwesenheit anfeuern, ein Tor zu schießen. Die Bergpredigt war nichts dagegen.

Jeder, der hier den Unterschied nicht sah zwischen Christentum und moderner amerikanischer Kultur, hatte offensichtlich Gottes Trillerpfeife im großen Fußballspiel des Lebens überhört. Dr. Graham, der Ehrenvorsitzende, hat sein ganzes Leben mit der Auslegung des Evangeliums verbracht und ist hoch geachtet. Er brachte es zum inoffiziellen Kaplan im Weißen Haus und entfachte dadurch den Zorn von Leuten, die offensichtlich die echten Propheten nicht von den falschen unterscheiden können. Man protestierte dagegen, daß Dr. Graham und die Propheten des Weißen Hauses aus Religion so etwas wie einen Gehorsamsdrill für die Bürger machten, um damit die inneramerikanischen Probleme zu verschleiern, anstatt sie zu lösen.

Dr. Graham war sehr beleidigt und sagte, er sei nur ein persönlicher Freund des Präsidenten, kein Politiker. Er würde Richard Nixon wegen dessen so offensichtlich moralischer Haltung und Redlichkeit wiederwählen. Dr. Graham war also der Meinung, daß ein Mann, der im Falle Watergate, der ITT-Affäre, des Lockheed-Bestechungsskandals und des Hughes-Darlehens ein so schwaches Gedächtnis hatte, in seinen moralischen Qualitäten unübertroffen ist. Als man ihn bat, sich zu Vietnam zu äußern, erwiderte er, er könne nur zu moralischen Fragen Stellung nehmen. Demnach trat Dr. Graham im Weißen Haus nur als einer der bestgekleideten Männer Amerikas auf – eine christliche Berufung von einmaliger Bedeutung.

Als Präsident Nixon einmal zur Universität von Tennessee kam, einer der wenigen, die er aufzusuchen wagte, hielt er auf Billy Grahams »Revival Meeting« eine Ansprache. Er war eingeladen worden, um »der jüngeren Generation zu zeigen, daß der Präsident ihr zuhört«, hieß es. Das widersprach allerdings Grahams Interpretation von Religion als der Stütze der politischen Struktur. »Ich bin für Änderungen«, soll er nach einem Bericht von *Newsweek* gesagt haben, »aber die Bibel befiehlt, der Obrigkeit zu gehorchen.«

Dr. Graham ist vielleicht der am meisten bewunderte Christ der Gegenwart. Ein Seminar für christliche Geschichte hat er nicht besucht, und Tatsachen bringen ihn nicht in Verlegenheit. Darum hat er »noch nie am Christentum gezweifelt« seit seiner Bekehrung während eines Golfkurses in Florida.

Nicht nur Billy Graham kämpft für eine Erneuerung des Christentums, auch *Women's Lib* reiht sich ein auf dem linken Flügel der christlichen Erneuerungsbewegung. Im Jahre 1972 kamen Feministinnen aus verschiedenen traditionellen Kirchen, darunter Katholiken, Methodisten, Presbyterianer und andere, zu einer »schwesterlichen Feier« in der Washington-Square-Methodistenkirche in New York zusammen. Als Termin hatte man den Reformationstag gewählt. Thema dieses ausgefallenen Gottesdienstes war die »Befreiung der Äpfel«.

Man verlas die biblische Schöpfungsgeschichte und den Bericht vom Sündenfall, wurde dann aber sehr aktuell. »Wir sollen das Werkzeug des Teufels sein, das die vollkommene Schöpfung verdirbt«, verkündete die Vorsprecherin. »Wir haben das geglaubt«, erwiderte die Gemeinde. »Wir sollen niedere Wesen, ein Abfall des Mannes und ihm nicht gleich sein«, hieß es weiter. »Wir haben das geglaubt«, tönte es zurück. Dazu gab es Apfelsaft aus Flaschen mit dem Etikett »Most der Freiheit«. Es gab auch einen neuen Mythos von Lilith, wonach diese mit Adam gleichberechtigt erschaffen war, ihn aber sitzenließ, weil sie sich nicht unterwerfen wollte. Gott, der Chauvinist auf Männerseite, erschuf daher die Frau, die sich nach Adams Wünschen richtete. Aber dann kletterte sie auf den Apfelbaum, sprang über den Gartenzaun, und Adam hatte wieder das Nachsehen. Die Schöpfungsgeschichte erhält durch diese Interpretation eine ganz neue Dimension.

Das Jesusbild ist wandelbar. Reverend Maxey aus Parker, Colorado, glaubt, daß Jesus kurzes Haar trug und predigt also gegen langes Haar. Man fragte ihn, warum denn alle Bilder Jesus mit langem Haar zeigten. »Das ist nur die Auffassung der Künstler«, erwiderte er. Die Bilder seien »Hunderte von Jahren« nach Jesu Tod gemalt, und er sei überzeugt, daß Jesus das Haar kurz trug. Der Reverend, Oberhaupt der First Baptist Church seines Ortes, bietet Swimming-pools, Tennisplätze und Minigolfkurse als Gelegenheit an, »für den Glauben Zeugnis abzulegen«.

Für die Leute in Jerusalem könnte Rev. Maxeys Auffassung ein wichtiger Gesichtspunkt sein. Das dortige Rockefeller-Museum besitzt ein Skelett, durch dessen Fußknochen ein Nagel getrieben ist. Man nennt es das Gebein des Yehochanan, weil es 1969 in einem Sarg mit dieser Aufschrift gefunden wurde. Als der Fund bekanntgegeben wurde, fragten Wissenschaftler aus aller Welt an, ob es das Skelett von Jesus sei. Auf Grund eines Berichts des Anthropologen Nico Haas gab man zur Antwort, die Untersuchung des Schädelbaus hätte ergeben, daß das Skelett nicht das von Jesus sei. Nach Haas gliche der Schädel »nicht dem von Christus, wie wir ihn von Bildern kennen«. Vielleicht sollte der Anthropologe darüber mit Pfarrer Maxey sprechen.

Während die verschiedenen Richtungen des amerikanischen Christentums den Teufel mit Karate zusammenschlagen und Geld kassieren, werden die religiösen Probleme immer größer. Der bekannte Theologe Dr. Carl F. H. Henry sieht einen Anstieg des Atheismus auf der ganzen Welt: »Ohne die Wiederbelebung spiritueller Überzeugung und der Kräfte, durch die die Kirche entstand, ist es unwahrscheinlich, daß das Christentum sich noch lange unter den Weltreligionen behaupten kann oder eine wirksame Alternative zu kommunistischen und anderen Ideologien bleibt.«

Das ist es. Die Christen sehen ihre Religion als Alternative zu politischen, gesellschaftlichen oder wirtschaftlichen Vorstellungen, die sie nicht mögen. Die Alternative zu Woodstock und seinen Drogen ist für die Christen des rechten Flügels eine Massenveranstaltung in Dallas mit Gewichthebern, Fußballspielern und Hurrageschrei für Jesus.

Das Christentum in Amerika hat zwei Richtungen, die sich voneinander abkapseln. Die rechte, in der die Evangelisten und Fundamentalisten den Ton angeben, versteift sich ausschließlich und fanatisch auf Jesus und die vertraute Theologie von vorgestern. Was sie über Jesus und seine Zeit, die römische Welt und die Urkirche weiß, ist gleich Null. Je weniger man über den Menschen Jesus weiß, desto besser und bequemer ist es, denn es ist das eigene idealisierte, gesetzestreue Ich, das man Jesus nennt und anbetet.

Für die Weißen auf dem rechten Flügel ist ihre Religion ein Mittel gegen Kommunismus, Sozialismus, Freidenker, lange Haare und anderes, was sie ablehnen. Sie ist religiöser Patriotismus, der die goldenen Zeiten im Amerika des vorigen Jahrhunderts wiederherstellen soll. Soziale Probleme sehen sie nicht und wollen sie nicht sehen. Billy Graham, ihr führender Sprecher, sieht in Armut und Rassenproblemen nur Vorzeichen des nahen Weltuntergangs. Er hat schon 28 solcher Anzeichen beisammen und rechnet nach dem Jüngsten Gericht mit einem bevorzugten Platz im Himmel. Es ist allgemein bekannt, daß er alle Bibelstellen meidet, die von Christus unter den Armen, Hungernden, Gefangenen und Unterdrückten berichten.

Der linke Flügel ist das Gegenteil. Ihn repräsentieren die mehr traditionellen Sekten wie Presbyterianer, Methodisten, die United Church of Christ und die katholische, vielleicht auch die griechisch-orthodoxe Kirche. Für sie alle ist Jesus ein Ärgernis und eine Enttäuschung. Ihre Theologie ist eine Kirchentheologie. Theologische Fragen werden immer aus dem Blickwinkel der Kirche gesehen. Sie sind fest davon überzeugt, die besten und frömmsten Menschen zu sein. Die meisten von ihnen würden eine Wiederkehr Jesu als persönliche Beleidigung empfinden, denn dadurch würde Gott ihnen zu verstehen geben, daß er ihnen nicht zutraute, ihre Pobleme selbst zu lösen. Der linke Flügel reitet auf der Welle der sozialen Bewegung und unterstützt Schrullen aller Art. Wenn jemand behauptete, mit Hula-Hoop könnte man einen theologischen Standpunkt klarmachen, hätte er dort großen Zulauf.

Auch die katholische Kirche kann nicht zu der Einheit zurückfinden, die sie einmal war. Sie hat, wie Gary Wills in *Bare Ruined Choirs* ausführt, immer noch nicht das neunzehnte Jahrhundert begriffen, ganz zu schweigen vom zwanzigsten und ihrem fortschrittlichsten Vertreter in der modernen Zeit – Teilhard de Chardin.

Während die linken Christen unter sich zerstritten sind und die rechten den Kontakt mit der Wirklichkeit meiden, leben Dämonismus, Satanskult, Astrologie und andere okkulte Strömungen wieder auf. Der Papst und Billy Graham sind überzeugt, daß das alles Teufelswerk ist, aber die Beharrlichkeit, mit der sich solche alten Formen der religiösen Erfahrung in der modernen Welt halten, beweist eher, wie verzweifelt die spirituelle Not ist, und weniger, daß alles Teufelswerk ist. In zweitausend Jahren hätte auch dem Teufel etwas Neues einfallen können.

Theologien kommen und gehen. Die Theologie der Schwarzen will deren Erfahrungen in der amerikanischen Gesellschaft in religiöser Sprache ausdrücken. Carl McIntyre, ein Christ auf dem rechten Flügel, preist die christliche Tugend, den Feind zu töten. Es gibt eine Theologie der Frauen und der Homosexuellen, es gibt Wildwesttheologien und ganz besonders Sporttheologien. Vielleicht spiegelt der Aufschrei eines Bostoner Polizisten die religiöse Situation Amerikas am besten wieder, der bei der Osterfeier von Harvey Cox im Einsatz war: »Das ist nicht Religion, das ist ein Chaos!«

Es *ist* ein Chaos. Die Welt der ersten Christen gibt es nicht mehr. Auch die meisten heutigen Theologen sind in einer Welt aufgewachsen, die es inzwischen nicht mehr gibt. Die alten Gewißheiten sind ins Wanken geraten, und es geht längst nicht mehr darum, die moderne Welt wieder nachdrücklich auf das Christentum hinzuweisen. Die Frage ist, ob sie eine gültige religiöse Erfahrung und ein religiöses Bewußtsein überhaupt noch haben kann. Jedenfalls gilt die Auffassung nicht mehr, das Christentum sei die höchste Form der Religion, ebensowenig wie die Ansicht, daß es die Wahrheit Gottes und vielleicht die einzige Wahrheit überhaupt ist.

Die meisten heutigen Führer der Christenheit sehen sich nicht mehr als Anwälte spiritueller Werte. Die Mehrzahl wird nur noch dafür ausgebildet, die Zügel der Kirchenleitung sicher in die Hand zu nehmen. Die Ausstrahlung, die früher dem wahrhaft religiösen Menschen anhaftete, wird von der schnellebigen modernen Welt negiert und ist heute eine ganz große Seltenheit.

Anstatt bei fremden Religionen herauszufinden, wie »nahe« sie doch dem Christentum kommen, sollten die Christen nach neuer religiöser Erfahrung und Gewißheit suchen, gleichgültig, wie die Suche ausgehen mag. Wenn es keinen Weg gibt, durch den die Welt religiös gesunden kann, sollten wir uns damit abfinden, daß wir einem unbegreiflichen Universum ausgeliefert sind, in dem wir nicht mehr tun können, als menschlich aneinander zu handeln. Gibt es aber einen Weg, dann sollten wir den Mut haben, ihn zu gehen.

14. Kapitel

Die Stammesreligionen in Amerika heute

Wir haben gesehen, wie eine Kultur der Religion den Stempel aufdrückt. Das Gegenstück ist die Stammesreligion, die selbst die Kultur bestimmt. Die alten Häuptlinge und Krieger weigerten sich, Land als verkäufliche Ware zu sehen, weil es ihnen und dem ganzen Volk heilig war.

Nicht nur die Zeiten, sondern auch die Kulturen haben sich geändert, seit der weiße Mann auf diesen Kontinent kam. Die Indianerbewegung versuchte, verlorenen Boden wiederzugewinnen, um die alte Kultur wiederaufleben zu lassen. Wir stehen nun vor der fundamentalen Frage, ob das in der modernen Welt der Elektronik überhaupt noch möglich ist.

Ein kleines Beispiel mag zeigen, wie problematisch ein solcher Versuch ist. Die traditionellen Pueblo-Dörfer lehnen die Technik ab, sogar den Kühlschrank. Die Kinder aber besuchen die Regierungsschule und sind gewöhnt, täglich kalte Milch zu trinken. Um ihnen das auch zu Hause zu ermöglichen, muß man gegen religiöse Überzeugungen verstoßen. So kommt es schon dadurch zu einer Kluft zwischen den Generationen. Wo gibt es hier einen Kompromiß?

Es gibt Schwierigkeiten über Schwierigkeiten. Die Medizinbündel der Stämme liegen in den staatlichen Museen. Jahrhundertelang dienten sie der religiösen Erfahrung. Als die Regierung die Stammesreligionen verbot, wurden die Bündel verkauft oder kamen ins Museum. Jetzt werden sie wieder gebraucht. Sollen wir die Museen überfallen? Verstehen die Weißen, warum wir die heiligen Bündel wiederhaben müssen?

Die Ansiedlung der Weißen im Land der Indianer bedeutete eine ständige Auseinandersetzung zwischen zwei sich gegenseitig ausschließenden Weltanschauungen. Die eine davon, das Christentum, schien in den letzten Zügen zu liegen. Die Stammesreligionen aber versuchen die Rückkehr in eine Welt, die von der, in der sie einmal entstanden sind, so weit entfernt ist wie unsere Zeit von der des Urchristentums.

Natürlich hat es auch Christen gegeben, die eine Brücke zur Kultur und Religion der Indianer zu schlagen versuchten. Ein Missionar der Sioux in Nord-Dakota sagte zu Ernest Thompson Seton: »Ich habe mich überzeugt, daß das Medizinzelt der Sioux eine echte Kirche Gottes ist und daß wir kein Recht haben, es zu vernichten.« Man versuchte trotzdem, es zu vernichten, obgleich man wußte, daß es ein Unrecht war.

Manche Missionare wurden für einen Stamm wichtiger als die eigenen Stammesmitglieder. Samuel Worcester, ein Missionar der Cherokee in den dreißiger Jahren des vorigen Jahrhunderts, war ihnen immer ein treuer Freund und trotzte sogar dem Staat Georgia. Er forderte die Anerkennung der Cherokee als eigenständiges Volk, lebte mit ihrer Kultur, gehorchte ihren Gesetzen und half, wo er konnte. Dafür warf ihn der Staat Georgia ins Gefängnis. Sein Gesuch auf Freilassung kam vor den Obersten Gerichtshof als der berühmte Prozeß »Worcester gegen Georgia«, in dem der Oberste Richter John Marshall eine abschließende Erklärung über den Status der Indianerstämme im Rahmen der Verfassung abgab.

Das genaue Gegenteil war Reverend John M. Chivington, ein berüchtigter Methodistenprediger aus Denver, Colorado. Er war während des Bürgerkrieges Oberst bei den Colorado Volunteers, und als es keine Südstaatenrebellen mehr abzuknallen gab, wandte er seine Aufmerksamkeit den Indianern zu. Das Massaker von Sand Creek, Colorado, in dem freundlich gesinnte Cheyenne und Arapaho zu Hunderten auf die fürchterlichste Weise abgeschlachtet wurden, war von ihm geplant, geleitet und ausgeführt. Die Greuel der Colorado Volunteers sind bis auf den heutigen Tag eines der barbarischsten Beispiele menschlicher Untaten.

In vier Jahrhunderten der Unterdrückung verschwanden viele Stammesreligionen, weil die Stämme vernichtet wurden. Die wenigen Überlebenden gaben die eigene Religion auf, weil sie sich anderen Stämmen anschlossen. Es gibt religiöse Bewegungen über die Stammesgrenzen hinaus, allen voran die Native American Church.

die den Peyote-Pilz bei den Zeremonien verwendet. Vor etwa neunzig Jahren gab es den Geistertanz, der tragische Folgen hatte.

Bei allen größeren Zusammenstößen zwischen Rot und Weiß spielte die Religion eine Rolle. Pontiacs Bündnis wurde auf das Drängen eines Propheten geschlossen, der für die Rückkehr zur alten Kultur und gegen die Technik des weißen Mannes war. Tecumsehs genialer Plan, die Weißen aus den Tälern des Mississippi und Ohio zu vertreiben, wurde durch den verfrühten Angriff seines Bruders, eines Propheten, vereitelt. Die Niederlage General Custers am Little Big Horn durch die verbündeten nördlichen Stämme war in erster Linie den übernatürlichen Kräften Sitting Bulls und anderer Männer zuzuschreiben.

Als die Reservate eine feste Einrichtung wurden, wandten die Kirchen ihre ganz Aufmerksamkeit dem Bekehren zu. Die Missionare gehörten bald zu denen, die am lautesten die politische Unterdrückung der Stämme verlangten, denn sie hatten den Zusammenhang zwischen Religion und Politik erkannt. Sie wurden darin durch die Ignoranz der Indianeragenten unterstützt, für die jeder Tanz ein »Kriegstanz« war.

Schließlich war nahezu jede Art von indianischer Religionsausübung in den Reservaten verboten. Die Kinder in den Schulen wurden bestraft, wenn sie ihre Muttersprache gebrauchten, und angelsächsische Sitten wurden für die Indianer die Norm. Selbst die Bestattungszeremonien wurden nicht mehr erlaubt, trommeln und tanzen konnte man nur, wenn man einen unverdächtigen Grund erfand. Die Lummi aus dem westlichen Washington tanzten mit der Ausrede weiter, sie müßten zur Erinnerung an den Abschluß ihres Vertrages feiern, und die Prärieindianer feierten mit Begeisterung den Unabhängigkeitstag, denn damit hatten auch sie einen Vorwand, zu tanzen und die Zeremonien auszuüben.

Im Jahre 1934 erhielten die Indianer durch den Indian Reorganization Act wieder Religionsfreiheit. Die Missionare heulten auf, aber es blieb dabei. Kein Indianer konnte mehr eingesperrt werden, weil er nach den Stammessitten lebte. Der große Black Elk, einer der bekanntesten heiligen Männer der Sioux, lebte damals noch, und er soll sich oft mit den heiligen Männern anderer Reservate des Stammes getroffen haben.

Inzwischen war aber eine neue Generation herangewachsen, die Missions- und Regierungsschulen besucht hatte. Diese jungen Leute lehnten die Stammesreligion ab, doch als immer mehr Indiander die Reservate verließen, in den Krieg zogen, Universitäten besuchten und in Städten lebten, wendete sich das Blatt wieder. Die Indianer hatten immer in Angst und Ehrfurcht vor des weißen Mannes Technik gelebt und hielten sie für den Beweis dafür, daß deren Gott mächtiger war als die Stammesreligion und Medizinen. Aber in den fünfziger Jahren weitete sich der Horizont der Indianer sehr, was nicht ohne Wirkung auf ihre Einstellung zur Stammesreligion blieb. Sie sahen auch, wie heilige Männer Kranke gesund machten, denen der weiße Arzt in der Stadt nicht hatte helfen können. In diesem Jahrzehnt erkannten die Indianer, daß die Weißen und ihre Religion unter einer gefährlichen Zerrissenheit leiden.

In den letzten Jahren wuchs das Interesse an den Stammesreligionen in einem Ausmaß, das viele verblüffte. Den Pueblo in Neu-Mexiko und den Navajo in Arizona war es trotz Unterdrückung gelungen, einen großen Teil der Zeremonien zu erhalten, ganz besonders aber den Hopi und Apachen. Im Nordwesten hatten sie sich da erhalten, wo es nicht genügend Regierungsbeamte gab, die dagegen einschritten. In vielen Stämmen wurden religiöse Zeremonien wieder zu einem zentralen Ereignis, an dem der ganze Stamm teilnahm.

Besonderes Interesse galt der Namensverleihung, und indianische Stadtbewohner baten die Reservatsindianer immer häufiger, eine Namenszeremonie für sie zu veranstalten. Sie wollten auch im großstädtischen Wirrwarr ihre Identität nicht aufgeben und reisten oft Tausende von Meilen und gaben Tausende von Dollar aus, um daran teilnehmen zu können.

Manchmal kam es zu Konflikten, wenn in der Stammesverwaltung christliche Indianer ihren Platz den Traditionalisten räumen mußten. Der Streit auf dem St. Regis-Reservat der Mohawk im Norden des Staates New York ist dafür ein klassisches Beispiel. Im amerikanischen Teil des Reservats, dessen andere Hälfte auf kanadischem Gebiet liegt, wurden die Mohawk fast zwei Jahrhunderte lang von der katholischen Kirche beherrscht. Ein Weißer namens Edmund Wilson erzählt, wie er auf einem Friedhof viele christliche Mohawk sah, die schweigend in der Nacht den Gesängen der traditionellen Brüder lauschten.

Anfang der siebziger Jahre brach ein offener Konflikt aus, als Traditionalisten die politische Machtstellung der christlichen Marionetten bedrohten, die eine Generation lang den Stamm beherrscht hatten. Die größte indianische Zeitschrift Nordamerikas, *Akwesasne Notes*, die durch Spenden finanziert und von den traditionellen Mohawk herausgegeben wird, war von ihnen und anderen unaufhörlich schikaniert worden. Aber inzwischen scheinen die Traditionalisten wieder auf dem Vormarsch zu sein.

Viele Indianer werden hin und her gerissen zwischen zwei Wertvorstellungen, der traditionellen, nach der sie unbewußt leben, und der, die Schule und Kirche ihnen beigebracht haben und die Anpassung an ausländische wesensfremde Vorstellungen verlangt. Alkoholismus und Selbstmord sind die traurigen Folgen dieser Zerrissenheit. Sie dürfen keine Indianer sein und können keine Weißen werden. Die alten Leute sagen, man hat sie dazu erzogen, mit dem Kopf zu denken anstatt mit dem Herzen.

Ein zusätzliches Problem entsteht dadurch, daß die Indianerstämme heute nicht mehr die kleinen überschaubaren Einheiten bilden wie früher. Die einzelnen Stammesgruppen der Navajo zählten in den sechziger Jahren des vorigen Jahrhunderts 4000 Köpfe. Es war die Zeit, als man sie zusammentrieb und nach Neu-Mexiko in die Gefangenschaft führte. Als sie wieder zurückdurften, bekamen sie im ödesten Teil von Arizona ein Reservat. Die einzelnen Gruppen bildeten jetzt nach außen hin einen Stamm, der heute fast 150000 Menschen umfaßt. Die Navajo hatten nicht die Zeit, für diese Bevölkerungsexplosion eine entspechende religiös-politische Struktur zu entwickeln.

Die Oglala-Sioux waren einmal ein großer Stamm mit überragenden Führungspersönlichkeiten wie Red Cloud, Crazy Horse, American Horse, Standing Bear und Little Wound. Sie bestanden aber aus mehreren unabhängigen Gruppen. Crazy Horse lebte mit seiner Gruppe in Montana, wo er auch Custer die Niederlage bereitete, Red Cloud ein paar hundert Meilen entfernt in Süd-Dakota. Es wäre für Red Cloud absurd gewesen, für die Sioux einen Vertrag ohne Crazy Horse und die anderen Häuptlinge zu unterschreiben.

Heute zählen die Oglala-Sioux mindestens 15000, vielleicht sogar 20000 Menschen. Die Bundespolizei paßt scharf auf sie auf, denn es könnte sein, daß die Sioux ihr Leben wieder selbst in die Hand nehmen. Und die Gefahr besteht, wie der Aufstand von Wounded Knee zeigte. Während der dortigen mehrwöchigen Belagerung durch die Bundespolizei wurden die jungen Leute und die Aktivisten des American Indian Movement von den heiligen Männern und traditionellen Häuptlingen unterstützt. Wer Angst hatte, es könnte zu Zwischenfällen kommen, beruhigte sich, als er hörte, daß die Medizinmänner in Wounded Knee waren. Wer anfangs der Sache noch kritisch gegenüberstand, wurde zu einem Befürworter der Protestaktion, wenn er hörte, daß die Aktivisten die heiligen Pfeifen mitgebracht hatten und die Medizinmänner aus Pine Ridge und Rosebud die Zeremonien abhielten.

Die Wiederbelebung der indianischen Stammesreligionen kommt zu einer Zeit, in der der zentrale Wert allen indianischen Lebens, das Land, in unvorstellbarer Weise gefährdet ist. Verpachtung und Ausbeutung von Stammesland ist für die Stammesregierungen eine gute und geschätzte Einkommensquelle, aber es bedeutet auch, das Zentrum der Religion für Geld aufzugeben. Das beste Beispiel für eine solche Situation ist das Kohlevorkommen an der Black Mesa, auf den Reservaten der Hopi und Navajo. Die traditionellen Indianer beider Stämme kämpften verzweifelt gegen die Fortsetzung der Zerstörung des Landes durch Tagebau. Die Stammesregierungen aber verpachten das Land weiter für Ausbeutungszwecke, raten dazu, Jobs anzunehmen, und stellen noch mehr Hilfsprogramme für die Stämme auf.

Viele Indianer, die Missionsschulen besucht haben, bleiben mit dem Christentum fest verbunden. Sie wuchsen in einer Zeit auf, als es streng verboten war, die alte Religion auch nur zu erwähnen, und indianische Werte und Anschauungen waren für sie Aberglaube und heidnisch. Das alles mußte man ablegen, um wirklich zivilisiert zu sein. Sie haben daher zur Stammesreligion das gleiche Verhältnis wie gebildete freidenkende Weiße zur christlichen und jüdischen Religion: Sie verloren den Glauben an die mysteriöse, transzendente und bindende Natur der religiösen Erfahrung und verlassen sich nur noch auf eingelernte sittliche Grundsätze.

Von primärer Bedeutung sind in den Stammesreligionen die geheimen Zeremonien, besonders die Suche von Visionen, das Fasten in der Einsamkeit und das Sichzurückziehen aus religiösen Gründen. Das alles ist heute fast völlig ausgeschlossen. Die Plätze, die früher dafür ausgesucht wurden, sind kaum noch einsam. Düsenjets fliegen darüber hinweg, und heilige Stätten sind Tagebauminen, grenzen an Autobahnen, sind Weideflächen großer Viehzuchtbetriebe, Farmen, Einkaufszentren, Nationalparks oder Staatsforste. Der Kampf der Taos mit dem Landwirtschaftsministerium um ihren geheiligten Blue Lake hat gezeigt, wie schlecht es um eine auch nur begrenzte Ausübung der Stammesreligionen bestellt ist in einer Welt, in der es ein kompliziertes Verkehrs- und Transportwesen, Rundfunk und Fernsehen gibt.

Auch die Schulen sind hier ein Hindernis. Wie manche konservativen Christen sehen auch die älteren Indianer im Schulsystem etwas grundsätzlich Gottloses, das eine Gemeinschaft eher zerstört als aufbaut. Aber immer mehr Indianer kämpfen sich durch die Schule als Vorstufe für eine spätere Berufsausbildung hindurch, stellen sich auf die moderne technische Gesellschaft um und verlieren dadurch den Sinn für Wunder und Geheimnisse, die das Merkmal religiöser Erfahrung sind. Wie junge Weiße oft das Verhältnis zur Religion durch Bildung verlieren, lehnen auch Indianer die religiöse Erfahrung ab, je weiter sie in der Bildung vorangeschritten sind. Religion und Bildung passen anscheinend schlecht zusammen.

Die Stammesreligionen müssen heute in einer indianischen Gesellschaft wieder Fuß fassen, die sich schon weitgehend der amerikanischen Lebensweise angepaßt hat. Während traditionelle Indianer mit Ehrfurcht von der Erde sprechen, häufen sich auf den Reservaten Autowracks und leere Bierdosen. Für eine verantwortliche Stellung braucht man heute keine menschlichen Qualitäten mehr, sondern nur Wahlen zu gewinnen. Darum gehören Stammeswahlen zum Schmutzigsten, was es gibt. Die Korruption bei den Stammesbehörden treibt die schlimmsten Blüten, und um des persönlichen Vorteils willen werden Schurken gewählt, die über ehrliche Menschen zu bestimmen haben.

Viele Indianer außerhalb der Reservate leben oft weniger als hundert Kilometer von der angestammten Heimat entfernt, doch Reservatsleben einerseits und Stadtleben andererseits trennen zwei Jahrtausende oder mehr. Dieses Problem haben nicht wenige traditionelle Indianerführer erkannt, und in den letzten Jahren wurde ein ökumenischer Rat der Stämme gegründet, der sich in jedem Sommer trifft. Die Zahl seiner Mitglieder ist ständig im Steigen, es besteht aber die große Gefahr, daß diese Zusammenkünfte zu einem Schwelgen in Erinnerungen werden und man darüber vergißt, sich mit der Zukunft zu befassen.

Zu den Hauptaufgaben der Stammesreligionen gehörte früher das

Heilen. Die Ausbildung von Nachwuchs dafür wurde verboten, das Vertrauen in den Medizinmann schwand, und statt dessen gab es in allen größere Reservaten den Public Health Service. Für die Missionare und Regierungsvertreter war der indianische Heilkundige ein abergläubischer Zauberer. So ging die Heilkunst bei vielen Stämmen verloren.

Heute hat das Heilen wieder große Bedeutung. Da christliche Missionare keine vergleichbaren Heilzeremonien ausführen können, halten sie die Heilkundigen immer noch für Schwindler und Scharlatane. Aber einige der Zeremonien werden schon vom Public Health Service (Gesundheitsamt) anerkannt, und für die Ausbildung gibt es einen finanziellen Zuschuß. Medizinmänner und Internisten arbeiten eng zusammen.

Durch die überhebliche Ablehnung der Stammesreligion sind viele Wege, Kranke zu heilen, verlorengegangen. Eine Reihe der wirksamen Wurzeln und Kräuter gibt es aus verschiedenen Gründen nicht mehr. Als die alten Leute gestorben waren, ging das Wissen um viele Heilpflanzen verloren. Nach dem Zweiten Weltkrieg brach im amerikanischen Westen die Dammbauwut aus. Auch dadurch wurden viele Heilpflanzen vernichtet, die an den kleineren Flüssen und Bächen massenhaft wuchsen. Selbst Pflanzen und Kräuter, die man noch kennt und die regelmäßig verwendet wurden, gibt es nicht mehr, weil deren Standorte überflutet, sind. Ähnlich sieht es auf landwirtschaftlichen Nutzflächen aus, und große Teile der Prärie sind jetzt von Bodenerosin heimgesuchte Weizen- und Maisfelder. Die Wälder mußten oft Farmen und Städten weichen. Wenn man nicht das noch verbliebene Wissen um Heilpflanzen, Heilkräuter und Heilerden erhält, wird auch diese Funktion der Stammesreligion bald verschwunden sein.

Genauso wichtig wie die Heilung von Kranken ist auch die Prophetie, die mit Ankunft des Christentums der Ächtung verfiel. Früher war sie eine Hauptaufgabe der heiligen Männer, und auch heute hat sie die Bedeutung nicht verloren. Es gibt nur wenige, die diese Gabe haben, aber sie wird von den Indianern dringend nötig gebraucht, denn jeder Tag verlangt wichtige Entscheidungen. Prophetie schließt andere Begabungen und Fähigkeiten nicht aus, im Gegenteil. Sie ist eine religiöse Erfahrung des täglichen Lebens in der Gemeinde, und wer die Gabe hat, steht mitten im Alltag und seinen Problemen. Wenn eine Gemeinde solche Menschen nicht hervorbringen kann, muß sie auf die Vorteile dieser religiösen Erfahrung verzichten.

Heilige Stätten sind, wie wir gesehen haben, von zentraler Bedeutung für die Ausübung von Stammesreligionen. An vielen Orten ist heute der Kampf um die Rückgabe solcher heiliger Stätten entbrannt. Aber es bleibt eine Frage, ob die Stammesreligionen erhalten werden können, selbst wenn das heilige Land zurückgegeben wird. Kann man traditionelle religiöse Werte und Vorstellungen wiederaufleben lassen in einer Welt, die ein Irrenhaus geworden ist durch unaufhörlichen Fortschritt, Elektronik, Blitztransport und Blitzkommunikation und deren geistige Grundhaltung die Ablehnung und Verneinung des Spirituellen und Mysteriösen ist?

Die Stammesreligionen standen oft im Ruf der Lächerlichkeit. Sie müssen sich daher gewissermaßen aus Notwehr wissenschaftlich nachprüfen lassen. Wer Regen-, Mais- oder andere Tänze sah, machte sich darüber lustig. Heute weiß man, daß Beten und Musik den Pflanzen helfen, schneller zu wachsen. Das haben Experimente bewiesen, und es ist nichts anderes, als was durch religiöse Tänze auch erreicht wurde. Es muß also nachgewiesen werden inwieweit Stammesreligionen die Erkenntnisse der modernen Wissenschaft stützen, bestätigen oder ihnen entgegenstehen.

Das steht natürlich in krassem Gegensatz zum Wesen der Religion, wie es viele traditionelle Indianer verstehen. Sie glauben – und das mit Recht –, daß man Religion nicht wie ein beliebiges Thema behandeln kann. Aber hier gibt es keine Wahl, denn die Stammesreligionen müssen die Frage derjenigen, die den Weg der amerikanischen Kultur gegangen sind und denen es auf eine rationale Auslegung ankommt, beantworten können, ohne dabei denjenigen, die immer dem traditionellen Glauben anhingen, ihre unmittelbare religiöse Erfahrung zu nehmen. Wenn man sich bei Intellektuellen und Akademikern die Achtung verscherzt, wird das Bemühen um die Wiederkehr der Stammesreligionen nur als Marotte angesehen werden.

Die Übersetzung von Stammeseinsichten in die Sprache der Wissenschaft wird nicht immer leicht sein. Die Seneca zum Beispiel glauben, daß sich die Geister von Mais und Bohnen so ähnlich sind, daß man sie immer zusammen anpflanzen muß. Die Wissenschaft hat bewiesen, daß von allen Pflanzen, die zusammen angebaut werden, um den Boden in gutem Zustand zu erhalten, Mais und Bohnen sich am besten ergänzen. Kann der indianische Glaube nur ein Aberglaube sein, der von landwirtschaftlichen Forschungsprojekten wohlwollend aufgenommen und zufällig bestätigt wurde? Was Aberglaube genannt wird, mag eine tiefere Einsicht in das Wesen der Natur sein.

Das Christentum kann kein gültiges Bild von Mensch und Welt mehr geben. Viele Menschen wenden sich anderen Religionen zu, um die Antwort zu finden, die sie suchen. Unter denen, die suchen, sind auch die Indianer, und sie entdecken dabei den Zauber und die Vertrautheit der Stammesreligionen. Auch sie sind in ihren Ansichten, Wertvorstellungen und politischen Überzeugungen gespalten, könnten aber jetzt dabeisein, ihre Identität wiederzufinden. In den Stammesreligionen finden sie ein umfassendes Verständnis der Schöpfung, das den Spekulationen des weißen Mannes überlegen und logischer als die Vorstellungen der Christen ist. Sie sind nur der westlichen Kultur in die Falle gegangen. Sun Chief, ein Hopi, schrieb in seiner Autobiographie:

> Als ich auf meiner Decke lag, dachte ich über das nach, was ich in der Schule gelernt hatte. Ich konnte wie ein Weißer lesen, schreiben und rechnen. Ich konnte alle Namen der Staaten und ihr Hauptstädte aufsagen, auch alle Bücher der Bibel und hundert Verse aus der heiligen Schrift. Ich konnte zwei Dutzend Kirchenlieder singen, diskutieren, auf dem Fußballplatz schreien, mit den Mädchen tanzen und eine ganze Stunde lang dreckige Witze erzählen. Es ist gut, daß ich gelernt habe, mit den Weißen umzugehen. Aber aus der Erfahrung weiß ich, daß ich immer einen Hopigeist hatte, der mich leitete, und dem muß ich folgen, wenn ich leben und wieder ein echter Hopi werden will, der die alten Lieder singt und so lieben kann, wie er will, ohne Angst vor Sünde und Peitsche.

Wenn es den religiösen Führern nicht gelingt, den echten Geist indianischen Lebens wieder auferstehen zu lassen, werden die Indianer eines Tages nur noch Thema akademischer Diskussionen und Überbleibsel einer erregenden Vergangenheit sein.

15. Kapitel

Stammesvölker der Welt und Christentum

Wäre die Welt so begrenzt geblieben, wie sie nach der antiken Vorstellung war, hätte die christliche Geschichte bis heute Gültigkeit. Die simple Vorstellung, daß der Mensch vom Garten Eden aus die ganze Welt bevölkerte, hätte allen Menschen für alle Zeiten genügt. Aber die Welt blieb nicht so, wie die alten Propheten sie sahen. Um das Jahr 300 v. Chr. war Alexander der Große zu den Wundern Indiens vorgedrungen. Forschungsreisen der Europäer innerhalb eines Jahrtausends zeigten, daß der Globus viel größer war, als die Verfasser der Genesis es wußten. Durch Kolumbus wurde bewiesen, daß die Erde eine Kugel ist.

Die Entdeckung der Neuen Welt erschreckte die Theologen und machte sie fassungslos. Was sollten fromme Denker mit Millionen von Menschen anfangen, die auf einem Gebiet lebten, das größer als Europa war? Wie war deren Status aus der Sicht des Christentums – der einzig wahren Religion? Hatte Gott denn diese Menschen eingeplant? Konnte Jesus wiederkommen, bevor man ihnen das Evangelium gepredigt hatte? Welche Verantwortung ergab sich für Gottes auserwählte Völker durch die Entdeckung dieser ungeheuer erweiterten Menschheit?

Die Reaktion der christlichen Völker auf die Entdeckung der Neuen Welt und deren mögliche Reichtümer war ungeheure Habgier. Die Mohammedaner hatten Versuche, den Nahen Osten zu unterjochen, abgewiesen, und nach den Kriegen und Kreuzzügen, mit denen man das Reich Gottes auf Erden errichten wollte, standen die europäischen Herrscher vor einem fast völligen Ruin. Die Neue Welt war die einzige Hoffnung für sie, im Sattel zu bleiben.

Die christliche Kirche war noch versessener als die weltlichen Herrscher auf die Ausbeutung des neuen Landes. Mit dem Aufstieg einer starken politischen Führungsschicht in Europa schwand die eigene Macht dahin, und so witterte sie bei der Invasion des neuen Landes ihre Chance, indem sie der Ausbeutung den Segen erteilte und dafür als Gegenleistung einen Anteil bekam. Im Jahr 1493 erließ Papst Alexander VI. die Bulle *Inter Caetera*, in der die christliche Haltung zur Neuen Welt festgelegt wurde: »Von allen Werken zum Wohlgefallen der Allerchristlichsten Majestät, die uns am Herzen liegen, ist es gewiß das größte, daß in unserer Zeit der katholische Glaube und die christliche Religion erhöht und überall gestärkt und verbreitet werden, daß man für das Heil der Seele Sorge trägt und daß man barbarische Völker unterwirft und dem echten Glauben zuführt.«

Diese fromme Sprache bedeutete nichts anderes als einen Freibrief für die Völker Europas, mit dem Landraub fortzufahren, solange sie ihn mit pseudoreligiösen Gefühlen tarnten. Mit außergewöhnlichem Sinn für die Praxis erklärte der Papst dann weiter: »Hiermit gebe, verleihe und übertrage ich dir, König von Kastilien und Leon, und deinen Erben und Nachfolgern ausschließlich und für alle Zeiten die vorgenannten Länder und Inseln . . ., die bis jetzt entdeckt wurden und noch entdeckt werden mit allen Kolonien, Städten, Dörfern und den dazugehörenden Privilegien, Zuständigkeiten und Besitzrechten.«

Das Land und die Dörfer hätten natürlich nicht vom Papst verschenkt werden können, wenn man die vom Christentum verbreitete Ansicht vom Universum, der Geschichte und dem Planeten Erde nicht für absolut richtig gehalten hätte. Aber weil ja der ganze Erdball dem heiligen Vater gehörte, konnte er ihn nach Belieben unter alle verteilen, die er für würdig hielt. Trotz der später ausschließlich weltlichen Ausbeutung der Naturvölker durch die europäischen Regierungen drückt diese päpstliche Bulle von 1493 die typische Haltung des Christentums Völkern gegenüber aus, von deren Existenz es vorher keine Ahnung hatte.

Die Kontroverse über das neuentdeckte Land und seine Eingeborenen ging hitzig weiter, als die Europäer mehr über die Neue Welt erfuhren. Der im folgenden Jahr geschlossene Vertrag von Tordesillas teilte Südamerika säuberlich zwischen Spanien und Portugal auf und gab ihnen den Primat über Teile des Kontinents, die sie noch nicht erforscht oder erobert hatten. Der Papst überwachte weniger die von Gott angeblich gewollte Teilung der Welt als vielmehr die Ausgabe von

Jagdscheinen, die den Europäern für Raub und Plünderung ausgestellt wurden.

Durch die Einmischung der Kirche in politische Angelegenheiten wie Erforschung und Kolonisation wurde der Status aller eingeborenen Völker der Erde eindeutig festgelegt. Sie waren demnach nicht die Eigentümer des Landes, sondern existierten darauf nur, solange es dem Christengott, der das Land jetzt den europäischen Völkern geschenkt hatte, gefiel. Wenn die Spanier auf ein Volk oder einen Stamm der Ureinwohner stießen, lasen sie ihre Forderungen vor, die sie mit einer christlichen Darstellung der Geschichte einleiteten, welche im Garten Eden begann und mit der Inthronisation des Papstes in Rom endete. Dann wurden die Eingeborenen aufgefordert, dem Papst und dem König von Spanien Gehorsam zu geloben. Wenn sie sich dem Christentum und der sich ausdehnenden Macht des spanischen Weltreiches widersetzten, war es das Recht der Europäer und ein Akt der Frömmigkeit, gegen sie Krieg zu führen und ihnen das Land wegzunehmen.

Wieder dienten christliche Lehren dazu, die Taten der christlichen Völker zu rechtfertigen. Jahrhundertelang debattierten die christlichen Theologen über den Begriff »gerechter Krieg« so hitzig wie heute protestantische Geistliche darüber, ob es unmoralisch ist, Menschen umzubringen, die während eines Atombombenangriffs versuchen, in fremde Luftschutzkeller einzudringen. Sobald sich die Ureinwohner weigerten, das Evangelium anzunehmen, hatte man jedenfalls Grund genug für einen gerechten Krieg, denn sie wollten ja nicht an die Wahrheit glauben, die vor etwa 1500 Jahren verkündet wurde.

Entdeckung und Kolonisation gingen weiter, und die Debatten über Eingeborene und ihre Rechte wurden immer ausgedehnter. Die einzige verfügbare Philosophie, mit der man damals die Welt und das Geschehen in ihr erklären konnte, war die von Aristoteles, der die Menschheit in Herren und Sklaven einteilte. Mit seinen Überlegungen rechtfertigten die indianerfeindlichen Theologen ihre Meinung, daß Eingeborene von Natur aus Sklaven seien. Sogar die indianerfreundlichen Theologen waren dafür, daß man ihnen mit Gewalt begegnete, solange sie nicht den wahren Glauben hatten.

Im Jahre 1526 wandte sich Francisco de Vitoria aus Salamanca dagegen, daß man unter Berufung auf Aristoteles den Indianern der Neuen Welt ihr Recht auf Eigentum und Freiheit absprach. Er hielt es auch für ein Unrecht, die Eingeborenen gewaltsam zu bekehren, denn er sah die Mißhandlungen, die denen widerfuhren, die nicht bekehrt werden wollten. Aber dann rechtfertigte auch er die Unterwerfung der Ureinwohner und die Eroberung ihres Landes, und zwar mit dem christlichen Recht, Handel zu treiben, weil es von Gott gewollt sei, daß alle Völker miteinander Handel treiben sollten. Die Präventiveroberung zum Schutz der Handelsrechte wurde seitdem die Grundlage der Beherrschung des neuen Landes und seiner Völker.

Um das Jahr 1550 gab es zwei theologische Lager, und jedes hatte seine eigene Version vom rechtlichen und theologischen Status der Völker der Neuen Welt, allerdings ohne an der Rechtmäßigkeit von Eroberung und Ausbeutung zu zweifeln. Pater Las Casas stellte sich auf die Seite der Eingeborenen, Juan de Sepulveda war gegen sie und befürwortete Ausrottung und Sklaverei. Nach der Auffassung von Las Casas gab die päpstliche Bulle von 1493 Spanien nur das Recht, das Christentum friedlich zu predigen, und die Rechte der Eingeborenen auf Land und Besitz müßten anerkannt werden.

Sepulveda hingegen war ein rigoroser Aristoteliker; für ihn waren die Eingeborenen ihrer Bestimmung nach Sklaven. Daß sie sich widersetzten, war für ihn ein moralisches Unrecht, denn damit rebellierten sie gegen Gott. Diese Einstellung von Sepulveda war christlicher Chauvinismus in reinster Form. Er trug damit zwar keinen absoluten Sieg in der theoretischen Diskussion davon, aber seine Ansichten wurden von jenen Europäern begierig aufgegriffen, die in die Neue Welt gingen, und so war er letzten Endes doch der Sieger.

Nachdem auch die anderen europäischen Völker in das Geschäft des Entdeckens von Ländern und Völkern eingestiegen waren, wurde jede weitere Erörterung der Rechte von Eingeborenen uninteressant. Man war zu sehr mit Kriegführen um die Macht in fernen Ländern beschäftigt. Das Dogma, daß der Papst von Gott absolute Macht über die Erde erhalten hatte, wurde bald säkularisiert und damit auch zur Rechtfertigung für die Europäer, das heißt für die Christen, die Völker zu unterwerfen.

Nach und nach steckten dann die europäischen Kolonialmächte ihre Rechte gegen die der nichtchristlichen Völker genau ab. Die Eingeborenen hatten demnach nur das Recht, die angestammte Heimat so lange zu bewohnen, bis sie von den Europäern gebraucht wurde, und diese konnten im Bedarfsfalle die Rechte der Ureinwohner durch Kauf oder Eroberung löschen. Untereinander respektierten die Europäer die Rechte der Nation, die das Land zuerst erforschte und über genügend militärische Macht verfügte, ihre Ansprüche zu verteidigen. Die Ureinwohner, die ein Land seit undenklichen Zeiten bewohnten, waren der Gnade der Europäer schutzlos ausgeliefert.

Während zwischen England, Frankreich, Holland und anderen Ländern Kriege tobten, wurden die Rechtsansprüche der Ureinwohner zum Spielball von Konzessionen, wobei die eingeborenen Völker selbst von diesen Kriegen oft gar nicht berührt wurden. Kaum hatte England die Vormachtstellung in Nordamerika errungen, erhoben sich die Kolonisten gegen das Mutterland. Mit Frankreichs Hilfe, das die Niederlage durch England vor einem Jahrzehnt noch nicht vergessen hatte, gelang es ihnen, sich von England unabhängig zu machen.

Die erste Maßnahme der neuen Nation war die rechtliche Übernahme der vom Mutterland aufgestellten Doktrin der Entdeckung. Damit waren die Vereinigten Staaten nicht mehr verpflichtet, mit den Stämmen in gerechter Weise zu verhandeln. Von jetzt ab verfolgten sie dieselbe Politik wie die anderen christlichen Nationen, die Mittel- und Südamerika geplündert hatten und gerade dabei waren das gleiche mit Indien und Afrika zu tun. Die Grundlage dieser Politik war die Pseudoanerkennung der indianischen Landansprüche, die aber sofort null und nichtig wurde, sobald die Regierung das Land für sich haben wollte.

In der Northwest Ordinance von 1787 erklärte der amerikanische Kongreß, man würde den Indianern nie das Land nehmen, außer in gerechten Kriegen. Es stellte sich heraus, daß es keine ungerechten Kriege gab, und das Land wurde systematisch nach und nach gestohlen. Nach einem Jahrhundert der kriegerischen Auseinandersetzungen und der fortgesetzten Unterdrückung priesen die Stämme sich glücklich, mit einem Bruchteil ihres Landes in Form von Reservaten vorliebzunehmen, auf dem diejenigen, die nicht ermordet wurden, überleben konnten.

Als Kanada und Australien unabhängig wurden, machten sie sich offiziell die Eingeborenenpolitik der englischen Königin zu eigen. Die Queen war die Treuhänderin für das kanadische Indianerland gewesen und hatte große Landesteile zugunsten der Indianerstämme in Besitz genommen. Nach Inkrafttreten des British North American Act lehnte Kanada die Verantwortung für indianische Landesrechte ab, und auch die Regierung Trudeau verweigert heute jede Anerkennung derartiger Ansprüche. Für die kanadischen Indianer gibt es noch nicht einmal den Anschein von Rechtsschutz, den die Indianer der Vereinigten Staaten immerhin haben.

Den australischen Ureinwohnern geht es noch schlechter. Sie sind völlig rechtlos und können daher auch nicht vor Gericht gehen, um Ansprüche auf das Land geltend zu machen, auf dem sie seit Jahrtausenden leben. Dagegen behauptet die weiße australische Regierung, einen rechtsgültigen Anspruch auf den Kontinent zu haben. Sie leitet ihn von der britischen Krone her, lehnt aber jeden darin mitenthaltenen Schutz von Stammesland ab.

Die Länder Südamerikas geben sich gar nicht erst den Anschein, die Ausrottung der Indianer begründen oder vertuschen zu wollen. Brasilien betreibt seit Jahren systematischen Völkermord. Die dort gegen die Ureinwohner begangenen Grausamkeiten sind von vielen Organisationen dokumentiert und werden nur von den amtlichen Stellen Brasiliens dementiert. Die Indianer haben nicht die Spur eines Rechts auf ihr Land. Sie werden vertrieben und getötet, wenn die Regierung Land braucht. Die südamerikanischen Staaten sind katholisch und haben die Einstellung von Sepulveda: Es gibt Menschen, deren Bestimmung die Sklaverei ist, und wenn sie sich dagegen wehren, sind sie moralisch im Unrecht.

Sogar in Europa gibt es kleine Völker, die keine Stimme haben, obgleich ihr Land und ihre Rechte unangetastet sein müßten. Schweden drang vor Jahrhunderten in Lappland ein und verweigert den Lappen oder Sami jedes Recht auf ihr Land. Wie in Kanada die Rechte der Indianer werden in Schweden die der Lappen in der Gesetzgebung noch nicht einmal erwähnt. Gegenwärtig ist die schwedische Regierung dabei, durch gerichtliche Scheinverfahren den kulturellen Völkermord an den Lappen zu besiegeln und ihnen endgültig das Recht auf ihr Land und kulturelle Eigenständigkeit zu nehmen.

Den Schluß dieser Kette von Erniedrigungen bilden die sogenannten »Territorien unter treuhänderischer Verwaltung« in der Südsee. Nach dem Ersten Weltkrieg erhielt Japan diese Inseln als Protektorate und errichtete darauf militärische Stützpunkte. Im Zweiten Weltkrieg besetzten die Amerikaner viele Inseln, gleichgültig, ob japanisch verwaltet oder nicht, wodurch diese zwischen zwei Supermächte gerieten und entweder von der einen oder der anderen annektiert wurden. Die stille Südsee war bald zwischen den Vereinigten Staaten und Japan aufgeteilt.

Nach der Niederlage Japans kamen diese Inseln in die »treuhänderische Verwaltung« der Vereinigten Staaten, wie man das auszudrücken pflegt, das heißt, die Vereinigten Staaten besitzen jetzt diese Inseln und werden sie besitzen, solange sie wollen. Man unternahm so gut wie nichts, um den Inseln politische Freiheit zu geben, und sie werden jetzt für den amerikanischen Massentourismus eingerichtet. Die blaue Südsee wird bald Amerikas Urlaubsland Nummer eins sein und die eingeborene Bevölkerung das Hotelpersonal für reiche amerikanische Feriengäste. Sie werden nicht einmal den Grad von Unabhängigkeit haben, den sie vor dem Zweiten Weltkrieg noch hatten. Und was noch schlimmer ist: Ihr Leben wird vom Innenministerium verwaltet, einem Heer von hoffnungslos unfähigen und desinteressierten Bürokraten.

Das Christentum trägt an diesen Zuständen schwere Schuld. Ohne das ursprüngliche christliche Dogma, das den Europäern einen Freibrief für den Rest der Welt ausstellte, hätte es Ausbeutung und Unterdrückung in diesem Ausmaß nie geben können. Nur weil sich westliche Habgier mit religiösem Fanatismus verband, war das möglich. Noch heute streifen Missionare durch den Dschungel am Amazonas auf der Suche nach Indianerstämmen, die sie bekehren können, und ihnen folgen die Berufskiller, um die Stämme auszurotten. Dann kommen die Bürokraten der Regierung und die Straßenbauingenieure, um das Landesinnere für den Welthandel »zu erschließen«.

In jeder Generation gingen bei der Vernichtung der Völker der Welt Handel und Bekehrung Hand in Hand zugunsten der kommerziellen Interessen des Westens und des Christentums. Wo das Kreuz aufgerichtet wird, gibt es kein besseres Leben – nur Tod, Vernichtung und schlimmsten Betrug. Im Gegensatz zu allen anderen Ländern haben die USA inzwischen einen Anfang gemacht, Gerichtsverfahren und Anhörungen zuzulassen, durch die der rechtliche Status der Eingeborenenbevölkerung geklärt werden könnte.

Wenn der Durchschnittschrist von dem Elend hört, das durch seine Religion und deren Anhänger über die Völker der Welt gekommen ist, hält er dem sofort entgegen: »Aber das waren auch keine richtigen

Christen.« Tatsache aber ist, daß sie richtige Christen waren. Zu ihrer Zeit genossen sie alle Vorteile und Vorrechte, die das Christentum zu bieten hatte. Sie wurden als Helden des Glaubens gefeiert, die alle Gefahren auf sich nahmen, um eine christliche Gesellschaft auf den Trümmern der Heidendörfer aufzubauen. In den Sonntagsschulen wurden sie als Heilige der christlichen Kirche verehrt. Städte, Flüsse, Berge und Seen wurden nach ihnen benannt.

Wenn die Ausbeuter von damals keine Christen waren, warum wehrten sich dann die echten Christen nicht dagegen, daß ihr religiöses Erbe und ihr Glaube mißbraucht wurden? Wo sind die Christen Kanadas, die Pierre Trudeau verurteilen, weil er den kanadischen Indianern gegenüber keine christliche Haltung zeigt? Auch in Brasilien gibt es nur sehr wenige Christen, die sich gegen das wenden, was die Regierung tut.

Warum dulden die Christen schweigend, daß im Amazonasgebiet Tausende von Indianern für die kommerziellen Ziele amerikanischer Geldgeber unchristlich vergiftet werden, und verlangen nicht die Entlassung der Leiter von US-Konzernen, die die Zerstörung am Amazonas unterstützen?

Bei diesem Zusammenstoß der westlichen Industriegesellschaft mit den Naturvölkern der Erde gibt es nur wenige oder gar keine Stimmen von echten Christen, die sich empören. Statt dessen gibt es rhetorisches Geschwafel, daß der Christengott die Fäden der Geschichte in der Hand hält und Seinen göttlichen Plan für die ganze Menschheit ausführt. Angesichts des Weltgeschehens ist diese Haltung im besten Fall verlogen und im schlimmsten eine Verunglimpfung des menschlichen Geistes. Die Zeit ist gekommen, mit dieser bisher unangefochtenen Geschichtsauffassung Schluß zu machen. Selbst in Hochburgen des Christentums fängt man an, sie als zweifelhaft zu empfinden.

Auch die Stammesvölker Europas, die in den letzten Jahrhunderten mit Gewalt gezwungen wurden, sich nationalistischem Machthunger zu beugen, fangen an, sich zu wehren. Die Iren, Waliser und Kelten verlangen Freiheit. In Frankreich haben die Bretonen eine nationale Bewegung, die Flamen kehren wieder zu ihren alten Sitten zurück, und in Italien kämpfen eine ganze Reihe nationaler Minderheiten um ihre Rechte. Sogar Rußland hat Schwierigkeiten mit den verschiedenen Völkergruppen, die frei sein wollen. Die christliche Religion ist am

Ende, und auch das Ende ihrer weltlichen Rolle ist abzusehen – die Beherrschung der Welt durch die Europäer.

Niemandem wäre geholfen, wenn jetzt ehrliche Christen das Unrecht in der Vergangenheit nur einsehen und bedauern würden. Wir sahen schon reichlich Tränen fließen über das Sterben von Dee Browns Indianern, ohne daß sich die Haltung dem lebenden Indianer gegenüber änderte. Schuldbekenntnisse haben keinen Sinn und beantworten nicht die Frage: »Müssen sich die Fehler der Vergangenheit wiederholen?« Geschehenes zu bedauern, ist leicht, die Verantwortung für heutige und zukünftige Sünden zu tragen, ist schwer. Die Einstellung zu den Stammesvölkern zu ändern ist wichtiger als die Wiedergutmachung vergangenen Unrechts.

Die Christen dürfen die Geschichte nicht mehr als Eroberungswaffe sehen. Sie müssen die Stammesvölker in ihrem Kampf unterstützen und für alle eingeborenen Völker der Erde einen neuen Status fordern, der Land, Kultur und Religion schützt. Sie müssen auch die Gefahren im westlichen Lebensstil sehen und andere Wege suchen, um in einer immer kleiner werdenden Welt zu überleben. Es darf in dieser Welt keine Gemeinschaften geben, deren Rechte mit Füßen getreten werden.

In der Vergangenheit rechtfertigte man die Ausbeutung der eingeborenen Völker damit, daß ihnen das Evangelium gepredigt werden müsse, und aus den primitiven Hütten sollte eine neue und bessere Zivilisation entstehen. Es hat für diese Völker nie ein Evangelium des Friedens gegeben, und es ist sehr fraglich, ob der jetzige Zustand des Verfalls, der Korruption und der Ausbeutung besser ist als der vor Ankunft des Christentums. Wenn die Ökologen sagen, daß uns vielleicht nicht nur noch eine Generation vor der Ausrottung trennen könnte, ist das Grund genug, die christliche Geschichtsauffassung aufzugeben. Wenn es uns nicht gelingt, ein paar unserer Probleme selbst zu lösen, wird Gott *eingreifen müssen*, um wenigstens einige von uns noch zu retten.

Es gibt in der Gesellschaft Anzeichen dafür, daß das Weltverständnis sich ändert, und man erkennt, daß die Genesis nicht wörtlich genommen werden kann. Wir können nicht mehr fruchtbar sein und uns mehren, ohne zu zerstören; wir brauchen vielmehr eine wirksame Geburtenkontrolle. Vor einiger Zeit wurde das Gesetz über Abtreibung geändert, und die mittelalterliche Ansicht, daß die Frau ein Zuchttier ist und die Menschheit ein auf der Erde unvermeidbar wucherndes Krebsgeschwür, wird heute nicht mehr allgemein geteilt.

In den letzten Jahren diskutierte man im amerikanischen Kongreß die Entschädigung der Opfer von Gewaltverbrechen durch den Staat. Das wäre Rückkehr zu einem alten angelsächsischen Gesetz, das seinen Ursprung in der Stammesreligion hat. Im Christentum gibt es den Lohn für erduldetes Leid im Himmel, und der Gedanke, daß eine Gesellschaft verpflichtet ist, die zu entschädigen, deren Schutz sie verabsäumte, hat das Gewissen christlicher Völker nie belastet. Er beherrschte aber das Denken der Stämme. Doch davon abgesehen zeigt die Diskussion der Entschädigung durch die Gesellschaft, daß Amerika auf dem Wege sein könnte, endlich ein Rechtsstaat zu werden.

Wir sind jetzt dabei, uns von der Angst vor Sex zu befreien, die die Theologen, allen voran Paulus, uns eingeflößt haben. Ob die Gesellschaft es schafft, umzudenken und Sex nicht mehr als Erbsünde, sondern als normale Lebensfunktion zu sehen, ist eine offene Frage. Zumindest wird darüber diskutiert und nicht mehr geschwiegen. Daß christliche Theologen manchmal den, wenn auch lahmen, Versuch unternehmen, sich für sexuelle Freiheit stark zu machen, zeigt, daß auch sie an dem Thema nicht mehr vorbeigehen können.

Auf fast jedem Gebiet werden traditionelle christliche Anschauungen vom Verstand oder vom Gefühl her in der modernen Gesellschaft abgelehnt. Nicht immer ist das eine Wende zum Besseren. Vom Christentum zum Teufelskult überzuwechseln, ist ganz gewiß kein Fortschritt. Aber allein der Wunsch, unbekannte Kräfte im spirituellen Grenzgebiet zu erforschen, ist etwas wert.

Es kann nicht damit getan sein, einzelne Teile der christlichen Religion abzulehnen. Wenn bestimmte Lehren nicht mehr annehmbar sind, ist das ein Zeichen, daß die ganze Religion falsch ist. Die christliche Vorstellung eines Lebens nach dem Tode abzulehnen, heißt nicht, daß man darüber nicht doch nachdenken sollte, und wenn wir die christliche Darstellung der Schöpfung ablehnen, müssen wir auf einem anderen Wege zum Verständnis der Schöpfung kommen.

Zu den vielen christlichen Konzepten menschlicher Erfahrung, die wir ablehnen oder ändern müssen, gehört auch die christliche Vorstellung von der unabänderlichen, kontrollierten oder kontrollierbaren

Geschichte. Das Abenteuer in Vietnam war ein Beispiel dafür, daß das, was man für unabänderlich hielt, nur Wunschdenken war.

Eine stabile menschliche Gesellschaft ohne Ausbeutung wäre der erste Schritt zu einem neuen Geschichtsverständnis. Unsere Erde wurde nicht dem Papst geschenkt, und daß er sie an die von ihm bevorzugten europäischen Herrscher verteilte, ist ungesetzlich in des Wortes grundlegender Bedeutung. Die gegenwärtige hemmungslose Ausbeutung der Länder und Völker durch nachchristliche multinationale Konzerne mag die logische Folge der westlichen Geschichte, muß aber nicht das Endergebnis sein. Seinen Gott, wenn es denn einen solchen gibt, auf eine bestimmte Handlungsweise festzulegen und damit auch die Folgen seines Eingreifens zu bestimmen, ist unreligiös und äußerste Torheit, denn die göttliche Macht ist nicht an menschliche Glaubensvorstellungen und Dogmen gebunden.

16. Kapitel

Die Religion in unserer Welt

Viele christliche Lehren sind zu Allgemeinansichten in der westlichen Zivilisation geworden und bestimmen weitgehend das Weltverständnis. Stammesanschauungen dagegenzuhalten bedeutet nicht, daß diese unbedingt richtig sein müssen, nur weil die ersteren nicht richtig sind. Da es aber Fragen gibt, auf die das Christentum keine Antwort hat, könnten die indianischen Stammesreligionen ein Ausgangspunkt für andere mögliche Antworten sein. Man muß dabei bedenken, daß sie in einer Welt entstanden, die von der heutigen völlig verschieden war. Ob ihr Überleben in der Gegenwart möglich ist, muß sich erst erweisen.

Der Sinn des Lebens wird immer fragwürdiger. Die Ökologen erwarten eine Weltkrise größten Ausmaßes noch zu unseren Lebzeiten. Hoffentlich haben sich die Religionen, die von einem Leben nach dem Tode in einer jenseitigen Welt sprechen, nicht geirrt: Es zeigt sich immer mehr, daß wir die Wohltaten und Segnungen dieser Welt möglicherweise nicht mehr lange genießen werden. Die drohende und erwartete globale Umweltkatastrophe kann jedoch nur verhindert werden, wenn wir uns von der naiven Vorstellung der Welt als dem Tor zum Jenseits radikal abwenden und im Universum die große Mutter allen Lebens sehen. Ein solches Umdenken gehört im wesentlichen in den religiösen, nicht in den politischen oder wirtschaftlichen Bereich.

Dem westlichen Menschen oder dem zutiefst in christlichen Glaubensvorstellungen Befangenen erscheint das fast unmöglich. Die Auslegung von Religion wurde immer als eine ausschließlich dem westlichen Menschen vorbehaltene Domäne angesehen, und alle Maßstäbe leitete man von den christlichen Lehren her. Der eigenen oder fremden religiösen Erfahrung waren Geist und Augen des westlichen Menschen weitgehend verschlossen. Religion wurde zur vertrauten Sittenlehre und war keine geheimnisvolle, der menschlichen Ratio sich verschließende Kraft mehr, die ein Individuum plötzlich und ohne sein Zutun einnimmt und die in ihm wirkt.

Viele Glaubensvorstellungen alter Völker wurden von westlichen religiösen Denkern a priori abgelehnt. Auch die westliche Wissenschaft teilt oft genug diese Ablehnung, und ihre Ansicht ist heute das einzige Kriterium, mit dem man andere nichtchristliche Erfahrungen beurteilt, verdammt und häufig zum Tode verurteilt. Als Beispiel könnte man die Astrologie anführen. Viele Völker entwickelten astrologische Systeme, mit deren Hilfe sie die Beziehungen zwischen dem Leben der Menschen und der Bewegung der Gestirne feststellen. Die moderne Wissenschaft entdeckte den sehr komplizierten elektromagnetischen Charakter des Universums, und darum könnte die Behauptung der Astrologen, daß der Einfluß des Firmaments die Handlung des Individuums bestimmt, vielleicht doch nicht der reine Aberglaube sein. Astrologie wird trotzdem von vielen Menschen mit westlich-europäischem Denken abgelehnt, weil sie mit dem philosophischen Begriff des freien Willens nicht vereinbar ist.

Die Chinesen haben jahrhundertelang von der Akupunktur als einem Teil ihrer religiösen und kulturellen Weltanschauung Gebrauch gemacht. Der bloße Gedanke, es könnte im menschlichen Körper Punkte geben, die Schmerzempfindungen blockieren, ist für viele westliche Menschen ein rotes Tuch. Die gleiche Anschauung herrscht über das Konzept der Chakras in verschiedenen orientalischen Religionen. Das alles paßt nicht in die westliche Vorstellung vom Menschen und zur neugriechischen Idee der »Seele«, die in das Christentum und die westliche Psychologie Eingang gefunden hat.

Die Stammesreligionen konzentrierten sich auf den Geist bestimmter Orte, die Beziehung des Menschen zu Tier, Vogel, Reptil und die religiöse Form des Heilens von Krankheiten. Das alles wird vom westlichen Denken aus dogmatischen Gründen abgelehnt. Andere Religionen waren immer nur insoweit glaubwürdig, als sie sich mit christlichen Lehren vereinbaren ließen. Wichen sie davon ab oder standen sie in direktem Gegensatz dazu, waren sie falsch oder galten sogar als absichtliche Versuche des christlichen Teufels, die Menschen irrezuleiten.

Religiöse Erfahrung ist dem westlichen Menschen nicht entfernt so wichtig wie sein Katechismus, seine Theologie und seine Spekulationen – alles Produkte des Intellekts, die nicht auf Erfahrung beruhen. Monotheismus wird als höchste Form der Religion gesehen, aber monotheistische Religionen entwickeln daneben oft und schnell ein Pantheon kleiner Götter. Wenn eine Religion auf Erfahrung beruht, gleichgültig, ob diese theologischer Natur ist oder aus der Volksseele kommt, ist sie wohl immer polytheistisch oder pantheistisch.

Wir können nicht die absolute Behauptung aufstellen, daß es nur einen Gott gibt. Daß der Monotheismus der menschlichen Logik genehm ist, bedeutet nicht, daß er eine unumstößliche Wahrheit darstellt. Das Universum, das sich in mancher Beziehung als etwas sprunghaft erwiesen hat, könnte auch in bezug auf Gott uneinheitlich sein. Wotan erscheint sehr widerstandsfähig, Jahwes Regenbogen leuchtet immer noch am Himmel, auf den britischen Inseln schleichen Geister umher, Bilder von Jesus zeigen sich an Stellen, wo man es kaum erwartet – und die Hopi haben plötzlich ihren Regen.

Was sind religiöse Erfahrungen? Können sie nur in westlichen Begriffen definiert werden, oder sind sie eher eine Angelegenheit des nichtwestlichen Menschen? Viele menschliche Gesellschaften haben erkennbare und überzeugende Beziehungen zu bestimmten Formen göttlicher Macht, seitdem der Mensch seinen Weg auf der Erde begann. Für das traditionelle westliche, genauer gesagt, christliche Denken sind diese Religionen nur rohe Wahnvorstellungen, mit denen religiöse Führer, Schamanen und Medizinmänner primitive Völker um des persönlichen Vorteils oder einer Machtstellung in der Gesellschaft willen einschüchtern und betrügen.

Man kann nicht einfach behaupten, daß andere Völker jahrhundertelang in Wahnvorstellungen lebten, nur weil ihre Erfahrungen mit Gott anders als die der westlichen Völker sind. Wenn sie nicht korrekt wiedergegeben werden können oder westlichen Denkvorstellungen unverständlich sind, ist das kein Beweis, daß sie auch falsch sind. Der westliche Mensch muß zu der Einsicht kommen, daß Religion nicht unbedingt die Antwort auf Fragen des Verstandes haben muß, sondern daß sie selbst in vielen Lebenslagen Fragen an den Menschen stellen kann.

Religion ist eine Angelegenheit menschlicher Gemeinschaften, und daher gibt es auch verschiedene allgemeine Vorbedingungen für die religiöse Erfahrung, die zwar ein individuelles Erlebnis sein kann, in der Auswirkung aber die ganze Gruppe betrifft. Das Individualistische einer Religion muß daher wie von den Stammesreligionen gesehen werden und nicht, wie es vom Christentum betont wird. Wie auch immer eine persönliche religiöse Erfahrung sein mag, Religion existiert in bestimmten Gemeinschaften und ist daher wohl eher eine Angelegenheit des Stammes oder Volkes als der Person oder der Allgemeinheit. Allgemeine Sittenlehren entstehen normalerweise erst während der Ausbreitung einer Religion, und universelle Theorien über das Verhalten der Menschen und ihre Errettung erscheinen meist dann, wenn Religionen sich im Verfall befinden und das verlieren, was ihnen die besondere Bedeutung in der Gesellschaft gibt – die Kraft, Kranke zu heilen, und die Gabe der Weissagung.

Viele Christen werden mir heftig widersprechen, wenn ich sage, daß der Ort für die religiöse Erfahrung von großer Bedeutung ist, denn Gott wirke durch die christliche Offenbarung jenseits von Zeit und Raum. Er sei zu allen Zeiten an allen Orten gegenwärtig, und ihn auf heilige Orte zu begrenzen würde seine Macht und Weisheit verkleinern. Wie wir wissen, hat aber das Christentum die Frage nach Ort und Zeit ins Jenseits verwiesen und somit von vornherein umgangen. Das Ergebnis ist, daß Gott jede Möglichkeit einer Beziehung zu Zeit und Ort genommen wurde, was ihn, im Endeffekt von der Einwirkung auf die diesseitige Welt ausschließt.

Das religiöse Verständnis der Gegenwart darf die räumliche Dimension nicht mehr übersehen. Nicht ohne Grund bleibt ein Ort heilig, an dem nur ein einfacher frommer Mensch beim Schafehüten eine Vision hatte. Der Berg Sinai zum Beispiel gilt seit sehr langer Zeit als heiliger Berg, unabhängig von den religiösen Erfahrungen eines bestimmten Volkes zu einer bestimmten Zeit. Darum kann und darf wirtschaftliches Interesse nicht alleinbestimmend für die Nutzung von Land sein. Wenn man die heiligen Stätten nicht als solche erkennt und schützt, kann ein Volk keine Beziehung zum Land gewinnen. Ohne diese ist aber keine psychische Stabilität des Volkes möglich.

Der Geist eines Landes bestimmt die Art der Religion. Judentum, Islam und Christentum haben im Grunde die gleiche Vorstellung von der Schöpfung und dem Weltende, durch das die Natur wieder erneuert wird. Da sie alle in den Wüsten des Nahen Ostens entstanden, hat vielleicht die Sehnsucht nach Erneuerung und Wiederbelebung des Landes die religiösen Vorstellungen vorgeformt.

In manchen Teilen Europas lebt der Druidenkult wieder auf. Eine ernsthafte Beschäftigung mit der Bedeutung eines solchen Kultes erscheint dem westlichen Menschen lächerlich. Über den Kult und seine Riten weiß man nichts Genaues, aber ob Riten genau befolgt werden oder nicht, ist weniger wichtig als die Tatsache, daß es überhaupt wieder Anhänger dieses Kults gibt, die eine neue Verbindung zur Vergangenheit herstellen wollen. Religionen ändern sich, und daß dabei alles möglich ist, zeigen Jesus und die Bergpredigt einerseits und das Fußballstadion in Dallas andererseits, wo Tausende von Jesus-Freaks aus vollem Hals »Jesus! Jesus!« brüllten.

Eine religiöse Gruppe kann ein Land, in dem sie Wurzeln schlagen will, heiligen. Manche Religionen konnten in einem ursprünglich fremden Land Fuß fassen, weil Menschen und Land zu einer geistigen Einheit verschmolzen. So war es bei den fünf Nationen der Irokesenkonförderation am großen Baum des Friedens in Onondaga, und so war es auch bei den Hopi.

Die christliche Einstellung als Ursache für die fortschreitende Katastrophe anzuklagen, ist weniger wichtig, als eine geistige Beziehung zum Land, auf dem man lebt, herzustellen. Man wird sich mit der landschaftlich bedingten Verschiedenheit religiöser Vorstellungen abfinden müssen, ist sie doch dem Aussterben entschieden vorzuziehen. Einer zukünftigen Theologie sollte es selbstverständlich sein, daß das Verhältnis zum Land ein Grundelement der Religion ist.

Schon der Begriff »auserwähltes Volk« zeugt von verlorener religiöser Zugehörigkeit zu einem bestimmten Volk und Land. Wahrscheinlich überschreitet keine Religion nationale und völkische Grenzen ohne Verlust an Kraft und Identität. Daß andere Menschen andere Religionen haben, liegt in der Natur der Sache. Es wird zwar oft gesagt, daß daraus die Gefahr von Religionskriegen entstehe, aber wenn die religiöse Erfahrung einer Gemeinschaft durch kulturelle und politische Homogenität ergänzt wird, ist die Gemeinde so in sich gefestigt, daß die Gefahr eines Religionskrieges ausgeschlossen ist. Die Geschichte des Westens ist der Beweis, daß eine universale Religion ohne völkische Grenzen keine Verminderung von Kriegen bedeutet.

Stammesreligionen haben im allgemeinen keine Welteroberungspläne und auch kein Leben nach dem Tode als Endziel, sie sind eher auf die gruppenspezifischen Mechanismen einer Gemeinde ausgerichtet. Ein wichtiger Teil der Stammesreligionen ist das Heilen durch Kräfte, die fromme Menschen durch Visionen und religiöse Erfahrung erhalten. Das unterscheidet sie vom christlichen Wunderheiler, der die Kranken in Ekstase versetzt in der Hoffnung, daß ein Höchstmaß an Willenskraft sie von ihrem Leiden befreit. Kultur und Geist des Landes, in dem der Kranke lebt, bleiben ohne Bedeutung. Heilung ist dabei ein geistiger Vorgang, der von der Selbstmotivation des Kranken ebenso abhängt wie von der Kraft dessen, der ihn heilt.

Auf die Willenskraft des Kranken wird von den Stammesreligionen sehr viel weniger Wert gelegt, wichtig sind vielmehr die Zeremonien und heilenden Gesänge. Die indianischen Heilkundigen stellen meistens mit einem Blick fest, ob sie die Krankheit heilen können oder nicht. Sie täuschen nichts vor, wenn ihre Medizin für eine bestimmte Krankheit ungeeignet ist, und behaupten auch nicht, jede Krankheit heilen zu können. Der einzelne Medizinmann hat seine besondere Kraft erhalten, und er weiß nicht nur um diese Kraft, sondern auch um die Grenzen dieser Kraft.

Fast alle Heilmethoden kommen aus dem religiösen Denken und den kultischen Bräuchen. Die Trennung der Medizin und Psychologie von der Religion gibt es bei den Stämmen noch nicht lange. In der westlichen Welt hat sie schon außergewöhnliche Formen angenommen. Es gibt immer mehr Psychotherapeuten und immer weniger Berufsgeistliche, von denen viele selbst seelische Probleme haben. Das ist ein Beweis, daß das Christentum in seiner jetzigen Form religiöse und seelische Probleme nicht lösen kann.

Wir wollen noch einmal auf das Heilen zurückkommen. Wie wir schon gesehen haben, sind bei den Stammesreligionen die Beziehungen zu allen Erscheinungen und Formen des Lebens die wichtigste Voraussetzung dafür, daß man die Kraft zum Heilen erhält. Am Vorhandensein dieser Kraft erkennt man, wie stark oder wie schwach eine Religion ist, ob sie gefestigt ist oder verfällt. In den drei grundlegenden Beziehungen der Religion zum Land, zum Volk und zum Heilen von Kranken sind keine Glaubenssätze irgendeiner Art im westlichen Sinne erforderlich. Das Überwechseln von traditionellen westlichen und christlichen Vorstellungen zu nichtwestlichen und Stammesanschauungen bedeutet demnach kein Umschalten auf eine andere Weltanschauung, sondern nur Teilnahme am realen Leben mit dem Land, der Gemeinde und den Menschen dieser Gemeinde, die besondere religiöse Kräfte haben.

Es ist das Unphilosophische der Stammesreligion, das sie für die Gegenwart so wichtig macht. In der Wissenschaft ist heute der Punkt erreicht, an dem alles als teilweise oder relativ wahr, aber nicht absolut wahr gesehen wird. Wahr im Sinne der westlichen Wissenschaft ist nur, was bewiesen werden kann. Die Stammesreligionen bemühen sich um kein System doktrinärer Wahrheiten über die Natur der Welt, weil diese für sie nicht bewiesen, sondern nur in einer bestimmten Weise von einer bestimmten Gemeinschaft erfahren werden kann.

Der moderne Mensch tut sich schwer damit, was er wissenschaftlich bereits erforscht hat, nun auch auf religiöse Weise zu erfahren und zu verstehen. Auf der Suche nach einer endgültigen Antwort auf die Frage nach dem Sinn des Seins hat er sich von vornherein den Weg versperrt, das Leben zu erfahren, anstatt es zu erklären. Aber selbst beim Erklären hat es der westliche Mensch mißverstanden.

In seinem Buch *The Secular City* sagt Harvey Cox: »In unserer Zeit bezieht sich die Feststellung des Kopernikus auf alles. Alles ist relativ. Es kommt bei allem nur darauf an, wie man es sieht.« Diese Meinung von Cox zeigt die große Unsicherheit des modernen westlichen Menschen und sein Unvermögen zu verstehen, wie weit er sich vom Ursprung entfernt hat. In einem solchen Sinn meint die Relativitätstheorie gewiß nicht, daß alles relativ ist. Sie will eher sagen, daß alles zu allem in einer Beziehung steht. Diese fundamentale Erkenntnis ist eine Bestätigung der indianischen Stammesreligionen und ihres Wissens um die Einheit der Schöpfung.

Der Unterschied zwischen beiden Anschauungen ist sehr groß, und die Folgerungen sind es ebenso. Wenn alles relativ ist, wie Cox es meint, ist alles unvollständig im schlechtesten Sinne: Es hat keine Identität. Alles ist dann Gegenstand wissenschaftlicher Untersuchung in der gleichen Weise, wie die christliche Theologie die Welt, alle Formen des Lebens und sogar Gott selbst der philosophischen Analyse ausgeliefert hat. In einer solchen Welt war Predigen, Mahnen und Drohen, Schmeicheln und Locken, um damit aus den Menschen zu machen, was sie noch nicht sind, die einzige Antwort auf alle Fragen.

Wenn aber alles miteinander verbunden ist, verlangt die Einheit der Schöpfung, daß alle Lebensformen die ihr von Gott zugedachte Aufgabe erfüllen. Jeder muß das sein, was er ist, weil er so erschaffen wurde. Jede Verletzung des Rechts des anderen, auf die ihm bestimmte Weise zu existieren, ist eine Gewalttat der Schöpfung gegenüber und Mißachtung der Religion. Mahnende Predigten, sich zu ändern, sind völlig unsinnig, denn sie verfälschen die Wirklichkeit. Darum gibt es bei den Stammesreligionen keine Predigten.

Wir stehen heute an manchem Scheideweg. Vielleicht befinden wir uns weniger in einem Stadium der Umwälzung als in einer Zeit übergroßer Langeweile, aus der wir nicht herausfinden. Es gibt eine Tendenz im heutigen Amerika, die Zustände des neunzehnten Jahrhunderts wiederherzustellen, um sich in dieser unruhigen Zeit ein Gefühl von Stabilität zu verschaffen. Die Weigerung, die in der Geschichte Amerikas und der Welt begangenen Fehler einzugestehen, und die patriotischen Bemühungen, statt dessen ein goldenes Zeitalter zu beschwören, zeigen, wie ungenügend man auf einen tatsächlichen Wandel vorbereitet ist.

Das indianische Volk findet in seinen Überlieferungen, Prophezeiungen und Bräuchen die Richtlinien für die Zukunft der Menschheit. Es ist der Geist dieses Kontinents, der Geist, den jeder Kontinent hat, der sich durch die indianischen Anthologien zieht und dem westlichen Menschen in wunderlich verzerrter Form begegnet, wenn er Indianerreservate aufsucht. Weiße, die in die Reservate kommen, verstehen weder die Indianer noch sich selbst, wenn sie mit den Resten indianischer Religion konfrontiert werden. Das weiße Amerika und die westlichen Industriestaaten haben noch nie Ohren für die Stimmen des Landes und die Ureinwohner gehabt. In den erschreckenden sozialen Mißständen bei den Stammesvölkern sieht der westliche Mensch nur Zersetzung, und da er das Leben nicht als eine Einheit versteht, kann er auch nicht verstehen, warum Stammesvölker so verbissen und hartnäkkig ihre Stammesgemeinschaft, ihr Land und ihre Religion erhalten und bewahren wollen.

Alles Land dieser Erde schreit zu den Menschen nach Erlösung, aber es ist eine Erlösung durch Heilwerdung, keine übernatürliche Verklärung am Ende der Zeit. Der Planet selbst schreit zu den lebenden Wesen um Hilfe. Religion besteht nicht in Predigten und Schriften, sie ist eine Kraft, die auf der Erde und im Universum Harmonie und Einheit schafft. Der Geist des Landes wartet auf die Menschen, die ihn erkennen und verstehen. Jedes Flußtal, die zerklüfteten Berge, die stillen Seen, sie alle rufen um Hilfe und nach Erlösung vom nicht endenden Fluch der Ausbeutung und Zerstörung.

Wer wird es sein, der mit diesem Land Frieden schließt? Die Zukunft wartet auf die, die sich für alle Wesen verantwortlich fühlen und darin den wahren Sinn ihres Lebens erkennen. Wer wird auf die Stimme des Landes, die Stimme der Bäume, Tiere, Vögel hören? Wenn die solange vergessenen Urvölker der Kontinente sich erheben und ihr jahrtausendealtes Erbe zurückfordern, werden sie die Bedeutung und den Sinn des Landes ihrer Ahnen wiederentdecken. Auch die Eindringlinge in den nordamerikanischen Kontinent werden dann endlich erkennen: *Gott ist rot* in diesem Land.

Über den Autor

Vine Deloria jr. paßt in kein Indianerbild: Unscheinbar gekleidet, der Sprache der Weißen mächtiger als viele Weiße, agiert er zwischen Hörsaal und Schreibtisch und schockt jene, die sich an seiner westlichen Erscheinung erfreuen, mit polemischen Reden und Schriften gegen das System. Als Akademiker (Jurist und Theologe) und Stammesmensch (Oglala-Lakota) ist er in beiden Amerikas zu Hause und entkam bisher allen Klischees. Obwohl er darauf bedacht ist, konservativen Historikern und Ethnologen nicht zu nahe zu kommen, wird er von ihnen zitiert. Über weiße Wissenschaftsgläubigkeit und gehorsamen Respekt vor dem Professorenstuhl amüsiert er sich, sobald die Sprache darauf kommt. Seit Ende der sechziger Jahre nimmt er schreibend am Widerstandskampf der Ureinwohner teil. Neben juristischer Hilfestellung bei politischen Prozessen gilt sein spezielles Interesse den verfassungsrechtlichen Aspekten und Konsequenzen, die sich für die indianische Seite aus Vertragsabschlüssen mit der US-Regierung ergeben, vor allem hinsichtlich einer völkerrechtlichen Anerkennung existenter und souveräner indianischer Nationen. Kritiker verurteilen seine Zurückhaltung gegenüber indianischen Protestaktionen, doch dringt er mit seiner Arbeit in die Medien und Gerichte und unterstützt die Bewegung so auf seine, eine nicht minder notwendige und wirkungsvolle Weise.

Vom selben Autor ist als Lamuv Taschenbuch erschienen:

Nur Stämme werden überleben (TB 187)